Ralf A. Linder

Zwischen Propaganda und Anti-Kriegsbotschaft:

Die Darstellung des Krieges im US-amerikanischen Spielfilm als Indikator gesellschaftlichen Wandels

FILM- UND MEDIENWISSENSCHAFT

Herausgegeben von Irmbert Schenk und Hans Jürgen Wulff

ISSN 1866-3397

21 *Peter Podrez*
Der Sinn im Untergang
Filmische Apokalypsen als Krisentexte im atomaren und ökologischen Diskurs
ISBN 978-3-8382-0254-9

22 *Yvonne Augustin*
Episodisches Erzählen im Film
Alejandro González Iñárritus Filmtrilogie AMORES PERROS, 21 GRAMS und BABEL
ISBN 978-3-8382-0335-5

23 *Julia Steimle*
Fiktive Realität – reale Fiktion
Realitätsebenen und ihre Integration im Hollywood-Backstage-Musical, untersucht anhand von THE BROADWAY MELODY, GOLD DIGGERS OF 1933, THE BAND WAGON, ALL THAT JAZZ und MOULIN ROUGE!
ISBN 978-3-8382-0319-5

24 *Jana Heberlein*
Die *Neue Berliner Schule*
Zwischen Verflachung und Tiefe: Ein ästhetisches Spannungsfeld in den Filmen von Angela Schanelec
ISBN 978-3-8382-0407-9

25 *Karoline Stiefel*
Geistesblitze und Genialität – Bilder aus dem Gehirn des Detektivs
Die Visualisierung von Imagination in den TV-Serien SHERLOCK und HOUSE, M.D.
ISBN 978-3-8382-0522-9

26 *Stephanie Boniberger*
Musical in Serie
Von Buffy bis Grey's Anatomy: Über das reflexive Potential der special episodes amerikanischer TV-Serien
ISBN 978-3-8382-0492-5

27 *Phillip Dreher*
Morin und der Film als Spiegel
Eine theoriegeschichtliche Verortung der Filmtheorie von Edgar Morin
ISBN 978-3-8382-0486-4

28 *Marlies Klamt*
Das Spiel mit den Möglichkeiten
Variantenfilme – Zwischen Multiperspektivität und Chaostheorie
ISBN 978-3-8382-0811-4

29 *Ralf A. Linder*
Zwischen Propaganda und Anti-Kriegsbotschaft:
Die Darstellung des Krieges im US-amerikanischen Spielfilm als Indikator gesellschaftlichen Wandels
ISBN 978-3-8382-0750-6

Ralf A. Linder

ZWISCHEN PROPAGANDA UND ANTI-KRIEGSBOTSCHAFT:

Die Darstellung des Krieges im US-amerikanischen Spielfilm als Indikator gesellschaftlichen Wandels

ibidem-Verlag
Stuttgart

Bibliografische Information der Deutschen Nationalbibliothek
Die Deutsche Nationalbibliothek verzeichnet diese Publikation in der Deutschen Nationalbibliografie; detaillierte bibliografische Daten sind im Internet über http://dnb.d-nb.de abrufbar.

Bibliographic information published by the Deutsche Nationalbibliothek
Die Deutsche Nationalbibliothek lists this publication in the Deutsche Nationalbibliografie; detailed bibliographic data are available in the Internet at http://dnb.d-nb.de.

Coverabbildung: Pixabay / CC0. Public Domain.

∞

Gedruckt auf alterungsbeständigem, säurefreien Papier
Printed on acid-free paper

ISSN: 1866-3397

ISBN-13: 978-3-8382-0750-6

Printed in Germany

1. Einleitung

1.1 Die Darstellung des Krieges im US-amerikanischen Spielfilm als Indikator für gesellschaftlichen Wandel

Neben dem Western gilt der Kriegsfilm als *das* uramerikanische Filmgenre. Im Zentrum der US-Filmproduktion in Hollywood wurden seit Ende des 19. Jahrhunderts zahllose Werke gedreht, die sich in unterschiedlichster Art und Weise mit dem Krieg beschäftigen. Ob Propagandavehikel, Anti-Kriegsfilm, Satire, Abenteuer- oder Action-Film: Die Bandbreite des Genres ist beeindruckend. Jedoch wurden und werden in den USA nicht nur immer wieder neue Filme rund um den Krieg produziert – sie sind auch in kaum einem anderen Staat ähnlich erfolgreich, und dies ohne nennenswerte Einbrüche. Während der Western seine Blütezeit nach dem Zweiten Weltkrieg erreichte, ist er mittlerweile seit mehreren Jahrzehnten so gut wie ausgestorben und wird nur alle paar Jahre durch einzelne neue Produktionen kurzzeitig wiederbelebt. Ähnlich erging es den Monumentalfilmen und anderen Genres. Der Kriegsfilm jedoch war – wenn auch nicht jederzeit im gleichen Ausmaß – stets populär. Ein Grund für diese anhaltende Relevanz ist, dass die Vereinigten Staaten fast immer in irgendeinen Krieg verwickelt waren, ob nun in die beiden Weltkriege, Korea-, Vietnam- und zwei Golfkriege oder in schwerer greifbare Konflikte wie den Kalten Krieg und den von Präsident George W. Bush nach den Anschlägen des 11. September 2011 auf New York und Washington ausgerufenen "Krieg gegen den Terrorismus".

Im Rest der Welt erreichen nach dem Ende des jahrzehntelangen Konflikts zwischen West und Ost die meisten Kriegsfilme nur schwer ein breites Publikum. Höchstens einheimische Produktionen wie Oliver Hirschbiegels "Der Untergang" (2004) im deutschsprachigen Raum, Jean-Pierre Jeunets "Un long dimanche de fiançailles"[1] (2004) in Frankreich, Je-gyu Kangs "Taegukgi hwinalrimyeo"[2] (2004) in Südkorea oder der russische "9 rota"[3] (2005) von Fyodor Bondarchuk laufen des Öfteren sehr erfolgreich. Amerikanische Produktionen hingegen bleiben außerhalb ihrer Heimat bis auf wenige Ausnahmen wie Steven Spielbergs "Saving Private

1 Deutscher Titel: "Mathilde – Eine große Liebe".

2 Deutscher Titel: "Brotherhood – Wenn Brüder aufeinander schießen müssen".

3 Deutscher Titel: "Die neunte Kompanie".

Ryan" oder Quentin Tarantinos "Inglourious Basterds" hinter den kommerziellen Erwartungen zurück.
Wird analysiert, welche Kriegsfilme zu welcher Zeit in den USA in die Kinos kamen, so lässt sich schlüssig nachvollziehen, dass die Art der Werke häufig in enger Korrelation zum gesellschaftlichen Wandel und insbesondere zur Haltung der amerikanischen Bevölkerung zum Krieg an sich steht. So dominierten nach dem Ersten Weltkrieg Anti-Kriegsfilme wie Lewis Milestones "All Quiet on the Western Front". Nach der Machtergreifung Adolf Hitlers in Deutschland wurde das zunächst durch die Aufteilung in Befürworter eines Eingreifens der USA und strikte Kriegsgegner gespaltene Land von einer Welle von Filmen überschwemmt, die diese Trennung widerspiegelten: Prominent besetzte Propagandafilme für die Neutralität der USA liefen in den Lichtspielhäusern neben Produktionen, die den Faschismus geißelten und ausdrücklich zum bewaffneten Widerstand aufriefen – erst nach dem japanischen Angriff auf Pearl Harbor Ende 1941 war diese Spaltung der Gesellschaft mit einem Schlag beendet.
Nachdem der Zweite Weltkrieg 1945 für die USA ein siegreiches Ende nahm, wurden neben der filmischen Aufarbeitung der Kriegsgeschehnisse vor allem die Ängste vor dem Kommunismus und einem möglichen Atomkrieg gegen den neuen Gegner Sowjetunion zu den beherrschenden Themen. Als der Vietnamkrieg für die USA zunehmend schlecht verlief und die Hippie- und Friedensbewegungen immer mehr an Einfluss gewannen, resultierte dies ab den 1970er Jahren in zahlreichen illusionslosen Kriegsfilmen. Sie verdeutlichten die Grausamkeit und Sinnlosigkeit des Krieges so stark wie zuvor seit rund 50 Jahren nicht mehr. Aber auch solche gesellschaftliche Entwicklungen, die man nicht unmittelbar mit Krieg in Verbindung bringen würde, fanden ihren Widerklang in Kriegsfilmen, seien es der ausufernde Drogenkonsum in den 1960er Jahren, die wachsende gesellschaftliche Bedeutung des Rock 'n' Roll, die zunehmende Gleichberechtigung der Afroamerikaner in einer bis dahin von Weißen dominierten Gesellschaft, die Emanzipation der Frauen oder auch die wirtschaftlichen Verhältnisse.
Im Mittelpunkt dieser Studie steht daher die enge Verbindung zwischen der Darstellung des Krieges in US-amerikanischen Filmen und dem gesellschaftlichen Wandel in den Vereinigten Staaten. Dabei werden die Jahre ab 1960 ausführlich analysiert, während die Zeit davor in einem zusammenfassenden Überblick behandelt wird. Es wird untersucht und aufgezeigt, wie groß der gesellschaftliche Einfluss auf Hollywood tatsächlich war – ob umgekehrt vielleicht sogar Kriegsfilme in

manchen Fällen einen Einfluss auf die Gesellschaft hatten –, wie sich das konkret auf die Produktionen auswirkte, und ob dieser Zusammenhang auch im 21. Jahrhundert noch zu beobachten ist. Sind die Filme aus Hollywood in einer Zeit, in der eine neue Art von Krieg, nämlich der "Krieg gegen den Terrorismus", aktuell ist und vornehmlich Großstädte wie New York oder London den Terroristen als neue "Schlachtfelder" dienen, noch immer ein Indikator für die Stimmung in der amerikanischen Gesellschaft?

Der Aufbau der Studie ist chronologisch. Im Hauptteil, der sich mit den Filmen ab 1960 befasst, beginnt jedes Kapitel mit einem kurzen Überblick über die für die US-Bevölkerung prägendsten Ereignisse der jeweiligen Zeit, gefolgt von einer Analyse der gesellschaftlichen Relevanz der jeweiligen Filme.

Wenngleich es reizvoll wäre, die Thematik anhand aller Filmarten, die in irgendeiner Art und Weise mit dem Krieg zu tun haben, zu untersuchen, stehen vornehmlich jene Produktionen im Blickpunkt, die den "echten" Krieg beziehungsweise seine Auswirkungen auf die Gesellschaft zeigen. Filme, die fiktive Kriege behandeln (wie die "Star Wars"-Reihe) oder die im Umfeld des Kalten Krieges stattfinden, spielen im Rahmen dieser Studie nur eine periphere Rolle. Des Weiteren werden vor allem zum Zweck der Übersichtlichkeit auch solche Werke, die Kriege aus der Zeit vor dem 20. Jahrhundert thematisieren – seien dies Schlachtenfilme aus dem alten Rom wie Sir Ridley Scotts "Gladiator" aus dem Jahr 2000, mittelalterliche Kriegsfilme wie Mel Gibsons "Braveheart" (1995) oder auch Geschichten über den amerikanischen Bürgerkrieg wie John Hustons "The Red Badge of Courage" (1951) –, weitgehend außer Acht gelassen.

Da Filme mindestens ebenso viele unterschiedliche Interpretationen zulassen wie Bücher oder Gedichte und es daher eine überwältigende Menge an (vorwiegend englischsprachiger) Literatur zum Thema gibt, bildet die Auswahl der Quellen, die diese Studie unterstützen, nur einen kleinen Ausschnitt ab und darf nicht als repräsentativ betrachtet werden. Für die gesellschaftlichen Aspekte der Arbeit, die weniger von Interpretationen abhängig sind, sondern auf Fakten, Beobachtungen und Analysen basieren, wurde Standard-Literatur renommierter Autoren verwendet. Soweit nicht anders angegeben, dienen für filmographische Angaben The Internet Movie Database und für Einspielergebnisse Box Office Mojo als Quellen.[4]

4 URL-Adressen: http://www.imdb.com/; http://www.boxofficemojo.com/.

1.2 Kriegsfilm oder Anti-Kriegsfilm?

In der Theorie ist die Unterscheidung recht simpel: Ein Anti-Kriegsfilm stellt den Krieg als sinnlos und grausam dar, ein "normaler" Kriegsfilm enthält sich weitgehend einer Wertung und bildet die Geschehnisse einfach ab. Ein kriegsverherrlichender Film dagegen verharmlost die tödliche Gewalt, lässt den Krieg wie einen großen Spaß wirken, einen Abenteuerspielplatz für junge Erwachsene. Deshalb neigt ein kriegsverherrlichender Film dazu, die (reihenweise im Kampf getöteten) Feinde als gesichts- und persönlichkeitslose Schurken zu zeigen – und wenn doch einmal einer von den "Guten" getötet wird, dann wird das als tapferes Opfer für seine Kameraden und sein Land glorifiziert.

Bei vielen Produktionen funktioniert diese Einteilung problemlos: Niemand würde sich wohl, nachdem er etwa die Anti-Kriegsfilme "All Quiet on the Western Front", "Paths of Glory" oder "Johnny Got His Gun" gesehen hat, freiwillig für einen Krieg melden. Wie der amerikanische Philosophie-Professor Dennis Rothermel in seinem Essay "Anti-War War Films" treffend bemerkt, fällt auf, wie viele der eindeutigen Anti-Kriegsfilme von Regisseuren stammen, die selbst im Krieg waren:

> "The inspiration for such works often comes from the film's director having directly experienced or witnessed combat in war. Robert Altman, John Ford, Sam Fuller, Howard Hawks, Lewis Milestone, Jean Renoir, George Stevens, Oliver Stone, William Wellman, and Fred Zinnemann have made films reflecting their wartime experiences. The sole overriding intent in these examples is to show the experience of the soldier in war for exactly what it is – without glorifying it to justify a national political agenda, and without exaggerating it to trivialize the heroism, mutual care, and reliance among soldiers that engender loyalty, solidarity, gratitude, and sacrifice."[5]

Auf der anderen Seite sind die Propaganda-Machwerke zur Zeit des Zweiten Weltkrieges ob der politischen "Zu den Waffen!"-Botschaft und der gezielten Entmenschlichung der Feinde (wenn man auf nur menschenähnliche, in "Wahrheit" dämonische Kreaturen schießt, fällt das viel leichter als bei "echten" Menschen ...) ebenso leicht zu identifizieren. Auch bei den brutalen Actionfilmen während der Reagan-Ära in den 1980er Jahren wie "Rambo II + III" oder der "Missing in Action"-Reihe dürfte keinem Zuschauer die patriotisch-chauvinistische Geisteshaltung entgehen. Doch häufig fällt die Kategorisierung eines Films über den Krieg

---

5 Dennis Rothermel, "Anti-War War Films", in: Andrew Fitz-Gibbon (Hg.), *Positive Peace – Reflections on Peace Education, Nonviolence, and Social Change* (Amsterdam/New York: Rodopi, 2010), S. 75 f.

nicht gar so leicht – dann nämlich, wenn sich die Elemente vermischen, wenn es nicht nur Schwarz und Weiß gibt, sondern zahlreiche Graustufen dazwischen.
Bei solchen Filmen kann die Wahrnehmung sowohl der Filmexperten als auch des durchschnittlichen Kinogängers wesentlich variieren. Ein gutes Beispiel dafür ist Randall Wallaces Vietnamkriegsfilm "We Were Soldiers" aus dem Jahr 2002. In Deutschland rutscht diese Produktion schon durch den Titel "Wir waren Helden" tendenziell in eine eher verherrlichende Richtung, indem aus dem neutralen, rein beschreibenden englischen Wort "Soldiers" ein sehr positiv wertendes "Helden" wird. Wenn man dann noch bedenkt, dass die Buchvorlage unter dem Originaltitel "We Were Soldiers Once ... And Young" erschien, der den Beobachtungen der Autoren – ein Vietnam-Veteran und ein Kriegsjournalist – einen erkennbar melancholischen Beiklang verleiht, dann wird erst recht offenbar, wie unpassend der deutsche Filmtitel gewählt ist. Unabhängig vom Titel fällt die Kategorisierung von "We Were Soldiers" alles andere als leicht: Einerseits sind die Kampfszenen mitunter allzu pathetisch inszeniert und der Erzählweise mangelt es nicht an patriotischer Ausstrahlung – andererseits kommt in diesem Film ungewöhnlicherweise die vietnamesische Perspektive ebenfalls nicht zu kurz. Zudem wird ausführlich und mitfühlend das Leid der Ehefrauen und Familien der an der Front eingesetzten Soldaten geschildert, was kaum mit einem kriegsverherrlichenden Film in Einklang zu bringen ist. Selbst Steven Spielbergs Genreklassiker "Saving Private Ryan" lässt viel Interpretationsspielraum hinsichtlich der Einstufung als Kriegs- oder Anti-Kriegsfilm. Die lange Eingangssequenz mit der schonungslos realistischen Darstellung der verlustreichen Invasion der Alliierten an den Stränden der Normandie ist eindeutig abschreckend, die restliche Handlung folgt dagegen eher klassischen Kriegsfilm-Mustern, wenn auch ohne übermäßige Glorifizierung und mit durchaus einigen nachdenklichen Momenten.

Letztlich gibt es keine konkreten, unanfechtbaren wissenschaftlichen Kriterien, nach denen sich jeder Film eindeutig klassifizieren lässt, die subjektive Auffassung ist stets in der Beurteilung inbegriffen. Doch in dieser Arbeit soll es auch nicht darum gehen, wie Wissenschaftler die einzelnen Werke bewerten, sondern wie sie von der Gesellschaft gesehen werden. Wie es Professor Rothermel formuliert:

> "It is one question as to what a film, a book, or a painting may mean and another as to how a public variously perceives it. Both issues will have their separate relevance, but we should expect to exclude as inherently suspect answers to the first question that are based

upon evidence relevant only to the second, for the simple reason that popular reception may fall far short of careful comprehension."[6]

Selbstverständlich besteht "die Gesellschaft" aus zahllosen Individuen mit ganz unterschiedlichen Denkweisen und Wertvorstellungen, weshalb es niemals eine einheitliche Sichtweise geben kann. Deshalb ist es für diese Analyse über die Darstellung des Krieges im US-amerikanischen Spielfilm als Indikator gesellschaftlichen Wandels entscheidend, wie ein Film mehrheitlich wahrgenommen wird. Wissenschaftliche Kriterien helfen da nur begrenzt weiter, letztlich läuft es auf die eingangs skizzierte, den Sachverhalt bewusst vereinfachende Fragestellung hinaus: Weckt ein Film über den Krieg in seinen Zuschauern das Bedürfnis, selbst als Soldat zu kämpfen (und sei es nur ein emotionales, hypothetisches Bedürfnis)? Dann handelt es sich um einen kriegsverharmlosenden oder -verherrlichenden Film oder direkt um ein Propaganda-Werk. Oder sorgt der Film dafür, dass der Betrachter erschüttert über die Sinnlosigkeit und Grausamkeit des Krieges nachsinnt und inständig hofft, dass er selbst niemals so etwas wird erleben müssen? Dann ist es ein Anti-Kriegsfilm. All jene Produktionen, die Reaktionen zwischen diesen beiden Extremen hervorrufen, bedienen die erwähnten Graustufen und zählen zu den "normalen" Kriegsfilmen mit Ausschlägen in eine der beiden Richtungen oder auch – wie bei dem Beispiel "We Were Soldiers" – in beide.

Schwabach, im September 2015
Dr. Ralf A. Linder

---

6 Ibid., S. 77.

2. Amerikanische Kriegsfilme vor 1960

2.1 Zwischen Anti-Kriegsfilmen und Propaganda – 1898-1941

Bereits im Jahr 1898, und damit nur kurz nach der Erfindung des Films, entstand das erste amerikanische Propagandawerk "Tearing Down the Spanish Flag" des Filmpioniers J. Stuart Blackton. Monate im Voraus nahm dieses den später von Theodore Roosevelt errungenen Sieg der Amerikaner im Amerikanisch-Spanischen Krieg vorweg und legte den Grundstein für eine lange Reihe von Hollywood-Produktionen rund um den Krieg. Nach dem Ersten Weltkrieg kam es erstmals zu einer Welle ausgesprochen kriegskritischer Filme. Der "Krieg, der alle Kriege beenden sollte" (wie ihn der britische Schriftsteller H.G. Wells nannte) mit seinen verlustreichen Grabenkämpfen, den Gasangriffen und dem totalen U-Boot-Krieg war zwar aus US-Sicht erfolgreich überstanden. Zahlreiche Amerikaner hatten jedoch Söhne, Väter oder Brüder verloren und viele der Überlebenden waren für immer gezeichnet – physisch wie psychisch. Diese Stimmung in den USA bereitete den Nährboden für die ersten Anti-Kriegsfilme in den 1920er Jahren.

Als Pionier gilt dabei Rex Ingrams hochgelobtes Weltkriegsdrama "The Four Horsemen of the Apocalypse" aus dem Jahr 1921. Am erfolgreichsten war jedoch King Vidors visuell wie akustisch hervorragend inszeniertes Stummfilmdrama "The Big Parade": Als die USA in den Ersten Weltkrieg eintreten, wird Jim (dargestellt von Stummfilmstar John Gilbert) von seinem wohlhabenden Vater und seiner Verlobten gedrängt, es den zahllosen anderen jungen Männern gleichzutun und sich freiwillig zum Dienst an der Waffe zu melden. Schließlich gibt Jim nach und in der Folge entwickelt sich die Handlung zunächst ziemlich konventionell. Jims Ausbildung und auch seine Verlegung in die französische Ortschaft Champillon werden von Regisseur Vidor, wie aus dem Genre bis dahin gewohnt, als eine Art Abenteuerspielplatz präsentiert – samt amüsanter Anekdoten und amouröser Episoden. Als Jim und seine Freunde Slim und Bull jedoch an die Front kommen, ändert sich der Ton des Films abrupt. Die Kampfhandlungen werden für die damalige Zeit sehr detailliert und intensiv dargestellt, begleitet von einer Kakophonie der Töne, welche die Schüsse und Granateneinschläge akustisch greifbar macht. Jim fragt sich nach dem Sinn des Ganzen und wird immer niedergeschlagener, als sein Freund

Slim ums Leben kommt und er selbst ein Bein verliert – und in der Heimat verliebt sich seine Verlobte auch noch in Jims älteren Bruder ...[7]
Innerhalb kurzer Zeit gelingt es King Vidor, aus einem scheinbar typischen, kriegsverherrlichenden oder zumindest -verharmlosenden Werk ein emotionales Drama herauszuarbeiten, das den Sinn des Krieges ernsthaft in Frage stellt und sogar dessen Folgen für die Überlebenden nicht ganz außer Acht lässt – für die damaligen Gepflogenheiten starker Tobak, den Vidor seinem Publikum zumutete. Doch es sollte sich lohnen, denn "The Big Parade" wurde zum rentabelsten Stummfilm des Studios MGM überhaupt und machte Irving Thalberg, der gemeinsam mit Vidor das gewagte Projekt erst ins Rollen gebracht hatte, zu einem der mächtigsten Produzenten Hollywoods – bis heute wird bei der OSCAR-Verleihung in unregelmäßigen Abständen der nach ihm benannte "Irving G. Thalberg Memorial Award" an verdiente Produzenten verliehen, zuletzt 2011 an den Produzenten und "The Godfather"-Regisseur Francis Ford Coppola.[8]
Weitere Beispiele für einen kritischeren und realistischeren Trend im Genre des Kriegsfilms sind "The Enemy" (1927), in dem Regisseur Fred Niblo vom tragischen Schicksal einer friedliebenden deutschen Familie im Ersten Weltkrieg erzählt, oder John S. Robertsons "Beyond Victory" (1931), der sich auf die Geschichte von vier kriegsmüden US-Soldaten konzentriert. 1936 nahm William Cameron Menzies mit seiner H.G. Wells-Verfilmung "Things to Come" gar die Schrecken des bevorstehenden Zweiten Weltkrieges auf bedrückende Weise vorweg. Doch der große Klassiker der Anti-Kriegsfilme dieser Periode hatte bereits sieben Jahre zuvor die amerikanischen Kino-Leinwände erobert: Lewis Milestones Verfilmung von Erich Maria Remarques weltberühmtem Buch "Im Westen nichts Neues" wurde 1930 unter dem Titel "All Quiet on the Western Front" mit dem OSCAR als bester Film des Jahres ausgezeichnet. Bis heute hat dieser in Schwarz-Weiß gedrehte Klassiker der Filmgeschichte nichts von seiner Intensität verloren, genauso wenig wie von seiner thematischen Aktualität. Mit zuvor nicht gekannter Detailtreue und einer extrem schnellen Schnittfolge gelang es Regisseur Milestone erstmals, dem Kinopublikum anschaulich die Schrecken der Grabenkämpfe mit beständig einschlagenden Granaten und Wurfminen zu vermitteln. Noch heute

---

[7] *The Big Parade* [Deutscher Titel: *Die große Parade*], USA, 1925, Regie: King Vidor.

[8] Academy of Motion Picture Arts and Sciences, "Irving G. Thalberg Memorial Award", URL: http://www.oscars.org/governors/thalberg [20. Januar 2015].

müssen sich alle späteren Anti-Kriegsfilme an dieser Inszenierung der Geschichte des jungen deutschen Gymnasiasten Paul Bäumer messen lassen, welche die generelle Sinnlosigkeit des Krieges beinahe in jeder Einstellung, in jedem Dialog und erst recht durch das bewegende und tragische Ende vermittelt. Dass "All Quiet on the Western Front" eine wichtige Inspirationsquelle für Steven Spielbergs 78 Jahre später gedrehten "Saving Private Ryan" war, steht außer Frage.[9]

Doch als Adolf Hitler und die NSDAP 1933 in Deutschland die Macht übernahmen, endete die Zeit des Anti-Kriegsfilms bald auch in Hollywood. Amerika war zweigeteilt: Die Isolationisten wollten unbedingt die Neutralität wahren und keinesfalls in diesen "europäischen Konflikt" verstrickt werden; die Interventionisten plädierten eindringlich dafür, Hitler zu stoppen und so schnell wie möglich in die Geschehnisse einzugreifen, um den Sieg des Faschismus zu verhindern.[10]

Diese innere Zerrissenheit der amerikanischen Gesellschaft spiegelte sich in den Filmen wider, die ab Mitte der 1930er Jahre noch bis zum Angriff auf Pearl Harbor Ende 1941 in Hollywood gedreht wurden. Einerseits zeigen Produktionen wie John Fords "Four Sons" (1940) den Ersten Weltkrieg aus einer nahezu neutralen Perspektive und vermitteln dem Publikum das Gefühl, dass es zwischen deutschen und amerikanischen Soldaten kaum Unterschiede gibt – beide Seiten leiden gleichermaßen, auf beiden Seiten kämpfen ganz normale Menschen.[11]

Andererseits nahm gleichzeitig die Anzahl jener Filme, die offen zum Kampf gegen Hitler und den Nationalsozialismus aufriefen, immer stärker zu. Daran änderte auch die Drohung der 1934 gegründeten Zensurbehörde "Production Code Administration" nichts, Filme, die Hass schüren – beziehungsweise deren Ausfuhr ins Ausland –, zu verbieten.[12] So ließ 1938 der in Deutschland geborene Regisseur William Dieterle in "Blockade" den Publikumsliebling Henry Fonda in der Hauptrolle des Marco unzweideutig an das Gewissen der Welt appellieren, was bei Kritikern und Zuschauern zu konträren Reaktionen führte. Zahlreiche katholische Organisationen

---

9 *All Quiet on the Western Front* [Deutscher Titel: *Im Westen nichts Neues*], USA, 1930, Regie: Lewis Milestone.

10 Richard Hofstadter/William Miller/Daniel Aaron, *The Structure of American History* (Englewood Cliffs, New Jersey: Prentice-Hall, 1973), S. 332-336.

11 Roland Schäfli, *Hollywood führt Krieg – So verfilmt Hollywood den Zweiten Weltkrieg* (Gau-Heppenheim: mediabook Verlag, 2003), S. 15.

12 Ibid.

riefen gar zu einem Boykott des aus ihrer Sicht kriegstreiberischen Werks auf.[13] Im gleichen Jahr schuf der legendäre britische Komiker Charles Chaplin mit "The Great Dictator" sein Magnum Opus, in dem er in der Rolle des größenwahnsinnigen Diktators Hynkel den "Führer" Adolf Hitler – der übrigens genau vier Tage nach Chaplin geboren wurde – hemmungslos der Lächerlichkeit preisgibt. Jene dessen Größenwahn symbolisierende Szene, in der Hynkel selbstverliebt mit einem Globus spielt, gilt bis heute als eine der besten und berühmtesten in der Geschichte des Kinos. Am Ende von "The Great Dictator" hält Chaplin in seiner zweiten Rolle als jüdischer Friseur, der mit Hynkel verwechselt wird, eine flammende Rede für Frieden, Toleranz, Humanität und nicht zuletzt für die Demokratie. Aus heutiger Sicht ist es schwer nachvollziehbar, dass Chaplin aufgrund dieses Meisterwerks – das eher als flammendes Friedens- und Toleranzplädoyer denn als klassischer Propagandafilm zu verstehen ist – und vor allem der abschließenden Rede teilweise als Kommunist und Kriegstreiber diffamiert wurde.[14] Während der McCarthy-Ära in den 1950er Jahren wurden ihm gar kommunistische Tendenzen unterstellt, weshalb Chaplin nach einer Reise mit seiner Familie nach England die Rückkehr in die USA zunächst verweigert wurde und er schließlich entnervt in die Schweiz zog. Erst 20 Jahre später kehrte Chaplin wieder in die USA zurück, als er durch die Überreichung des Ehren-OSCARs für sein Lebenswerk gleichsam rehabilitiert wurde. Bei dieser OSCAR-Verleihung des Jahres 1972 geschah es zum ersten und bislang einzigen Mal in der Geschichte der traditionellen Veranstaltung, dass nicht die Auszeichnung für den besten Film des Jahres die Gala beschloss, sondern eben jener Ehren-OSCAR, den Chaplin unter den stehenden Ovationen seiner Filmkollegen und des übrigen Publikums zu Tränen gerührt entgegennahm.[15] Zu den Hitler-kritischen Filmen zählt des Weiteren "The Mortal Storm" (1940), in dem Regisseur Frank Borzage zeigt, wie die amerikanische Ikone James Stewart "somewhere in Europe" – gemeint ist natürlich Deutschland – bis in die eigene Familie hinein einen aussichtslosen Kampf gegen Rassismus und Intoleranz führt. Und im folgenden Jahr erzählte Howard Hawks in seinem Helden-Epos "Sergeant

13 Clayton R. Koppes/Gregory D. Black, *Hollywood Goes To War: Patriotism, Movies and the Second World War – From 'Ninotchka' to 'Mrs Miniver'* (London: Tauris Parke, 2000), S. 25.

14 Schäfli, *Hollywood führt Krieg*, S. 22 f.

15 *The Great Dictator* [Deutscher Titel: *Der große Diktator*], USA, 1940, Regie: Charles Chaplin.

York" die angeblich wahre Geschichte des tiefgläubigen Alvin C. York (gespielt von Gary Cooper), der gegen seinen Willen im Ersten Weltkrieg eingezogen wurde. Erst ein sehr plakativ geführter Diskurs mit einem Vorgesetzten überzeugt ihn im Film von der Notwendigkeit des Krieges – und davon, dass der Kampf um die Freiheit durchaus mit der Bibel in Einklang zu bringen sei. Schließlich avanciert York zum höchstdekorierten US-Soldaten des gesamten Krieges, nachdem er alleine an einem Tag 28 deutsche Soldaten tötet und Dutzende gefangen nimmt. Mit diesem Handlungsverlauf stellte "Sergeant York" ungeachtet der prinzipiell hohen filmischen Qualität den Beginn jener Propagandafilme dar, die nicht nur zum Krieg aufrufen, sondern ihn geradezu verherrlichen; teilweise – in "Sergeant York" beispielsweise durch einen offenen Vergleich mit der Truthahnjagd – wird der Krieg zudem gefährlich verharmlost.

In dieser Art von Propagandafilmen paart sich somit nachahmenswerter Heldenmut (samt anschließender Ordensverleihung) mit Bildern von Kameradschaft unter Soldaten, um Amerikas Jugend zu den Waffen zu rufen.[16]

2.2 Hollywood im Krieg – 1942-1945

Der japanische Angriff auf Pearl Harbor im Dezember 1941 und der darauf folgende offizielle Kriegseintritt der USA beendeten die vorherige Zerrissenheit der Nation schlagartig. Hollywood wurde zum Erfüllungsgehilfen der Regierung von Präsident Franklin D. Roosevelt und seinen Militärs, ununterbrochen wurden Propagandafilme gedreht. Bis zum Ende des Zweiten Weltkrieges 1945 hatten nahezu ein Drittel aller innerhalb dieser gut drei Jahre in den USA produzierten Filme – rund 500 von 1700 – den Krieg zum Thema.[17] Obwohl manche von ihnen die Gräuel des Krieges nicht verschwiegen, wurden alle männlichen Amerikaner mehr oder weniger offen aufgefordert, sich freiwillig zu melden. An die Frauen wurde appelliert, sich als Krankenschwestern zur Verfügung zu stellen oder in den heimischen Fabriken den Materialnachschub zu gewährleisten.

In etlichen Filmen geschah dies ausdrücklich mittels Texttafeln zu Beginn oder am Ende, bei den restlichen sprach der Inhalt für sich. Ein gutes Beispiel dafür ist Lloyd Bacons insgesamt durchaus sehenswerter "Action in the North Atlantic" aus

16 Schäfli, *Hollywood führt Krieg*, S. 19-21.

17 Ibid., S. 53.

dem Jahr 1943, in dem Humphrey Bogart den Kapitän eines Schiffes der Handelsmarine spielt. Hier und in vielen anderen Produktionen werden auch Männer gezeigt, die zunächst keine Veranlassung sehen, sich am Krieg zu beteiligen. Sie werden entweder unzweifelhaft als unpatriotische Egoisten oder Feiglinge dargestellt oder lassen sich schließlich doch von der Notwendigkeit überzeugen, für die USA und damit für Freiheit und Demokratie zu kämpfen. Diese beiden Konstellationen zählten zu jener Zeit zu den gängigsten Klischees. Als weiteres Stilmittel galt es nun, nicht länger vorwiegend einzelne Individuen – gespielt von publikumsträchtigen Stars – in den Vordergrund zu stellen, sondern stattdessen eine ganze Gruppe, die zudem in ihrer Zusammensetzung für gewöhnlich einen sozialen Querschnitt der amerikanischen Bevölkerung darstellte. Selbst Stars ordneten sich zu diesem Zweck im Film der Gruppe unter.[18]

Auffällig – wenngleich nach dem Angriff auf Pearl Harbor und angesichts des realen Kriegsverlaufs im Pazifik natürlich nicht sonderlich überraschend – ist, dass fast ausschließlich die Japaner als Schurken eingesetzt wurden und nur selten die Deutschen. Dabei wurden die Japaner meist auf eine Art und Weise dämonisiert und entmenschlicht, die aus heutiger Sicht ausgesprochen bedenklich anmutet. Die verächtliche Bezeichnung als "Japse" gehörte noch zu den harmloseren Verunglimpfungen, Beschimpfungen als "schlitzäugige Teufel" (in Edward Dmytryks "Back to Bataan", 1945) oder "senffarbene Affen" (in S. Sylvan Simons "Salute to the Marines", 1943) waren zu jener Zeit eher Regel als Ausnahme. Gleichzeitig wurden den Japanern in vielen dieser Filme ohne jegliche Gewissensbisse gleichsam die Menschenrechte abgesprochen. Flüchtende oder verwundete Japaner zu töten widerspricht in diesen Werken keineswegs der amerikanischen Moral, denn nichts, was man den Japanern – den Ausgeburten des Bösen schlechthin! – antun kann, wäre zu schlimm für sie. Ein Film wie Delmer Daves' "Destination Tokyo" (1944), in dem Cary Grant als amerikanischer U-Boot-Kapitän Cassidy an die Unschuld der japanischen Kinder erinnert, die nichts anderes lernten als die Amerikaner zu hassen und deshalb eben nicht von Grund auf böse seien, erwies sich als wohltuende, aber seltene Ausnahme.

In vielen Produktionen dieser Ära ist des Weiteren ein gewisser Kriegsrevisionismus auszumachen; reale Niederlagen wurden entweder als moralische Siege der Amerikaner präsentiert oder dadurch heruntergespielt, dass im gleichen Film ein

---

18 Ibid., S. 29-31.

erfolgreicher Gegenschlag der US-Soldaten gezeigt wurde, der die vorherige Niederlage fast vergessen ließ. So zeigt John Farrows "Wake Island" (1942) zwar den Verlust der titelgebenden Insel im Pazifik an die Japaner, lässt diese militärische Niederlage durch den heldenhaften Kampf bis zum letzten Mann der numerisch hoffnungslos unterlegenen GIs aber zweifelsfrei als moralischen Triumph erscheinen. Es verwundert daher nicht, dass die US-Armee während des Krieges gezielt in der Nähe von Kinos Rekrutierungsbüros eröffnete, bei denen sich viele von den glorreichen Hollywood-Filmen inspirierte junge Amerikaner freiwillig zum Dienst meldeten.[19]

Nach 1945 ist ein solcher Revisionismus nur noch selten in amerikanischen Filmen zu entdecken, eine späte und unrühmliche Ausnahme bildet Michael Bays "Pearl Harbor" aus dem Jahr 2001, der nach der Bombardierung des titelgebenden Militärhafens mit einer erfolgreichen Vergeltungsaktion endet und so mit der gleichen Logik wie in den Propagandafilmen während des Zweiten Weltkrieges die anfängliche, dramatische Niederlage beinahe vergessen macht.

Die stetige Produktion von Propagandafilmen während des Krieges trug mitunter seltsame Blüten. So ließen die Engländer beispielsweise ihre Literaturhelden Sherlock Holmes und Dr. Watson im Zweiten Weltkrieg gegen deutsche Spione ermitteln, die Amerikaner schickten selbst Tarzan in den Kampf, und in Victor Flemings Fliegerdrama "A Guy Named Joe" (1943) steht Hauptdarsteller Spencer Tracy nach seinem Heldentod im Himmel einem unschwer als Gott höchstselbst interpretierbaren und von Lionel Barrymore verkörperten "General" in US-Uniform gegenüber ...

Zur selben Zeit entstanden jedoch auch Meisterwerke der Filmhistorie, die auf den ersten Blick gar nicht wie Propagandafilme erscheinen. Prominentes Beispiel hierfür ist Michael Curtiz' legendärer Abenteuerfilm "Casablanca", in dem Humphrey Bogart als Café-Besitzer Rick Blaine sich vom zynischen Egoisten zum selbstlosen Patrioten wandelt und schließlich für die Freiheit Amerikas sogar seine große Liebe Ilsa (Ingrid Bergman) aufgibt.

Erst 1945, als der Sieg der Alliierten bereits absehbar war, sank die Anzahl der Kriegsfilme deutlich. Schließlich waren Produktionen, die vorrangig Propaganda verbreiteten und junge Amerikaner zum Dienst an der Waffe verlocken sollten, kaum mehr notwendig. Gleichzeitig änderte sich die Machart jener Kriegsfilme, die noch gedreht wurden. Nun, da es weniger wichtig war, die Moral einer durch

---

19 Ibid., S. 29.

zahlreiche Niederlagen erschütterten Nation aufrechtzuerhalten (wie es kurz nach dem amerikanischen Kriegseintritt der Fall war, als die Japaner im Pazifik einen militärischen Erfolg nach dem anderen feiern konnten), zeigten viele Filme die Kämpfe objektiver und vor allem realistischer. Die Deutschen und speziell die Japaner waren darin zwar noch immer die Bösen und wurden oft als unmenschlich dargestellt. Doch wurde ihnen nun immerhin zugestanden, intelligente Gegner zu sein, die auf Tricks und Kriegslisten zurückgreifen und den Amerikanern nicht von Grund auf unterlegen sind. Indes waren die US-Soldaten keine Übermenschen mehr, die selbst hundertfache Übermachten aufgrund amerikanischer Tugenden besiegen konnten oder zumindest unzählige Gegner mit in ihren heldenhaften Tod nahmen. Stattdessen wurden sie wieder mehr als normale (wenngleich noch immer sehr tugendhafte) Menschen dargestellt; als Menschen, die Angst vor dem Tod haben, die sich fragen, was nach dem Krieg aus ihnen werden wird, die manchmal angesichts der Gräuel des Krieges sogar den Verstand verlieren. Und wenn sie im Krieg sterben, ist ihr Tod nicht glorreich oder heldenhaft, sondern erschreckend banal und ohne tieferen Sinn.

Im Angesicht des bevorstehenden Sieges über die Achsenmächte fand Hollywood langsam zum filmischen Alltag zurück. Primäres Ziel dieser teilweise bis heute als Meilensteine des Genres anerkannten Filme wie John Fords "They Were Expendable" oder William A. Wellmans "Story of G.I. Joe" wurde es wieder, Geschichten zu erzählen. Die Zeit der Propagandafilme war im Großen und Ganzen beendet.[20]

2.3 Aufarbeitung des Zweiten Weltkrieges – 1946-1960

In den ersten Jahren nach Kriegsende bot Hollywood dem Publikum ein Kontrastprogramm – die Amerikaner sehnten sich jetzt nach Komödien, Thrillern und sonstigen Unterhaltungsfilmen und wollten keine ernsten Kriegsfilme mehr sehen. Am treffendsten ließ diese Stimmung der später vor allem als Komödien-Regisseur berühmt gewordene Billy Wilder den Erzähler seines betont anti-heroischen Kriegsgefangenen-Dramas "Stalag 17" (1953) einleitend formulieren: "I don't know about you, but it always makes me sore when I see those war pictures ..."[21]

---

[20] Ibid., S. 61-70.

[21] *Stalag 17* [Film], USA, 1953, Regie: Billy Wilder.

Doch bereits 1950 wurden die USA in den Korea-Konflikt verwickelt, kurze Zeit später fand auch die Schonfrist für das Publikum wieder ein Ende. Nun begann eine Aufarbeitung der Geschehnisse des Zweiten Weltkrieges, die sich meist nicht mehr in Propagandaform abspielte. Stattdessen waren zum einen epische Abenteuerfilme das Mittel der Wahl (wie John Hustons 1951 veröffentlichter "African Queen" und vor allem David Leans legendäre britisch-amerikanische Großproduktion "The Bridge on the River Kwai" aus dem Jahr 1957), zum anderen realistische, weitgehend objektive Werke wie Dick Powells "The Enemy Below" (1957). Echte Kritik am Krieg wurde dabei aber nur selten geübt. Mit Blake Edwards' "Operation Petticoat" mit Cary Grant und Tony Curtis kam 1959 sogar eine äußerst vergnügliche Komödie in die US-Kinos, die von den abenteuerlichen Erlebnissen eines amerikanischen U-Bootes im Pazifikkrieg erzählt und erstaunlicherweise das Kunststück schafft, den dramatischen Kriegshintergrund jederzeit auf geschmackvolle Art und Weise mit viel Humor zu verbinden.
Während sich die Mehrzahl der während der Kriegsjahre gedrehten US-Filme den Kämpfen im Pazifik widmete, rückten nun verstärkt die europäischen Schauplätze in den Mittelpunkt. Folglich wurden die Japaner als Hauptgegner durch die Deutschen ersetzt. Interessanterweise wurden diese weit objektiver dargestellt als es bei den Japanern selbst in Jahre nach dem Krieg gedrehten Werken der Fall war. Zwar wurden auch sie häufig als sadistische, grausame und hinterhältige Gegner gezeigt (meist Angehörige von Hitlers "Schutzstaffel" SS), jedoch gibt es kaum einen Film, in dem nicht auch "gute", ehrenhafte Deutsche vorkommen, die entweder nur ihre Pflicht als Soldaten erfüllen oder sogar – offen oder zumindest insgeheim – gegen Hitler sind. Die Japaner hingegen wurden in fast allen Filmen als ausnahmslos böse präsentiert.
Ein Musterbeispiel für die differenziertere Darstellung der Deutschen ist Dick Powells "The Enemy Below", in dem sich Robert Mitchum als amerikanischer Kapitän eines Zerstörers mit Curd Jürgens als deutschem U-Boot-Kapitän von Stolberg ein gnadenloses, aber gleichberechtigtes und sogar ehrenwertes Duell auf offener See liefert. Beide werden als strategische Genies inszeniert, die angesichts der raffinierten Manöver ihres jeweiligen Gegenspielers gar nicht anders können, als aufrichtigen Respekt voreinander zu empfinden – auch wenn es für beide um Leben und Tod geht. Dass von Stolberg früh im Film seine Unzufriedenheit über die nationalsozialistische deutsche Regierung äußert, trägt naturgemäß erheblich

dazu bei, dass das Publikum ohne schlechtes Gewissen auch mit den deutschen Protagonisten fühlen kann.

Dem in Hamburg geborenen, aber 1937 aufgrund seiner Ehe mit einer Jüdin aus Nazi-Deutschland in die USA geflohenen Regisseur Douglas Sirk gelang es ein Jahr später gar, einen Film über den Zweiten Weltkrieg finanziert zu bekommen, der komplett aus deutscher Perspektive erzählt wird: "A Time to Love and a Time to Die", nach dem Roman "Zeit zu leben und Zeit zu sterben" von Erich Maria Remarque. Hilfreich war dabei sicher, dass mit Lewis Milestones "All Quiet on the Western Front" bereits 1930 die Hollywood-Adaption eines Romans des deutschen Schriftstellers sehr erfolgreich war; ebenso, dass auch Remarque (der sogar eine Nebenrolle im Film übernahm) ein in den Vereinigten Staaten aufgenommener Flüchtling vor dem Nazi-Regime war, der in seiner neuen Heimat hohes Ansehen genoss. In vielerlei Hinsicht prägte "A Time to Love and a Time to Die" die Art und Weise, wie die Deutschen in den nächsten Jahrzehnten in Hollywood-Werken über den Zweiten Weltkrieg porträtiert werden sollten. Auf der einen Seite gibt es die braven Soldaten, die eigentlich gar keine Wahl haben und nur widerwillig die oft fragwürdigen Befehle ihrer Vorgesetzten erfüllen (etwa die Erschießung vermeintlicher Partisanen – die einen jungen Soldaten so sehr quält, dass er wenig später Selbstmord begeht); mit diesen "normalen" Deutschen wie dem aufrichtigen Protagonisten Ernst Gräber (John Gavin), der 1944 an der Ostfront dient und einen dreiwöchigen Urlaub in der bereits weitgehend zerbombten Heimat bewilligt bekommt, kann auch das US-Publikum problemlos sympathisieren. Auf der anderen Seite stehen die eigentlichen Kriegsfeinde der Amerikaner: die fanatischen Nazis, die am liebsten jeden Ausländer töten wollen, und die Kriegsgewinnler – häufig SS- oder Gestapo-Männer. Diese ziemlich klar gezogene Linie zwischen "guten" Deutschen und "bösen" Nazis etablierte sich schnell und wurde von zahlreichen späteren Werken wie John Sturges' "The Great Escape", John Guillermins "The Bridge at Remagen" oder David Ayers "Fury" dramaturgisch sinnvoll wiederverwertet.[22]

Einer der selbstkritischsten US-Filme dieser Zeit ist Robert Aldrichs "Attack" aus dem Jahr 1956, in dem nicht etwa die weitgehend gesichtslos bleibenden Deutschen als eigentlicher Feind gezeigt werden, sondern die Unfähigkeit und Feigheit des

---

22 *A Time to Love and a Time to Die* [Deutscher Titel: *Zeit zu leben und Zeit zu sterben*], USA/Deutschland, 1958, Regie: Douglas Sirk.

amerikanischen Offiziers Captain Erskine Cooney (Eddie Albert). Dieser schickt seine von Lieutenant Joe Costa (Jack Palance) angeführte Truppe in den Ardennen aus Prestigegründen wiederholt in sinnlose Gemetzel. Cooneys Vorgesetzte wissen um seine Defizite, weigern sich aber aus machtpolitischen Gründen, ihn abzulösen. Schließlich nehmen die Soldaten um Costa die Sache in die eigenen Hände und setzen Cooneys Kommando ein blutiges Ende. Während des Zweiten Weltkrieges wäre der Dreh eines solchen Films schlicht nicht möglich gewesen: Inkompetente Offiziere und einfache Soldaten, die sich Befehlen widersetzen – für einen Propagandafilm naturgemäß höchst kontraproduktiv. Doch einige Jahre nach Ende des Krieges mehrten sich Filme wie "Attack", die dem amerikanischen Publikum zeigten, dass auch die US-Armee keineswegs unfehlbar ist.[23]
Die Schwächen der amerikanischen Offiziere – in Form von Unfähigkeit, Feigheit oder Grausamkeit den eigenen Soldaten gegenüber – sind in den Kriegsfilmen der 1950er Jahre generell ein wichtiger Topos. Bereits während des Zweiten Weltkrieges gab es in den amerikanischen Medien angesichts der hohen Verluste vor allem im Pazifik regelmäßig Kritik am strategischen Vorgehen der Admiräle und Generäle. Nun wurden diese Beanstandungen in Filmen zum Ausdruck gebracht, zumal nicht mehr zu befürchten stand, dass eine solche Produktion wegen eines Mangels an Patriotismus oder aufgrund demoralisierender Auswirkungen auf die Soldaten allzu stark zensiert werden würde. Neben "Attack" sind Fred Zinnemanns mit Burt Lancaster und Frank Sinatra prominent besetztes Pearl Harbor-Drama "From Here to Eternity" (1953) und David Leans Kriegsgefangenen-Epos "The Bridge on the River Kwai" (1957) die bekanntesten und wohl auch besten Variationen, die in den 1950er Jahren zu dieser Thematik gedreht wurden. Doch auch "The Caine Mutiny" (1954) – die Verfilmung eines Buchs von Herman Wouk mit Humphrey Bogart als überfordertem Schiffskapitän Queeg, dessen Offiziere eine Meuterei gegen ihn starten – ist ein Musterbeispiel für die extrem hohe formale wie auch vor allem inhaltliche Qualität dieser ungewöhnlich dialoglastigen Filme über den Zweiten Weltkrieg.
Nach einem ähnlichen Schema wie "Attack" – abgesehen von der Kritik an den Offizieren – war bereits 1949 William A. Wellmans "Battleground" mit John Wayne konzipiert, der ebenfalls in den Ardennen spielt. Hier ist der Krieg endgültig entmenschlicht, indem weder der Feind noch die eigenen Vorgesetzten zur primären

---

23 *Attack* [Deutscher Titel: *Ardennen 1944*], USA, 1956, Regie: Robert Aldrich.

Widrigkeit für die US-Soldaten werden. Die Deutschen werden weitgehend als ganz normale Soldaten gezeigt; der eigentliche Feind sind die Granaten – dass sie von Deutschen geworfen werden, ist dabei eher nebensächlich – und auch das Winterwetter, das zahlreiche Probleme wie nicht funktionierende Gewehre mit sich bringt. In gewisser Weise kämpfen die amerikanischen Soldaten nicht gegen die Deutschen, sondern gegen den Krieg an sich. Trotz eines allzu heroisch geratenen Finales kann man "Battleground" als ersten Anti-Kriegsfilm nach dem Zweiten Weltkrieg werten.

Ein wesentlicher Grund für die vergleichsweise objektive, manchmal beinahe respektvolle Darstellung der Deutschen war, dass Deutschland spätestens mit dem NATO-Beitritt 1955 endgültig vom Feind zum engen Verbündeten geworden war. Im beginnenden Kalten Krieg kristallisierte sich die Sowjetunion – die während des Zweiten Weltkrieges noch in einigen Hollywood-Filmen als Verbündete herausgestellt wurde (so in Lewis Milestones "The North Star", in Raoul Walshs Spionage-Abenteuer "Background to Danger" oder im bereits erwähnten "Action in the North Atlantic" von Lloyd Bacon) – als neues Feindbild heraus.[24]

Ein Thema, um das Hollywood bei der Aufarbeitung des Zweiten Weltkrieges übrigens einen ganz weiten Bogen machte, war der Abwurf der beiden letztlich kriegsbeendenden Atombomben über den japanischen Städten Hiroshima und Nagasaki. Die Folgen dieser insgesamt eine sechsstellige Zahl von Japanern – großteils Zivilisten – das Leben kostenden Bombardierung waren wohl einfach zu grauenerregend, um das amerikanische Kinopublikum damit direkt zu konfrontieren. So kommt es, dass es bis zum Jahr 2015 keinen US-Spielfilm über Hiroshima und Nagasaki gibt und sich – abgesehen von Stanley Kramers postapokalyptischem Drama "On the Beach" (1959) – mit Nicholas Meyers vieldiskutiertem "The Day After" lediglich ein TV-Film ausführlich den Folgen eines Atomkrieges widmete. Die Japaner dagegen befassten sich mit einigen meisterhaften Dramen wie Hideo Ôbas "Nagasaki no Kane"[25] (1950), Kaneto Shindôs "Genbaku no ko"[26] (1952), der französisch-japanischen Koproduktion "Hiroshima mon amour" von Alain Resnais (1959), Shôhei Imamuras "Kuroi ame"[27] (1989) oder Akira Kurosawas Spätwerk

---

24 Schäfli, *Hollywood führt Krieg*, S. 77 f.

25 Englischer Titel: "The Bells of Nagasaki".

26 Englischer Titel: "Children of Hiroshima".

27 Deutscher Titel: "Schwarzer Regen".

"Hachi-gatsu no kyôshikyoku"[28] aus dem Jahr 1991 ausführlich mit ihrem nationalen Trauma.

Dagegen wurde die Korea-Krise in den 1950er Jahren nicht komplett vernachlässigt, wenngleich sie in Hollywood bei weitem nicht für so viel Aktionismus sorgte wie der Zweite Weltkrieg. Vor allem Samuel Fuller, selbst als Soldat im Zweiten Weltkrieg aktiv, nahm sich des Themas bereits während des Konflikts mit Filmen wie "The Steel Helmet" oder "Fixed Bayonets!" (beide kamen 1951 in die amerikanischen Kinos) an. Hierbei handelte es sich allerdings keineswegs um Propagandafilme wie im vorangegangenen Krieg, sondern um sehr kritische Werke. Nach Ende des Krieges im Jahr 1953 wagten sich auch andere Regisseure an das Thema: Während Anthony Manns "Men in War" (1957) und Lewis Milestones "Pork Chop Hill" (1959) einen illusionslosen Blick auf die Realität des Krieges und vor allem auf das Schicksal einfacher Fußsoldaten werfen und somit eher zu den Anti-Kriegsfilmen gerechnet werden können, ist Mark Robsons 1955 veröffentlichter "The Bridges at Toko-Ri" ein seltsam zwiespältiges Werk. Auf der einen Seite stehen speziell zu Beginn des Films Szenen, die deutlich propagandistisch angehaucht sind und nicht nur Heldentum glorifizieren, sondern zusätzlich das amerikanische Publikum von der ungeheuren Wichtigkeit dieses erst wenige Jahre zuvor beendeten und so verlustreichen Krieges fern der Heimat überzeugen sollten. Andererseits wirkt vor allem das erstaunlich reduziert inszenierte tragische Ende der Filmhelden keineswegs wie eine Verherrlichung des Kriegshandwerks – auch wenn Hauptdarsteller William Holden als Bomberpilot Harry Brubaker mit seinen letzten Worten den Sinn des Krieges und seines eigenen Opfers betont. Ob das jedoch aus Überzeugung für die Sache geschieht oder es sich eher um eine hohle Phrase handelt, mit der Brubaker sich über seinen unmittelbar bevorstehenden Tod hinwegtrösten möchte, obliegt letztlich dem Empfinden des Zuschauers.[29]

---

[28] Deutscher Titel: "Rhapsodie im August".

[29] *The Bridges at Toko-Ri* [Deutscher Titel: *Die Brücken von Toko-Ri*], USA, 1954, Regie: Mark Robson.

3. Die 1960er Jahre

3.1 Bürgerrechtsbewegung, Kalter Krieg und Vietnam

In den 1960er Jahren wurde die amerikanische Gesellschaft vor allem durch die Bürgerrechtsbewegung und die Studentenunruhen sowie ab 1964 durch den Vietnamkrieg geprägt. Aber auch der Kalte Krieg mit der Sowjetunion spielte weiterhin eine wichtige Rolle und fand 1962 einen vorläufigen Höhepunkt – neben der Errichtung der Berliner Mauer ein Jahr zuvor – in der Kubakrise. John Fitzgerald Kennedy war 1961 zum ersten katholischen Präsidenten in der Geschichte der Vereinigten Staaten von Amerika gewählt worden. Obwohl Kennedy bis zu seiner Ermordung am 22. November 1963 nicht einmal drei Jahre lang im Amt war, gab es in dieser Zeit zahlreiche Ereignisse von großer politischer Bedeutung. Nachdem 1961 ein Invasions-Versuch von Exil-Kubanern, die in Guatemala heimlich von der CIA trainiert worden waren, gescheitert war (bis heute bekannt als "Schweinebucht-Fiasko"), rückte das kommunistische Kuba mit seinem Präsidenten Fidel Castro im Oktober 1962 erneut in den Mittelpunkt des Weltinteresses. Amerikanische Spionageflugzeuge erbrachten Beweise dafür, dass die Sowjetunion zahlreiche Atomraketen auf Kuba stationieren ließ, welche die USA direkt bedrohten. Während vor allem die Militärführung der USA für einen Erstschlag gegen die Sowjetunion plädierte, gelang es Kennedy und seinen Beratern, einen nuklearen Krieg durch eine geschickte Mischung aus Drohungen (unter anderem in Form einer Seeblockade rund um Kuba) und Zugeständnissen (wie dem Angebot zum Abzug amerikanischer Atomraketen aus der Türkei) zu verhindern.[30]

Besonders großen Einfluss auf die Entwicklung der amerikanischen Gesellschaft übte die immer stärker werdende Bürgerrechtsbewegung aus, die von Kennedy und seinem Amtsnachfolger Lyndon B. Johnson unterstützt wurde. Speziell Studenten begannen gegen die vorherrschende Diskriminierung von Schwarzen zu protestieren und zu demonstrieren. Diese Entwicklung hin zu einer zunehmenden Gleichberechtigung der Schwarzen hatte bereits nach dem Zweiten Weltkrieg ihren Anfang genommen, als unter anderem die Rassentrennung in der Armee aufgehoben und später vor Gericht entschieden worden war, dass der Ausschluss von Schwarzen aus öffentlichen Schulen rechtswidrig sei. An den Studentenprotesten der 1960er Jahre nahmen keineswegs nur Schwarze teil, vielmehr solidarisierten sich auch

---

30 Hofstadter/Miller/Aaron, *American History*, S. 391.

immer mehr weiße Studenten mit ihnen.[31] Obwohl auf die Proteste vor allem im amerikanischen Süden häufig mit offenen Gewaltandrohungen reagiert wurde, entwickelte sich die Bürgerrechtsbewegung zunächst sehr friedlich weiter, angeführt von Reverend Martin Luther King. Als John F. Kennedy im November 1963 ermordet wurde, setzte sein Nachfolger Lyndon B. Johnson dessen Bestrebungen mittels seiner Vision von einer "Great Society" fort. Er wollte vor allem gegen die Armut in der Nation kämpfen, ebenso für die Gleichberechtigung. Am 2. Juli 1964 signierte Johnson den "Civil Rights Act", der Rassendiskriminierung und die Trennung von Weißen und Nicht-Weißen in fast allen Bereichen des öffentlichen Lebens verbot. Vielen Bürgerrechtlern ging dieses Gesetz nicht weit genug, zumal es in der Realität erwartungsgemäß keineswegs zu einem Ende von Diskriminierung und Rassismus führte. Dennoch war es ein wichtiger Schritt in Richtung Gleichberechtigung.[32]

Eine kleine Minderheit in der Bürgerrechtsbewegung – darunter Malcolm X, der Anführer der "Nation of Islam" – kam zu dem Schluss, dass große Erfolge in den Bemühungen um eine tatsächliche Gleichstellung ausblieben, weil die Schwarzen selbst auf Gewalt verzichteten. Während Martin Luther King wie die überwiegende Mehrheit der Schwarzen bis zu seiner Ermordung 1968 weiterhin auf friedliche Proteste setzte,[33] wollte die Nation of Islam um Malcolm X die Gleichberechtigung um jeden Preis – wenn nötig auch mit Gewalt.[34] Doch Malcolm X fiel 1965 ebenfalls einem Attentat zum Opfer und die gewaltbereiten Aktivisten blieben eindeutig in der Unterzahl. Obwohl Martin Luther King (der seit 1986 sogar mit einem eigenen Feiertag in den USA geehrt wird) und Malcolm X zwei völlig unterschiedliche Richtungen der Bürgerrechtsbewegung repräsentierten und beide ermordet wurden, war ihr gemeinsamer Einfluss auf die amerikanische Gesellschaft enorm. Ihre Bemühungen ebneten den Weg dafür, dass die Gleichberechtigung nicht mehr nur auf dem Papier, sondern zunehmend auch in der Realität existierte.

---

[31] Ibid., S. 389.

[32] Ibid., S. 399-404.

[33] David Levering Lewis, "Martin Luther King, Jr., and the Promise of Nonviolent Populism", in: John Hope Franklin/August Meier (Hg.), *Black Leaders of the Twentieth Century* (Urbana: University of Illinois Press, 1982), S. 277-303.

[34] Peter Goldman, "Malcolm X: Witness for the Prosecution", in: John Hope Franklin/August Meier (Hg.), *Black Leaders of the Twentieth Century* (Urbana: University of Illinois Press, 1982), S. 305-330.

Die Gleichberechtigung betraf jedoch nicht nur die Hautfarbe der Menschen, sondern auch ihr Geschlecht, denn die Frauenrechtsbewegung fand ebenfalls in den 1960er Jahren starken Zulauf und brachte die Emanzipation der Frauen in den USA voran.[35]

Das prägendste Ereignis in dieser Zeit war für die Vereinigten Staaten jedoch mit Sicherheit der 1964 beginnende Vietnamkrieg, der im Kontext des Kalten Krieges zu betrachten ist. Nach dem Indochinakrieg, der 1954 mit der Teilung Vietnams in einen kommunistischen Norden und einen nicht-kommunistischen Süden endete, scheiterte 1956 die durch eine Wahl geplante Wiedervereinigung des Landes aufgrund eines Boykotts des Südens, der eine Niederlage gegen die Kommunisten fürchtete.[36] Daraufhin gründete sich im Norden des Landes die "Nationale Befreiungsfront", die als Vietcong berühmt und berüchtigt wurde und einen Guerillakrieg gegen die südvietnamesische Regierung begann. Da sich die USA im Kalten Krieg gegen die Sowjetunion und den Kommunismus befanden, wurde die südvietnamesische Regierung von Präsident Eisenhower und seinen Nachfolgern Kennedy und Johnson zunächst vor allem mittels militärischer Berater unterstützt, während Nordvietnam von der Sowjetunion mit Waffen und Versorgungsmaterial ausgestattet wurde.[37]

Obgleich es niemals eine offizielle Kriegserklärung gab, wird als eigentlicher Beginn des Vietnamkrieges der 7. August 1964 betrachtet, an dem der US-Kongress Präsident Johnson in einer Resolution gewissermaßen die Erlaubnis zum Kriegseintritt erteilte. Die Resolution folgte auf den sogenannten Tonkin-Zwischenfall, bei dem am 4. August der amerikanische Zerstörer "Maddox" – der bereits zwei Tage zuvor attackiert worden war – im Golf von Tonkin vermeintlich erneut von nordvietnamesischen Torpedobooten angegriffen wurde. Mittlerweile weiß man jedoch, dass dies nicht der Fall war, sondern es sich um eine folgenschwere Fehlinterpretation der Sonar-Signale handelte.[38] 1965 landeten die ersten amerikanischen

---

35 Lois W. Banner, *Women in Modern America – A Brief History* (New York: Harcourt Brace Jovanovich, 1974), S. 228-235.

36 Phillip B. Davidson, *Vietnam at War – The History 1946-1975* (Oxford: Oxford University Press, 1988), S. 289.

37 Hofstadter/Miller/Aaron, *American History*, S. 405.

38 James G. Blight/Janet M. Lang, *The Fog of War – Lessons from the Life of Robert S. McNamara* (Lanham: Rowman & Littlefield, 2005), S. 87-91.

Soldaten in Vietnam; drei Jahre später waren es bereits mehr als eine halbe Million, während die Anzahl der gefallenen US-Soldaten auf etwa 25.000 gestiegen war.[39]
Obwohl der Krieg offensichtlich von Beginn an nicht sonderlich erfolgreich verlief, wurde er erst 1968 in den Augen der amerikanischen Öffentlichkeit zu einem Desaster, als nordvietnamesische Einheiten – sowohl der regulären Armee als auch des Vietcong – die groß angelegte "Tet-Offensive" starteten. In deren Verlauf griffen die Nordvietnamesen, unter anderem ausgerüstet mit sowjetischen Kampfflugzeugen und Panzern, zahlreiche strategisch wichtige Orte in Südvietnam an und eroberten einige davon sogar, wenn auch größtenteils nur für kurze Zeit.[40]
Die Bilder der Erstürmung der US-Botschaft in der südvietnamesischen Hauptstadt Saigon gingen um die Welt und erschütterten das amerikanische Volk zutiefst. Der Vietnamkonflikt war der erste Krieg, den die US-Bürger gleichsam am heimischen Fernseher mitverfolgen konnten und nicht nur mittels oft wenig aussagekräftiger Wochenschau-Ausschnitte oder von Propaganda durchzogener Hollywood-Filme in den Kinos. Die nationale Friedensbewegung wurde immer stärker und die zu Beginn relativ unbedeutende Opposition gegen diesen bewaffneten Konflikt gewann mehr und mehr Einfluss in der Bevölkerung. Mit der stetig wachsenden Zahl der gefallenen US-Soldaten äußerten sich auch Teile der Medien sowie einige Politiker zunehmend kritisch über den Krieg. Der gestiegene Einfluss der Kriegsgegner zeigte sich besonders deutlich in den innerparteilichen Vorwahlen der Präsidentschaftswahl 1968. Obwohl Amtsinhaber Johnson bei den Demokraten klar favorisiert war, konnte er sich nur überraschend knapp gegen den Senator Eugene J. McCarthy durchsetzen, der als Repräsentant der Friedensbewegung galt.[41] Da in den Vereinigten Staaten Wehrpflicht herrschte, versuchten nun auch immer mehr junge Männer, der drohenden Einberufung durch eine Flucht nach Kanada oder mittels anderer Methoden zu entgehen.[42]
Wie vor Beginn des Zweiten Weltkrieges war die amerikanische Gesellschaft in zwei Lager gespalten: Die Befürworter des Eingreifens in Vietnam hoben die Bedeutung des Kampfes gegen den Kommunismus hervor, denn nichts anderes war

---

39 Hofstadter/Miller/Aaron, *American History*, S. 410.
40 Ibid., S. 409 f.
41 Ibid., S. 410.
42 Hans R. Guggisberg, *Geschichte der USA* (Stuttgart: W. Kohlhammer, 2002), S. 278.

für die Amerikaner der Vietnamkrieg, wie es der damalige Verteidigungsminister Robert S. McNamara bereits 1961 Präsident Kennedy dargelegt hatte.[43]
Die Gegner des Krieges konnten gute Argumente vorbringen: So hatte die südvietnamesische Regierung die Wahlen 1956 verhindert und somit keine überzeugende Legitimierung, außerdem betrachteten viele Experten den militärischen Konflikt als sinnlos, da er einen wichtigen politischen Dialog verhindere und zudem keine klare Zielsetzung habe. Und naturgemäß gab es viele Menschen, die sich grundsätzlich gegen gewaltsame Auseinandersetzungen aussprachen und erst recht gegen einen Krieg, der so weit entfernt von ihrer Heimat und ihrem alltäglichen Leben stattfand. Nicht wenige US-Bürger hatten schlicht keine Ahnung, worum es in diesem fernen Krieg überhaupt ging.
Die Polarisierung des Volkes ging diesmal sogar noch weiter als vor dem Zweiten Weltkrieg, was sich unter anderem daran erkennen lässt, dass die heimgekehrten Veteranen nicht – wie bei allen vorherigen Kriegen – als Helden gefeiert wurden. Ein wichtiger Grund dafür waren die Fernsehbilder von Napalm-Angriffen und den zahlreichen, oft grausam zugerichteten zivilen Opfern. Meldungen über Kriegsverbrechen verunsicherten die amerikanische Bevölkerung zunehmend. Viele dieser Berichte waren falsch, einige erwiesen sich jedoch als zutreffend. Vor allem ein 1969 in der Tageszeitung "The Plain Dealer" veröffentlichter Artikel über das sogenannte "Massaker von My Lai", bei dem eine Kompanie der US-Armee ein Jahr zuvor Hunderte von Bewohnern des südvietnamesischen Dorfes getötet hatte, viele davon nach Vergewaltigung oder Folter, sorgte für Aufsehen. Der Bericht zog weitere Artikel in den landesweiten Magazinen "Time" und "LIFE" nach sich, wodurch die Kriegsverbrechen amerikanischer Soldaten zum Tagesgespräch wurden.[44]
In engem Zusammenhang zum Vietnamkonflikt und zu den Friedensbewegungen steht auch das Aufkommen der Hippie-Bewegung ab etwa 1965, als deren "Hauptstadt" das liberale San Francisco galt. Vor Vietnam waren die Bürgerrechts- und Studentenbewegungen vornehmlich auf die Gleichberechtigung innerhalb der USA konzentriert, nun rückten verstärkt Friedens-Kundgebungen mit dem berühmten Slogan "Make love, not war" in den Mittelpunkt ihrer Aktivitäten. Die Hippies

---

43 Blight/Lang, *The Fog of War*, S. 151 f.

44 Seymour M. Hersh, "GIs Call Viet Killings 'Point-Blank Murder'", *The Plain Dealer*, 20. November 1969, URL: http://www.cleveland.com/plain-dealer-library/index.ssf/2009/11/eye_witness_account_of_the_my_lai_massacre_story_by_seymour_hersh_nov_20_1969.html [1. März 2015]; Hofstadter/Miller/Aaron, *American History*, S. 409.

bildeten eine Gegenkultur zum konservativen Amerika. Naturverbundenheit, Konsumkritik und strikte Ablehnung von Gewalt waren ihre Ideale. Sie propagierten "freie Liebe" und Drogenkonsum, der sich auch in der Musik dieser Zeit (Psychedelic Rock, das bis heute legendäre Woodstock-Festival) und Filmen wie dem Anti-Kriegs-Musical "Hair", das 1979 in die US-amerikanischen Kinos kam, ausdrückte. "Hair" – basierend auf einem Broadway-Musical der 1960er Jahre – und inhaltlich vergleichbare Filme spielen zwar nicht direkt im Krieg, die Ablehnung des Vietnamkonflikts ebenso wie die Ideale der Hippie-Bewegung werden aber anschaulich dargestellt.[45]

Die Kriegsfilme der 1960er Jahre widmeten sich weiterhin größtenteils der Aufarbeitung des Zweiten Weltkrieges, wobei sie häufig sowohl die Perspektive der Alliierten als auch die der Achsenmächte (vor allem der europäischen) einnahmen. Ein Grund hierfür war, dass viele dieser Filme internationale Koproduktionen waren, zudem wurden die weltweiten Vermarktungsmöglichkeiten für die Studios immer wichtiger.[46] Auch als der Vietnamkrieg Mitte des Jahrzehnts zum beherrschenden Thema in den USA wurde, konzentrierten sich die Kriegsfilme weiterhin fast ausschließlich auf den Zweiten Weltkrieg. Das Fernsehen übertrug den Vietnamkonflikt gewissermaßen live in die amerikanischen Haushalte und zeigte, dass der Krieg in Wirklichkeit anders aussieht als er zu dieser Zeit in den meisten Werken aus Hollywood dargestellt wurde. Dieser aktuellen, oft sehr schonungslosen und ehrlichen Konkurrenz – manche US-Militärangehörige vertreten sogar den Standpunkt, man habe den Konflikt nur aufgrund der negativen Berichterstattung in den Medien verloren –[47] wollte sich Hollywood offenbar nicht stellen und setzte daher als eine Art Kontrastprogramm auf Filme über den letzten großen militärischen Sieg der USA im Zweiten Weltkrieg. Dennoch zielen einige dieser Kriegsfilme der 1960er und 1970er Jahre indirekt bereits deutlich auf den Vietnamkrieg ab.

Lediglich Ray Kelloggs "The Green Berets" aus dem Jahr 1968, der einzige amerikanische Vietnam-Propagandafilm, der während des gut zehnjährigen Konflikts gedreht wurde, bildet eine Ausnahme. Von der inhaltlichen Struktur her zählt er zu den sogenannten Kommandofilmen. "The Green Berets" handelt davon, wie John Wayne als Colonel Mike Kirby mit seinen Männern auf feindlichem Terrain einen

45 Timothy Miller, *The Hippies and American Values* (Knoxville: The University of Tennessee Press, 1991), S. 3-19.

46 Schäfli, *Hollywood führt Krieg*, S. 112.

47 Ibid., S. 144.

nordvietnamesischen General entführen will. Roger Ebert von der Chicago Sun-Times, einer der führenden amerikanischen Filmkritiker, schrieb über "The Green Berets": "It is offensive not only to those who oppose American policy but even to those who support it."[48] Der Film – gedreht kurz vor der "Tet-Offensive", also zu einer Zeit, als die amerikanische Öffentlichkeit noch keine Niederlage befürchten musste – ignoriert die komplizierten politischen Zusammenhänge völlig. Die Charaktere sind so klischeehaft wie in den Propagandafilmen des Zweiten Weltkrieges, während die vietnamesischen Feinde nur als willkommene Opfer gezeigt werden. Zu Beginn gibt es zwar eine Hetz-Rede gegen den Kommunismus an sich und im Verlauf des Films wird ein liberal eingestellter Kriegsskeptiker unter den Soldaten "bekehrt"; letztlich zeigt der Film aber kaum mehr als den heldenhaften Kampf amerikanischer Soldaten gegen einen grausamen Feind, ohne auf die tatsächlichen Hintergründe einzugehen. Würden die amerikanischen Soldaten in diesem Film – wie in zahllosen US-Western der vorangegangenen Jahrzehnte – gegen Indianer oder auch gegen Außerirdische anstatt gegen Nordvietnamesen kämpfen, wäre strukturell kein Unterschied erkennbar. Dies veranlasste Roger Ebert zu seiner Bemerkung, der Film sei selbst für Befürworter des Krieges eine Beleidigung.[49]

Der Einfluss von Kaltem Krieg und Vietnamkonflikt auf die US-Gesellschaft – beispielsweise in Form einer zunehmenden, durch die ständige latente Atomkriegsgefahr geförderten Paranoia, aber auch durch die innere Zerrissenheit der Bevölkerung und die immer stärker werdende Individualisierung –[50] schlug sich beinahe unmittelbar in den Drehbüchern der Hollywood-Filme dieses Jahrzehnts nieder. Ein gutes Beispiel dafür ist Norman Jewisons für vier OSCARs nominierte Komödie "The Russians Are Coming, the Russians Are Coming" über eine vermeintliche russische Invasion der Vereinigten Staaten, die 1966 in die US-Kinos kam. Allerdings muss erwähnt werden, dass der wohl beste aller Filme über den Kalten Krieg ein britischer ist. Die Rede ist von Stanley Kubricks Satire "Dr. Strangelove or: How I Learned to Stop Worrying and Love the Bomb" aus dem Jahr 1964 mit Peter Sellers in gleich drei Rollen. Er verkörpert die Titelrolle des aus Deutschland emigrierten, exzentrischen Wissenschaftlers Dr. Strangelove, zudem den amerikanischen

---

48 Roger Ebert, "The Green Berets", *Chicago Sun-Times*, 26. Juni 1968, URL: http://www.rogerebert.com/reviews/the-green-berets-1968 [15. März 2015].

49 *The Green Berets* [Deutscher Titel: *Die grünen Teufel*], USA, 1968, Regie: Ray Kellogg/ John Wayne.

50 Guggisberg, *Geschichte der USA*, S. 286 f.

Präsidenten Merkin Muffley und Group Captain Lionel Mandrake. Letzterer führt am Ende des Films mit seinem Bomber eine Katastrophe herbei, indem er den eigenmächtigen Befehl des übergeschnappten General Ripper (Sterling Hayden) zur Durchführung eines nuklearen Erstschlages gegen die Sowjetunion in die Tat umsetzt.

Trotz des hohen Unterhaltungsgrads des absurd übertriebenen Szenarios mit seinen haarsträubenden Dialogen verleiht der Film überzeugend den realen Ängsten der weltweiten Zivilbevölkerung zur damaligen Zeit Ausdruck. Dieser blieb gar keine andere Wahl, als auf Vernunft, Weitsicht sowie das strategische und diplomatische Geschick der Politiker und Militärs zu vertrauen – dass ihr dies nicht immer leicht fiel, verdeutlicht Regisseur Kubrick in seinem Meisterwerk "Dr. Strangelove" in Dialogen wie den folgenden:

> PRESIDENT MUFFLEY: "General Turgidson, I find this very difficult to understand. I was under the impression that I was the only one in authority to order the use of nuclear weapons."
>
> GENERAL TURGIDSON (George C. Scott): "That's right, sir, you are the only person authorized to do so. And although I, uh, hate to judge before all the facts are in, it's beginning to look like, uh, General Ripper exceeded his authority."

Und wenig später:

> MUFFLEY: "General Turgidson! When you instituted the human reliability tests, you <u>assured</u> me there was <u>no</u> possibility of such a thing <u>ever</u> occurring!"
>
> TURGIDSON: "Well, I, uh, don't think it's quite fair to condemn a whole program because of a single slip-up, sir!"[51]

Doch nicht nur Kalter Krieg und Vietnamkrieg, auch die Hippie- und Friedensbewegungen zeitigten rasch filmische Auswirkungen. Die Folgen der schwarzen Bürgerrechtsbewegung hingegen blieben zumindest in Kriegsfilmen noch weitgehend unbeachtet. Erst ab Ende der 1970er Jahre, als die filmische Aufarbeitung des amerikanischen Vietnam-Traumas begann, wurden dunkelhäutige Soldaten regelmäßig als gleichberechtigte, mutige und patriotische Männer porträtiert.

---

[51] *Dr. Strangelove or: How I Learned to Stop Worrying and Love the Bomb* [Deutscher Titel: *Dr. Seltsam, oder wie ich lernte, die Bombe zu lieben*], USA/Großbritannien, 1964, Regie: Stanley Kubrick.

3.2 Die filmische Aufarbeitung des Zweiten Weltkrieges – von "The Longest Day" bis "Kelly's Heroes"

3.2.1 Zerfall der Gruppe und Abkehr von moralischen Werten

Zu Beginn der 1960er Jahre ist Vietnam noch kein sehr aktuelles Thema und daher überwiegen weiterhin Filme über den Zweiten Weltkrieg. Jedoch widmen sich viele Produktionen dieses Jahrzehnts nicht mehr der Darstellung des Kriegs-"Alltags". Im Mittelpunkt stehen stattdessen häufig scheinbar aussichtslose Missionen, anhand derer der Zerfall der einst fest zusammenhaltenden Gruppe und die Abkehr von moralischen Werten thematisiert werden. Die besten Beispiele für diese als Kommandofilme bezeichnete Gattung sind "The Guns of Navarone" und "The Dirty Dozen". Darin werden zwar die Schrecken des Krieges keineswegs ausgeblendet – es gibt weiterhin unzählige Tote auf beiden Seiten, wenngleich die blutigen Details den Zuschauern in der Regel erspart bleiben –, aber sie scheinen die Protagonisten nicht übermäßig zu berühren. Der Tod von Nazis und selbst Zivilisten ist kaum einer Erwähnung oder eines Gedankens wert. Das führt mitunter zu moralisch durchaus bedenklichen Szenen, während der Tod der alliierten Filmhelden bereits durch die Ausgangssituation der Handlung fast unvermeidlich erscheint. Somit ist in diesen Filmen jeder gegen alle Wahrscheinlichkeit Überlebende für den Zuschauer eine positive Überraschung, während die Opfer unter den Protagonisten nicht so schwerwiegend wirken, denn sie waren ja zu erwarten. Durch diese dramaturgischen Kniffe sind die exemplarisch genannten Filme ereignisreich, unterhaltsam und oft sogar amüsant, ohne dass sich das Publikum wirklich ernsthaft mit dem Krieg auseinandersetzen müsste.

In J. Lee Thompsons 1961 veröffentlichtem "The Guns of Navarone" soll eine sechsköpfige Gruppe (bestehend aus Briten und Griechen) die titelgebenden unter deutscher Kontrolle stehenden Kanonen auf der griechischen Insel Navarone sabotieren. Diese Geschütze bewachen eine strategisch bedeutsame Meerenge, die von einem britischen Geleitzug durchquert werden muss. Dass es sich bei diesem Auftrag um eine aussichtslose Mission handelt, wird dem Zuschauer bereits früh innerhalb eines Dialoges zwischen Commodore Jensen (James Robertson Justice), dem Auftraggeber der Gruppe, und einem Untergebenen klargemacht: "I should be very surprised if they get even halfway to Navarone. Just a waste of six good men.

However, I suppose that doesn't matter, considering how many have been wasted already. I'm glad it's not my decision. I'm only the middleman."[52]
"The Guns of Navarone" ist auch ein exzellentes Beispiel dafür, wie Hollywood die Stereotypen, die während des Zweiten Weltkrieges immer wieder angewandt wurden, nun – auch als Referenz an die großen Veränderungen innerhalb der amerikanischen Gesellschaft – ins Gegenteil verkehrt oder zumindest erheblich einschränkt. Die alliierten Soldaten greifen beispielsweise auf den Trick zurück, sich mit feindlichen Uniformen zu tarnen. Das ist ein Vorgehen, das in früheren US-Filmen fast nie zu sehen ist. Ehre und faire Kriegsführung sind nicht mehr primäre Ziele der amerikanischen Soldaten, so die Botschaft dieser neuen Art von Kriegsfilmen. Wichtig ist es allein, zu gewinnen – und zwar um jeden Preis!
Diesen Punkt, der in späteren Filmen auch als kritische Anspielung auf das Verhalten der US-Soldaten in Vietnam zu verstehen ist, legt "The Guns of Navarone" in einem einzigen Gespräch glänzend dar. Darin erzählt Captain Keith Mallory (Gregory Peck) einer griechischen Widerstandskämpferin, er habe aufgrund seiner romantischen Vorstellung von einem ehrenwerten Krieg die Vernichtung eines ganzen Dorfes verschuldet; seitdem wisse er, worauf es im Krieg wirklich ankomme. Als Nebenaspekt wird durch die moralisch fragwürdige Handlungsweise der Soldaten ein weiteres Mal betont, wie gefährlich die Unternehmung ist. Denn da die Männer hinter den feindlichen Reihen operieren und dabei keine Uniformen tragen, würden sie bei einer eventuellen Gefangennahme nicht als Kriegsgefangene behandelt werden, sondern als Spione. Damit würden die Genfer Konventionen nicht für sie gelten, ihre Exekution wäre wahrscheinlich.
Ein wichtiges Merkmal der Filme über gefährliche Missionen im Feindesland ist die Veränderung, ja beinahe Pervertierung der Einheit, die im Mittelpunkt steht. Nicht nur, dass sie zu den beschriebenen fragwürdigen Methoden greift, auch der Zusammenhalt der Gruppe an sich ist sehr fragil. In Robert Aldrichs 1967 in den Kinos gestartetem "The Dirty Dozen" liegt dies schon darin begründet, dass sich das Kommando aus Kriminellen zusammensetzt, denen für die Erfüllung ihres Auftrages die Begnadigung versprochen wurde. In "The Guns of Navarone" handelt es sich zwar um reguläre Soldaten, zu denen sich später zwei griechische Widerstandskämpferinnen gesellen – wesentlich größer sind der Zusammenhalt und das

---

[52] *The Guns of Navarone* [Deutscher Titel: *Die Kanonen von Navarone*], USA/Jugoslawien, 1961, Regie: J. Lee Thompson.

Vertrauen deshalb aber nicht. Mallory beispielsweise weiß, dass Colonel Stavros (Anthony Quinn) ihn spätestens nach dem Krieg töten will, weil er ihn für den Tod seiner Familie verantwortlich macht. Private Brown (Stanley Baker), ein begnadeter Messerkämpfer, hat plötzlich Hemmungen zu töten und muss schließlich eingestehen, nach all den Jahren kriegsmüde geworden zu sein – woraufhin Mallory ihm vorübergehend das Vertrauen entzieht. Und Corporal Miller (David Niven) hat seit Jahren die Beförderung zum Offizier ausgeschlagen, weil er die Verantwortung scheut, wie er offen zugibt – woraufhin Mallory aufgebracht erwidert: "Someone's got to take responsibility if the job's going to get done! You think that's easy?" Miller antwortet genervt: "I don't know! I'm not even sure who really is responsible any more." Selbst Mallory, der verbissen versucht, seine Männer mit Disziplin und Befehlsmacht zusammenzuhalten, lässt in einer Szene seine eigenen Zweifel erkennen, als er eine der griechischen Widerstandskämpferinnen um Bestätigung heischend fragt, ob sein Handeln moralisch richtig sei.
All diese Beispiele zeigen, dass es sich bei dieser zusammengewürfelten Truppe um alles andere als eine echte Einheit handelt. Tatsächlich kämpfen ihre Mitglieder beinahe mehr mit sich selbst als mit dem deutschen Feind. Trotz aller Streitigkeiten und des ständigen Kompetenzgerangels gelingt der Gruppe am Ende das scheinbar Unmögliche – wenn auch unter den vorauszusehenden eigenen Opfern.

"The Dirty Dozen" von Regisseur Robert Aldrich folgt einem ganz ähnlichen Schema. Hier spielt Lee Marvin den amerikanischen Major Reisman, der kurz vor der Landung der Alliierten in der Normandie den Auftrag erhält, in eine von hohen Nazi-Offizieren für ihren Urlaub genutzte deutsche Festung einzudringen. Das unmissverständliche Ziel dieses Kommandos: so viele deutsche Offiziere zu töten wie möglich! Für diesen Auftrag bekommt Reisman zwölf verurteilte Schwerverbrecher zugewiesen, denen für ihre Mitwirkung die Begnadigung versprochen wurde. Wie bei "The Guns of Navarone" erfährt der Zuschauer das Wichtigste über diese zwölf Männer gleich zu Beginn, wenn ihre Akten verlesen werden, die in diesem Fall unter anderem Mord, Vergewaltigung und Totschlag beinhalten. Zunächst werden die "Auserwählten" in eine Art Ausbildungslager geschickt, in dem sie – mit überschaubarem Erfolg – zu einer Einheit geschmiedet werden sollen; erst dann zeigt der Film, wie Reisman und seine Truppe ihren eigentlichen Auftrag in Angriff nehmen.[53]

Angesichts der Prämisse ist es für das Publikum naturgemäß schwierig, sich mit den Protagonisten zu identifizieren. Um dennoch dafür zu sorgen, dass das Schicksal dieser verurteilten Verbrecher dem Zuschauer nicht gleichgültig ist, besetzte der Regisseur die wichtigsten Rollen mit namhaften und prägnanten Schauspielern wie Charles Bronson, John Cassavetes, Telly Savalas oder Donald Sutherland.

Nach Beendigung des Ausbildungslagers ähnelt das Handlungsgerüst von "The Dirty Dozen" weitgehend dem von "The Guns of Navarone". Die internen Komplikationen sind bereits durch die Ausgangssituation vorgegeben und die Verbrecher schrecken noch weniger vor skrupellosen, moralisch verwerflichen Aktionen gegen den Feind zurück. Auch hier gibt es Verräter, auch hier findet der Trick mit den deutschen Uniformen Anwendung, auch hier gibt es zahlreiche Tote auf beiden Seiten – wenngleich, wie üblich, deutlich mehr bei den Deutschen. Mit seinem Finale geht "The Dirty Dozen" jedoch einen großen Schritt weiter als vergleichbare Filme: Die überrumpelten Deutschen – Offiziere ebenso wie einfache Soldaten und sogar Zivilisten – werden in einem Raum eingeschlossen und mittels einiger durch einen Lüftungsschacht geworfener Gas-Granaten gnadenlos eliminiert. Damit ist der Auftrag erfüllt.

Trotz oder gerade wegen der äußerst kontroversen Handlung sowie der kritischen Anspielungen, beispielsweise in Form der offenkundig an Nazi-Methoden erinnernden Vorgehensweise der Amerikaner am Ende des Films, wurde "The Dirty Dozen" den USA zum kommerziell erfolgreichsten Film des Jahres 1967. Er zog Nachahmer wie Andrew V. McLaglens "The Devil's Brigade" (1968) oder Henry Hathaways "Raid on Rommel" (1971) nach sich, deren Qualität allerdings meist nicht der Rede wert war.

Neben den zahlreichen dramatischen Kriegsfilmen, in denen auch moralische Fragen im Vordergrund standen, gab es vereinzelte Versuche, die Thematik mit Humor zu erfassen. So nahm Regisseur Arthur Hiller 1964 mit der Tragikomödie "The Americanization of Emily" (basierend auf einem Roman von William Bradford Huie) auf ausgesprochen bissige Art und Weise die amerikanische Militärführung

---

53 *The Dirty Dozen* [Deutscher Titel: *Das Dreckige Dutzend*], Großbritannien/USA, 1967, Regie: Robert Aldrich.

und ihre konservativen Werte aufs Korn. Während beispielsweise bei traditionellen Kriegsfilmen nach dem Vorspann häufig eine Texteinblendung über die Situation zu Filmbeginn aufklärt, übernimmt Hiller dieses Stilmittel zwar und kopiert auch die mehr oder minder pathetischen Ausschmückungen – hier werden diese jedoch durch den leicht kuriosen, großspurigen Textinhalt als jene hohlen Phrasen offenbart, die sie sind:

> "In World War II, few men served their countries more ably than a small group of unheralded heroes known as the Dog Robbers. A Dog Robber is the personal attendant of a general or admiral and his job is to keep his general or admiral well clothed, well fed and well loved during the battle. Every army and navy in the world has its Dog Robbers, but, needless to say, ours were the best ..."[54]

Der "Dog Robber", der im Zentrum des Films steht, ist der in England stationierte Lt. Commander Charles E. Madison (James Garner), der von allen nur Charlie gerufen wird. Charlie ist ein echter Lebemann, dem es aufgrund seines Charmes und seiner Redegewandtheit stets gelingt, sich aus allen Schwierigkeiten herauszuhalten und es sich trotz des Krieges gut gehen zu lassen. Dabei leugnet Charlie seine Lasterhaftigkeit gar nicht erst, sondern kokettiert offen damit, ein "aktiver Feigling" zu sein. Tatsächlich ist letztlich der gesamte Film eine Art Hohelied auf die Feigheit und damit zugleich eine bitterböse Abrechnung mit falschem Heldentum. In der denkwürdigen zentralen Sequenz erzählt Charlie seiner englischen Freundin Emily Barham (Julie Andrews) und deren Mutter (Joyce Grenfell) – beide Kriegswitwen – seine Geschichte als kämpfender Soldat im Pazifik, der als einer von wenigen seiner Einheit überlebte:

> "Those were brave men dying there, in peace time they'd all been normal, decent cowards. Frightened of their wives, trembling before their bosses, terrified by the passing of the years. But war had made them gallant. They had been greedy men, now they were self-sacrificing. They had been selfish, now they were generous. War isn't hell at all. It's man at his best; the highest morality he's capable of."

In hörbar ironischem, beinahe heiterem Tonfall erläutert er, wie er selbst zu seiner Feigheit fand:

> "That night, as I sat in the jungles of Guadalcanal, waiting to be killed sopping wet; it was then I had my blinding revelation. I discovered I was a coward. That's my new religion. I'm a big believer in it. Cowardice will save the world. It's not war that's insane, you see. It's the morality of it. It's not greed and ambition that makes war, it's goodness. Wars are always fought for the best of reasons: for liberation or manifest destiny. Always

---

54 *The Americanization of Emily* [Deutscher Titel: *Nur für Offiziere*], USA, 1964, Regie: Arthur Hiller.

> against tyranny and always in the interest of humanity. So far this war, we've managed to butcher some ten million humans in the interest of humanity. Next war it seems we'll have to destroy all of man in order to preserve his damn dignity. It's not war that's unnatural to us, it's virtue. As long as valor remains a virtue, we shall have soldiers. So, I preach cowardice. Through cowardice we shall all be saved."

Mrs. Barham scheint überraschenderweise durchaus Sympathie für Charlies Standpunkt und sein leidenschaftliches Plädoyer für die Feigheit zu empfinden – auch für die nur dürftig verschleierte Bitterkeit in seinen Worten. Sie selbst offenbart jedoch eine etwas andere Sichtweise:

> "After every war you know, we always find out how unnecessary it was. And after this one, I am sure all the generals will dash off and write books about the blunders made by other generals and statesmen will publish their secret diaries, and it will show, beyond any shadow of a doubt, that war could easily have been avoided in the first place. And the rest of us of course will be left with the job of bandaging the wounded and burying the dead."

An diesem Punkt hakt Charlie ein, nun vollkommen ernst, sogar traurig:

> "I don't trust people who make bitter reflections about war, Mrs. Barham. It's always the generals with the bloodiest records who are the first to shout what a hell it is. It's always the war widows who lead the Memorial Day parades."
>
> EMILY: "That was unkind, Charlie, and very rude."
>
> CHARLIE: "We shall never end wars, Mrs. Barham, by blaming it on the ministers and generals, or warmongering imperialists, or all the other banal bogeys. It's the rest of us who build statues to those generals and name boulevards after those ministers. The rest of us who make heroes of our dead and shrines of our battlefields. We wear our widows' weeds like nuns, Mrs. Barham, and perpetuate war by exalting its sacrifice."

Emily, die ihren Vater, ihren Mann und ihren Bruder im Krieg verloren hat, reagiert zunächst zornig auf diese Äußerungen. Anders ihre Mutter: Die erkennt die Wahrheit in Charlies Worten und ist nun endlich bereit, den bis dahin hartnäckig verdrängten Kriegstod ihres Mannes und ihres Sohnes zu akzeptieren. Das macht sie traurig, aber gleichzeitig wirkt sie wie befreit.

Die scharfe, grundsätzliche Kritik am Krieg an sich wie auch an der Militärführung in Charlies Ausführungen ist offensichtlich und auch konkret in der Handlung verankert. Denn Charlies Vorgesetzter, Marine-Admiral Jessup (Melvyn Douglas), hat es sich in den Kopf gesetzt, den Ruhm für die bevorstehende Landung der Alliierten in der Normandie keinesfalls alleine dem Heer zu überlassen. Um zu verhindern, dass der Anteil der Marine übersehen wird (was sich nach dem Krieg negativ auf die finanzielle Ausstattung der Marine auswirken könnte), soll unbedingt ein Marinesoldat der erste Amerikaner sein, der während des "D-Days" stirbt. Sogar die Pläne für ein "Grabmal für den unbekannten Marinesoldaten" sind bereits fortgeschritten.

Um das Heldentum der Marine zu belegen, soll ausgerechnet Charlie mit einem Filmteam an vorderster Front dabei sein. Dieser ist erwartungsgemäß alles andere als begeistert von seiner fragwürdigen Aufgabe, doch auf seine Einwände reagiert Jessup äußerst unwirsch und verweist großspurig auf die "Heiligkeit des Befehls". Diese deutliche Anspielung auf einen oft unterstellten Größenwahn der amerikanischen Militärführung wirkt besonders stark in Verbindung mit der Tatsache, dass der betagte und hoffnungslos überarbeitete Admiral Jessup nicht mehr ganz bei Verstand zu sein scheint. Nicht nur an seinen Befehlen lässt sich dies ablesen, sondern auch an gelegentlichen Diskussionen mit imaginären Gesprächspartnern sowie an den sich häufenden Zusammenbrüchen des Admirals. "The Americanization of Emily" ist somit in vielerlei Hinsicht ein Vorreiter des sehr kriegskritischen nachfolgenden Jahrzehnts mit Werken wie "MASH" oder "Apocalypse Now", in denen Unfähigkeit und Arroganz des Militärs schonungslos bloßgestellt werden.

Obwohl er alles versucht, um dem Himmelfahrtskommando zu entkommen, bleibt Charlie letztlich kein Ausweg: Er muss den Befehl des Admirals ausführen und wird somit Teil der Invasion in der Normandie. Als die Soldaten in den Schiffen zusammengepfercht warten, müssen sie mehrmals die pathetische Ansprache des alliierten Oberbefehlshabers General Dwight D. Eisenhower über sich ergehen lassen. Sollte diese beim ersten Mal noch den Kampfesmut angefacht haben, wird sie bei jedem weiteren Vortrag nur noch mit genervtem Augenrollen registriert. Dass ein Soldat sich währenddessen gar in seinen Helm übergibt, ist zwar kausal den Nachwehen heftigen Alkoholkonsums zuzuschreiben, darf aber getrost als boshafter Kommentar von Regisseur und Autor zu so viel Heldenpropagierung und Pathos gewertet werden.

Als die Boote schließlich den französischen Strand erreichen, gelangt zu seinem eigenen Erschrecken ausgerechnet Charlie als Erster lebend an Land. Er macht auf der Stelle kehrt und will zurück ins Meer; doch sein in "bester Militärakademie-Laune" befindlicher Freund "Bus" Cummings (James Coburn) hindert ihn daran und treibt ihn mithilfe seiner Pistole zurück auf den Strand – wo Charlie schließlich der erste amerikanische Soldat an diesem Abschnitt ist, der fällt.

Ausgerechnet der bekennende Feigling Charlie Madison wird somit zum vermeintlichen Helden, der dank landesweiter Berichterstattung in der Presse so berühmt

wird, dass sein Grab in Frankreich gar zu einem Nationalheiligtum erklärt werden soll.
Nach der geglückten Invasion macht Bus Charlies Freundin Emily und ihrer Mutter einen Kondolenzbesuch und will sie trösten, woraufhin sich folgender Dialog entspinnt, der die Haltung des Films zu Krieg und Heldenverehrung noch einmal treffend charakterisiert:

> MRS. BARHAM: "Charlie's picture is in all the papers and they're going to put up a monument on his grave."
>
> EMILY: "What on Earth for? All he did was die. Dear me, we shall be celebrating cancer and automobile smash-ups next."
>
> BUS: "He didn't just die, Emily. He sacrificed his life!"
>
> EMILY: "That was very pagan of him."
>
> BUS: "He was the first American to die on Omaha Beach."
>
> EMILY: "Was there a contest?"

Zumindest Admiral Jessup wird letztlich halbwegs rehabilitiert. Als er erfährt, warum Charlie an vorderster Front der Invasion starb, ist er ehrlich schockiert. Er erinnert sich nicht mehr an seinen Befehl, den er während eines Nervenzusammenbruchs gegeben hatte und mag kaum glauben, dass dieser tatsächlich ausgeführt wurde. Er bittet Gott um Vergebung, hat allerdings keinerlei Skrupel, Charlies Tod dennoch zu Propagandazwecken für die Marine auszuschlachten. Um so überraschender kommt die Meldung, dass Charlie doch nicht gestorben ist, sondern lediglich verwundet im Lazarett lag. Während der Admiral diese unerwartete Nachricht mit echter Freude aufnimmt (dabei aber erneut sofort daran denkt, wie sich diese Wendung für die Zwecke der Marine nutzen lässt), ist Bus weniger begeistert: "We had a nice dead hero. Now we got a lousy live coward."

Nicht ganz so bissig wie "The Americanization of Emily", aber dennoch in ihrer Grundaussage vergleichbar ist die 1970 in den Kinos gestartete Kriegskomödie "Kelly's Heroes" von Brian G. Hutton. Hier machen sich einige Soldaten unter der Führung des von Clint Eastwood gespielten Private Kelly während eines Fronturlaubs auf eigene Faust auf die Jagd nach einem geheimen Goldschatz der Nazis und schrecken dabei nicht einmal davor zurück, mit einem deutschen Soldaten zu kooperieren – die Sehnsucht nach Reichtum verbindet eben. Doch alles läuft anders als geplant und am Ende stehen Kelly und seine Männer zu ihrem eigenen Erstaunen als strahlende Helden da, weil sie im Alleingang das französische Dorf, in dem der Schatz versteckt war, befreit haben. Dabei war dies schlicht der einzige Weg, um an das Gold heranzukommen.

Dieses ironische Ende liefert ein weiteres Mal einen Hinweis auf die zunehmende Abkehr von den moralischen Werten in der amerikanischen Gesellschaft: Goldgier, Befehlsverweigerung, Feigheit und sogar die Kollaboration mit dem Feind werden nicht etwa bestraft, sondern gleich auf doppelte Weise belohnt: mit dem eroberten Gold und mit der gewonnenen militärischen Anerkennung für ihre vermeintliche Heldentat. Obwohl sich Hauptdarsteller Eastwood später wenig zufrieden über den ihm zu kommerziell geratenen Film äußerte,[55] persifliert "Kelly's Heroes" doch auf absurde und zugleich unterhaltsame Weise den Krieg und ist damit Teil einer Welle von in ihrer Anti-Kriegsbotschaft noch erheblich konsequenteren Kriegssatiren wie "MASH" oder "Catch-22", die alle um das Jahr 1970 herum in die nordamerikanischen Kinos kamen.

3.2.2 Zunehmende Individualisierung der Gesellschaft

Eine weitere auffällige Entwicklung der 1960er Jahre neben dem kommerziellen Siegeszug der Kommandofilme ist, dass nicht mehr stets eine ganze Einheit gleichberechtigt im Mittelpunkt steht, wie es in fast allen Propagandafilmen während des Zweiten Weltkrieges üblich war (beispielsweise in Howard Hawks' "Air Force" aus dem Jahr 1943). Stattdessen sind die Werke wieder häufiger durch einige wenige Individuen geprägt, mit denen sich der Zuschauer oft identifizieren kann.

Somit spiegeln diese Einzelgängerfilme ebenso wie die innerlich zerrissenen Gruppen der meisten Kommandofilme gleichsam die gesellschaftliche Entwicklung der Vereinigten Staaten zu jener Zeit wider. Das Land, das nach dem Angriff auf Pearl Harbor fest zusammenhielt, entwickelt sich zunehmend zu einer ambivalenten Nation, in der vor allem zwischen Liberalen und Konservativen ein immer breiterer Spalt aufklafft. Einheit und bedingungsloser Zusammenhalt sind nicht mehr gegeben – dies symbolisieren die Einzelgänger, die in vielen Filmen dieses Jahrzehnts auf eigene Faust weit erfolgreicher sind als es ihnen in der Gruppe jemals möglich gewesen wäre.

Ein gutes Beispiel hierfür ist Ken Annakins "Battle of the Bulge" (1965). Henry Fonda ist als Lieutenant Colonel Daniel Kiley eindeutiger Held der Erzählung; dass

---

55 Schäfli, *Hollywood führt Krieg*, S. 112.

Kiley eigentlich "nur" der Anführer einer zahlenmäßig nicht geringen Truppe von US-Soldaten in den Ardennen ist, verkommt beinahe zur Randnotiz. Im Grunde genommen könnte Kiley in diesem Film als eine Art früher "Rambo" ganz allein die gegnerische Übermacht besiegen. In der 1964 veröffentlichten amerikanisch-italienisch-französischen Koproduktion "The Train" von John Frankenheimer wiederum ist es mit Burt Lancaster ein weiterer Hollywood-Star, der als Paul Labiche – wenn auch unter Mithilfe der Résistance – fast im Alleingang den von Nazis geplanten Raub von Kunstwerken aus Frankreich nach Deutschland verhindert.
Dabei wirft der Film ein weiteres interessantes Thema auf: Was ist wichtiger – Menschenleben oder Kunst? Ist es richtig oder sinnvoll, für die Rettung großartiger Kunstwerke Menschenleben zu riskieren und zu opfern? "The Train" setzt sich gekonnt mit dieser schwierigen Fragestellung – die genau 50 Jahre später von George Clooney in seinem auf wahren Geschehnissen basierenden Ensemblestück "The Monuments Men" erneut aufgegriffen wurde – auseinander, ohne vorzugeben, dass es darauf eine simple Antwort gebe. Erinnerungswürdig an "The Train" ist vor allem das Finale, denn in den letzten Einstellungen sieht das Publikum die Holzkisten, in denen die Kunstwerke nach Deutschland gebracht werden sollten, auf dem Boden liegen – zwischen den Leichen der vielen Opfer auf beiden Seiten, die im Kampf um sie ihr Leben ließen.[56]
Eine sehr phantasievolle Variation des Einzelgänger-Motivs zeigt George Seatons "36 Hours", die Verfilmung einer Erzählung des populären britischen Schriftstellers Roald Dahl. James Garner spielt darin den amerikanischen Major Jefferson F. Pike, der – ohne es zu realisieren – kurz vor der alliierten Landung in der Normandie von Nazis entführt wird. Die Deutschen zeigen in diesem Film eine Raffinesse, die ihnen zuvor in kaum einem anderen Hollywood-Film zugestanden worden war. Denn als Pike aus seiner Bewusstlosigkeit erwacht, findet er sich scheinbar in einem Krankenhaus der Alliierten wieder. Ihm wird erklärt, dass die Invasion in der Normandie bereits vor Jahren erfolgreich durchgeführt worden sei – die Alliierten hätten den Krieg gewonnen, während Pike im Koma gelegen habe.
In Wahrheit handelt es sich um einen groß angelegten Bluff der Deutschen. Sie wissen, dass die Alliierten eine Invasion planen und hoffen, mit dieser Aufführung

---

56 *The Train* [Deutscher Titel: *Der Zug*], USA/Frankreich/Italien, 1964, Regie: John Frankenheimer.

von Major Pike wichtige Details zu erfahren. Tatsächlich fällt der Major zunächst auf die Maskerade herein, obwohl er sich einen Rest von Skepsis bewahrt. Letztlich durchschaut er den raffinierten Plan der Nazis nur, weil ein vorgeblicher US-Soldat aus Gewohnheit die Hacken zusammenknallt. Pike kann fliehen und somit ist der Einzelne erfolgreicher als die große Gruppe der Deutschen.[57]

Eine ganz andere Art von Einzelgänger, fernab jeglicher Heldenverehrung, spielt der damalige Superstar Steve McQueen gleich zweimal in Filmen über den Zweiten Weltkrieg: Zunächst 1962 in Don Siegels "Hell Is for Heroes", anschließend in Philip Leacocks "The War Lover" aus dem gleichen Jahr. "Hell Is for Heroes" basiert auf einer wahren Begebenheit und zeigt McQueen als undisziplinierten US-Soldaten, der sich wiederholt sowohl mit Vorgesetzten als auch mit Kameraden anlegt, sich aber in der Schlacht als effektive Kampfmaschine erweist. McQueen verkörpert also einen Einzelgänger innerhalb der Gemeinschaft, den Normen, Werte und Vorschriften wenig kümmern. In der britisch-amerikanischen Koproduktion "The War Lover" agiert McQueen als todessehnsüchtiger Bomberpilot, der sich nur für die riskantesten Missionen meldet und sich damit bei seiner Mannschaft entsprechend unbeliebt macht. Auch diese beiden Filme reflektieren am Vorabend des Vietnamkrieges und mitten im Kalten Krieg – auf wesentlich unbequemere Art und Weise als "36 Hours" oder "The Train" – die geänderte gesellschaftliche Einstellung zum Krieg ebenso wie den Zerfall der Gruppe.

In gewisser Hinsicht kann auch David Millers Tragikomödie "Captain Newman, M.D." aus dem Jahr 1963 zu dieser Kategorie gezählt werden. Der Film spielt nicht an der Front, sondern in einem amerikanischen Militärkrankenhaus gegen Ende des Zweiten Weltkrieges. Auf der dortigen Station 7 behandelt der Psychiater Captain Josiah J. Newman (Gregory Peck) mit Hilfe von Corporal Jackson Leibowitz (Tony Curtis) und Lieutenant Francie Corum (Angie Dickinson) Soldaten, die er für psychisch krank hält – durchaus zum Unwillen einiger Vorgesetzter wie Colonel Edgar Pyser (James Gregory), die Newmans Patienten samt und sonders für Feiglinge und Drückeberger halten.

Anhand verschiedener exemplarischer Fälle zeigt der Film auf, wie der Krieg für jeden Einzelnen seine individuelle Hölle kreiert und dabei auch vor höheren Rängen keinen Halt macht. Vom einfachen Corporal Jim Tompkins, der nach einem

---

57 *36 Hours* [Deutscher Titel: *36 Stunden*], USA, 1965, Regie: George Seaton.

Absturz mit seinem Bomber einen verwundeten Kameraden im Stich gelassen hat und seitdem versucht, seine Schuldgefühle in Alkohol zu ertränken (der Sänger Bobby Darin wurde für seine unter die Haut gehende Darstellung für den OSCAR als bester Nebendarsteller nominiert) bis zum hartgesottenen Colonel Bliss (Eddie Albert), der schließlich aus Verzweiflung über die schiere Anzahl von Männern, die unter seinem Kommando im Gefecht gefallen sind, Selbstmord begeht: Jeden kann es treffen und das aus den unterschiedlichsten Gründen. Und am Ende muss jeder für sich alleine sein Trauma überwinden. Seine Kameraden können ihm dabei nicht wirklich helfen. Selbst Captain Newman und seine Mitarbeiter in der psychiatrischen Abteilung können mit all ihrem Fachwissen und Engagement letztlich nur Hilfestellungen geben, nicht mehr.[58]

3.2.3 Die Entwicklung der Einstellung zu Deutschen und Japanern

In vor den 1960er Jahren gedrehten Filmen, die zur Zeit des Zweiten Weltkrieges spielen, lassen sich feindliche Soldaten in schöner Regelmäßigkeit mit Hilfe der Sprachfähigkeiten der Helden überlisten. Kaum eine Produktion dieser Art verzichtet auf das bewährte Stilmittel des alliierten Soldaten, der eigentlich nur deshalb mitgenommen wird, weil er – je nach Bedarf – japanisch, deutsch oder italienisch beherrscht. "The Guns of Navarone" bildet in dieser Hinsicht keine Ausnahme: Der von Gregory Peck verkörperte Captain Mallory spricht sowohl deutsch als auch griechisch "perfekt", wie es im Film heißt (deutsche respektive griechische Zuschauer würden diese Behauptung allerdings kaum bestätigen). Und tatsächlich kommt es zu jener typischen Szene, in der Mallory per Funk die deutschen Soldaten davon überzeugen will, dass alles in Ordnung sei. Der Unterschied zu früheren Filmen: Der Deutsche am anderen Funkgerät lässt sich zwar nichts anmerken – fällt aber keineswegs auf die List herein, sondern löst unmittelbar nach dem Dialog Alarm aus. Als die Gruppe im weiteren Handlungsverlauf mit deutschen Uniformen ausgerüstet in die Festung von Navarone eindringen will, gelingt dies aber doch. Diese leicht veränderte Art des alten Klischees lässt sich auch auf das nun gute Verhältnis der USA zum "neuen" Deutschland zurückführen. Im Film werden die deutschen Soldaten nicht mehr als komplett begriffsstutzig und dumm gezeigt,

---

58 *Captain Newman, M.D.* [Deutscher Titel: *Captain Newman*], USA, 1963, Regie: David Miller.

sie bekommen vielmehr sogar kleine Erfolgserlebnisse zugestanden; letztlich haben sie gegen die Alliierten aber dennoch keine Chance.
In die gleiche Richtung zielt die immer häufiger und deutlicher zu beobachtende Trennung zwischen "guten" (oder zumindest "normalen") und "bösen" deutschen Soldaten ab, die bereits in den Kriegsfilmen der 1950er Jahre wie den bereits erwähnten "The Enemy Below" oder "A Time to Love and a Time to Die" ihren Anfang nahm und im folgenden Jahrzehnt zunehmend betont wurde. Meist sind die SS-Männer die bösen, grausamen und unehrenhaften Deutschen, gegen die man eigentlich Krieg führt – wohingegen die "normalen" Soldaten der deutschen Wehrmacht ihre Feinde anständig behandeln und im Zweifelsfall auch die Genfer Konventionen für Kriegsgefangene beachten. Diese Unterscheidung ist sowohl in "The Guns of Navarone" als auch in "The Great Escape" erkennbar.
In John Sturges' vage auf wahren Ereignissen basierendem Klassiker "The Great Escape" aus dem Jahr 1963 geht es um einen groß angelegten, generalstabsmäßig geplanten Ausbruch aus einem deutschen Kriegsgefangenenlager. Auch hier werden gute und böse Deutsche – letztere wie üblich von der SS – präsentiert, und auch in diesem größtenteils in Deutschland gedrehten Film werden die deutschen Soldaten nicht mehr als inkompetent dargestellt: Zwar gelingt der Ausbruch der Alliierten, aber fast alle Flüchtigen werden innerhalb kurzer Zeit wieder gefasst.
Einer der bekanntesten Kriegsfilme überhaupt ist das 1962 veröffentlichte dreistündige Epos "The Longest Day", das die Landung der Alliierten in der Normandie am D-Day minutiös und mit gewaltigem Aufwand an Material und Filmstars zeigt und dafür mit zwei OSCARs belohnt wurde. Da in den Augen der damaligen Öffentlichkeit der Zweite Weltkrieg aufgrund der Wochenschau-Berichte immer mit Schwarz-Weiß-Bildern verbunden wurde, ließ Produzent Darryl F. Zanuck auch "The Longest Day" nicht in Farbe drehen und schuf den teuersten und zugleich kommerziell erfolgreichsten Schwarz-Weiß-Film aller Zeiten.[59] Sein erklärtes Ziel war es, jeden, der sich "The Longest Day" ansieht, von der absoluten Sinnlosigkeit des Krieges zu überzeugen. Insofern handelt es sich um einen der ersten Anti-Kriegsfilme über den Zweiten Weltkrieg. Doch wird er häufig nicht als solcher interpretiert, sondern eher als detaillierte Beschreibung der Geschehnisse – deren

[59] Schäfli, *Hollywood führt Krieg*, S. 115.

Authentizität von Veteranen vielfach bestätigt wurde – sowohl aus alliierter wie auch aus deutscher Sicht.[60]
Die gigantischen Ausmaße des Filmprojekts "The Longest Day" lassen sich bereits dadurch verdeutlichen, dass Zanuck insgesamt vier Regisseure parallel an den Aufnahmen an verschiedenen Drehorten arbeiten ließ: Andrew Marton drehte die Szenen, die von den Amerikanern handeln, Ken Annakin die Sequenzen mit britischer Beteiligung und der durch seinen hochgelobten Anti-Kriegsfilm "Die Brücke" zu internationalen Ehren gekommene Bernhard Wicki zeichnet für die "deutschen Szenen" verantwortlich. Zudem filmte Zanuck selbst zahlreiche Einstellungen. Die USA, Großbritannien und Frankreich stellten Tausende von Soldaten als Statisten zur Verfügung, ebenso zahlreiche Panzer, Flugzeuge, Schlachtschiffe und anderes Kriegsgerät. Bemerkenswert an "The Longest Day" ist weiterhin, dass es einer der ersten Hollywood-Kriegsfilme war, in dem sämtliche deutsche Rollen tatsächlich von Deutschen gespielt wurden, ebenso die französischen Rollen von französischen Darstellern – wobei fast alle Dialoge auch tatsächlich in der jeweiligen Sprache aufgenommen und im Film für das Publikum untertitelt wurden. Zur damaligen Zeit war dies ein echtes Novum. Die Namen der Stars, die Zanuck für sein Epos verpflichten konnte, lesen sich noch heute wie ein Who's who der Schauspielerei: John Wayne, Richard Burton, Sean Connery, Henry Fonda, Gert Fröbe, Robert Mitchum, Curd Jürgens, Rod Steiger, Robert Wagner und Peter van Eyck sind nur die bekanntesten unter ihnen.
Mit der betonten Objektivität der Darstellung der Ereignisse des 6. Juni 1944 in der Normandie aus der Sicht aller daran beteiligten Parteien zählt "The Longest Day" zu jenen Filmen, die die neuen Verbündeten in Europa im Kampf gegen den Kommunismus realistisch bis wohlwollend zeigen. In seiner Konsequenz hinsichtlich Besetzung und Sprache geht er sogar noch ein gutes Stück weiter als die meisten anderen Werke dieser Dekade wie John Guillermins "The Bridge at Remagen" (1969), in dem zwar ebenfalls die alliierte und die deutsche Seite weitgehend gleichberechtigt gezeigt werden, der wichtigste deutsche Akteur aber von dem Amerikaner Robert Vaughn verkörpert wird. Der große Publikums-Erfolg von "The Longest Day" belegt zudem ein weiteres Mal, dass zu jener Zeit zumindest Teile des amerikanischen Volkes offensichtlich eher bereit waren, den Deutschen oder Italienern zu verzeihen und sie in einem guten Licht erscheinen zu lassen, als es bei

60 Ibid., S. 115-118.

den Japanern der Fall war. Schließlich schätzten zu jener Zeit schon viele US-Bürger deutsche Autos und andere Waren "Made in Germany". Auch das "Wirtschaftswunder" mit amerikanischer Starthilfe beeindruckte sie und weckte Sympathien für die Deutschen, ebenso die enge politische Anlehnung der jungen Bundesrepublik an die USA. Nicht zuletzt zielten die Hollywood-Produktionen vermehrt auf den internationalen Filmmarkt ab – dabei spielt Deutschland seit jeher eine bedeutende Rolle.

Eine deutliche Diskrepanz lässt sich dagegen bei der Darstellung der Japaner erkennen. Auch ihnen widmete Hollywood in den 1960er Jahren einige durchaus versöhnlich wirkende Filme – nur wollte das Publikum davon nichts wissen und ignorierte sie an der Kinokasse weitgehend. Die anhaltende Antipathie (oder zumindest das ausgeprägte Desinteresse) in der Bevölkerung gegenüber den Japanern – sei es nun, weil diese die Vereinigten Staaten direkt angegriffen hatten oder auch, weil sie nicht dem gleichen Kulturkreis zugerechnet werden können – demonstriert beispielhaft der geringe Erfolg des nach dem gleichen Schema wie "The Longest Day" konzipierten Films "Tora! Tora! Tora!" (1970). Er zeigt den japanischen Angriff auf Pearl Harbor ähnlich objektiv und detailliert aus Sicht sowohl der Japaner als auch der Amerikaner. Ebenso wie "The Longest Day" wurde "Tora! Tora! Tora!" von mehreren Regisseuren inszeniert: Richard Fleischer drehte die amerikanischen Szenen, während Kinji Fukasaku und Toshio Masuda für die Sequenzen mit japanischer Beteiligung zuständig waren. Auch "Tora! Tora! Tora!" konnte eine illustre Besetzung vorweisen – darunter Jason Robards, Martin Balsam, Joseph Cotten und der japanische Star Sô Yamamura – und erhielt wohlwollende Kritiken. Das Resultat: "The Longest Day" wurde ein großer kommerzieller Erfolg, "Tora! Tora! Tora!" ging an den nordamerikanischen Kinokassen regelrecht unter und spielte nur gut die Hälfte seiner Produktionskosten von rund $ 25 Mio. ein. Zum Vergleich: "The Longest Day" erzielte bei einem Budget von etwa $ 8 Mio. ein weltweites Einspielergebnis von rund $ 50 Mio. und war damit erheblich rentabler. Offensichtlich war das US-Publikum noch nicht bereit für einen Film, der auf eine objektive Betrachtung der Geschehnisse rund um Pearl Harbor setzte. Dass der Siegeszug japanischer Konzernen wie Sony oder Toyota erst später begann – Japan also auch vom Wirtschaftsimage her noch nicht die Rolle Deutschlands erreichte –, dürfte diese Haltung zusätzlich beeinflusst haben.

Ein ganz ähnliches Schicksal wie "Tora! Tora! Tora!" ereilte John Boormans (zugegebenermaßen wesentlich sperriger inszenierter) Zwei-Personen-Film "Hell in the Pacific", der 1968 in die US-Kinos kam. Boorman zeigt darin eine Art Stellvertreterkrieg, geführt von einem amerikanischen und einem japanischen Soldaten, die während des Zweiten Weltkrieges auf einer kleinen, menschenleeren Insel gestrandet sind und ihre jeweilige Nation repräsentieren – was dadurch unterstrichen wird, dass die Soldaten bis zum Ende namenlos bleiben. Beim ersten Aufeinandertreffen an einem Strand zeigt Regisseur Boorman, wie beide in Gedanken den jeweils anderen umbringen. Doch setzen sie diese Gewaltphantasien nicht in die Realität um. Stattdessen trennen sie sich unverrichteter Dinge wieder und gehen vorerst ihrer eigenen Wege.[61]

Der Japaner (Toshirô Mifune) versteht es eindeutig besser, sich mit den Gegebenheiten zu arrangieren und baut sich ein kleines Trinkwasserreservoir sowie hölzerne Reusen für den Fischfang. Dem verhassten Amerikaner (Lee Marvin), der von solcherlei Dingen nur wenig Ahnung hat, will er nichts abgeben. Als sich dem Japaner später jedoch die Möglichkeit eröffnet, seinen wehrlosen Feind zu töten, bringt er dies nicht über sich. Er nimmt ihn gefangen und fesselt ihn – aber der Amerikaner befreit sich und dreht den Spieß um. Nun ist der Japaner temporär der Gefangene.

Das Verhalten der beiden Männer ist offenkundig symbolisch und dabei erfreulich objektiv in Szene gesetzt. Zwar sind viele Klischees eingebaut, jedoch gleichberechtigt über beide Völker. So ist der Japaner schlau und naturverbunden, aber grausam gegenüber seinem hilflosen Feind. Doch immerhin tötet er diesen nicht, obwohl er mehrfach kurz davor steht. Auf der anderen Seite befindet sich der Amerikaner, der der Natur weitgehend ratlos gegenübersteht (eine deutliche Anspielung auf den zu dieser Zeit bereits aktuellen Vietnamkrieg) und seinen Gegner immer wieder demütigt, indem er beispielsweise auf ihn uriniert oder von ihm verlangt, wie ein Hund Stöckchen zu holen. Dieser den USA häufig vorgeworfenen Arroganz steht allerdings die Tatsache gegenüber, dass der amerikanische Soldat nach der ersten Begegnung nie ernsthaft in Erwägung zieht, den Feind zu töten (obwohl dies ein amerikanisches Armee-Handbuch, das er kurioserweise in den Sachen des Japaners findet, für solch eine Situation vorschreibt).

So dauert es eine geraume Weile, bis die beiden Männer ihren gegenseitigen Hass, die anerzogenen Vorurteile und die Kommunikationsbarriere (die durch den Verzicht auf eine Untertitelung der japanischsprachigen Passagen auf das Publikum

---

[61] *Hell in the Pacific* [Deutscher Titel: *Die Hölle sind wir*], USA, 1968, Regie: John Boorman.

übertragen wird) überwinden und zögerlich zusammenarbeiten. Denn nur gemeinsam sind sie in der Lage, ein Floß zu bauen, auf dem sie die Insel verlassen können. Ganz langsam wächst der Respekt zwischen den beiden und transformiert sich während der gefährlichen und entbehrungsreichen Floßfahrt gar zu einer Art behutsamer Fürsorge. Irgendwann erreichen sie eine weitere Insel: Dicht hinter dem Strand, an dem sie anlanden, erheben sich einige zerbombte Häuserruinen, aus der Ferne ist Geschützfeuer zu hören. Doch in unmittelbarer Umgebung scheint niemand anwesend zu sein, also gehen beide Soldaten getrennt auf Erkundungstour. Als der Amerikaner Ausrüstungsgegenstände der US-Armee findet, rennt er sofort los und ruft in die scheinbare Menschenleere hinein: "No! Don't shoot! He's my friend! Hold your fire!" Kurz zuvor war der Japaner an einem Hauseingang auf japanische Schriftrollen gestoßen und hatte seinerseits wild gestikuliert und laut gerufen – aller Wahrscheinlichkeit nach etwas ganz Ähnliches wie sein Leidensgenosse. Beide erhalten keine Antwort. Sie sind tatsächlich allein.

Wenig später taucht der Japaner unvermittelt in der Nähe des Amerikaners auf, der zunächst an eine Feindberührung glaubt, dann aber erleichtert hervorstößt: "For a second, I thought you were a Jap." Dieser Satz zeigt zweierlei: Einerseits, dass der Amerikaner den japanischen Soldaten mittlerweile als Individuum, ja sogar als Freund betrachtet, und nicht mehr als Japaner und Feind. Andererseits aber durch die Verwendung des abfälligen Wortes "Jap" (zu Deutsch: "Japse") auch, dass sein genereller Hass auf die verfeindete Nation noch immer vorhanden ist. So leicht lassen sich jahrelang antrainierte Vorurteile eben nicht vergessen. Sie mögen eine Zeitlang in den Hintergrund treten, gerade im Umgang mit einzelnen Personen. Doch dicht unter der Oberfläche brodeln sie, stets bereit für den nächsten Ausbruch. Und der lässt auch hier nicht lange auf sich warten.

Als die Soldaten sich endgültig vergewissert haben, dass sie alleine sind, feiern sie fröhlich zusammen in einer der Ruinen mit gefundenem Alkohol und Zigaretten. Der Alkohol jedoch tut ihrem Verhältnis nicht gut; je mehr sie trinken, desto mehr verblassen in ihrem Gedächtnis die gemeinsam durchgestandenen Leiden. Der Japaner entdeckt ein amerikanisches Magazin mit Fotos, auf denen japanische Kriegstote bloßgestellt werden, und ist aufgebracht. Der Amerikaner erinnert sich daran, dass den US-Soldaten erzählt wurde, die Japaner glaubten nicht an Gott. Er fragt den Japaner verständnislos, warum das so sei und als dieser mangels Englischkenntnissen auch nach wiederholter Aufforderung nicht antwortet, wird er wütend. Schließlich schreien sich beide an, plötzlich ist der Japaner wieder zum "Jap" geworden, der Hass ist zurück. Doch dann schlägt unvermittelt eine Bombe in dem bereits zerstörten Haus ein und begräbt beide unter sich (in einem alternativen, von Regisseur Boorman bevorzugten Ende, gibt es keine Bombe; stattdessen trennen sie sich weiterhin laut lamentierend und gehen in verschiedene Richtungen).[62]

Dies ist die letzte Szene des ungewöhnlichen Zwei-Personen-Dramas "Hell in the Pacific", das zeigt, wie zwei verfeindete Männer ihre Vorurteile überwinden, als es vonnöten ist – nur um wieder von ihnen beherrscht zu werden, sobald die größte Not überstanden ist. Der schwierige und langwierige Prozess der Versöhnung zwischen den einst erbitterten Kriegsgegnern USA und Japan ist damit vortrefflich symbolisiert.

---

62 IMDb, "Hell in the Pacific: Alternate Versions", The Internet Movie Database, URL: http://www.imdb.com/title/tt0063056/alternateversions [9. April 2015].

4. Die 1970er Jahre

4.1 Das Ende des Vietnamkonflikts, Watergate und Ölkrisen

Was sich gegen Ende der 1960er Jahre bereits abgezeichnet hatte, sollte sich im folgenden Jahrzehnt bewahrheiten: Die Vereinigten Staaten von Amerika verloren erstmals in ihrer Geschichte einen (wenn auch niemals offiziell erklärten) Krieg – in Vietnam. Obwohl die nationalen und internationalen Proteste immer stärker wurden, weiteten die USA die Kampfhandlungen 1970 sogar noch auf das angrenzende Kambodscha aus.[63] 1973 fand der Konflikt mit dem Pariser Waffenstillstandsabkommen formal sein Ende, doch erst mit der Evakuierung der letzten US-Soldaten aus Saigon zwei Jahre später war der Krieg tatsächlich beendet.[64] Alles in allem forderte der Vietnamkonflikt das Leben von mehr als 58.000 amerikanischen Soldaten, während rund drei Millionen vietnamesische Soldaten und Zivilisten getötet wurden. Hinzu kamen die Verwüstung des Landes durch die amerikanische Bombardierung von Industrieanlagen sowie die Verseuchung des vietnamesischen Bodens durch den höchst umstrittenen Einsatz chemischer Waffen wie Napalm-Bomben.[65] Zudem war diese bittere Niederlage für die USA ein schwerer Rückschlag im Kampf gegen den Kommunismus und zog einen deutlichen Ansehensverlust in Europa und dem Rest der Welt nach sich.

Die Polarisierung der amerikanischen Gesellschaft in Befürworter und Gegner des Krieges erreichte unterdessen einen neuen Höhepunkt, der sich unter anderem in der Haltung gegenüber den Vietnam-Veteranen niederschlug. Von den einen wurden die heimgekehrten Soldaten – wie bei allen vorherigen Kriegen – als mutige Patrioten oder gar Helden gerühmt und geehrt, von den Kriegsgegnern aber, in Erinnerung an das Massaker von My Lai und ähnliche Vorkommnisse, teilweise gar pauschal als Kriegsverbrecher gebrandmarkt. Insgesamt wurden bis zum Jahr 2015 weit mehr als 150 amerikanische Kinofilme über den Vietnamkonflikt gedreht, die in ihren oft extrem unterschiedlichen Sichtweisen die gespaltene US-Gesellschaft abbilden. Auffällig ist, dass direkt nach Beendigung des Krieges keine echte Aufarbeitung der Geschehnisse stattfand, weder in der Bevölkerung oder den Medien noch in Filmen aus Hollywood. Der Krieg war vorbei. Der Krieg war verloren.

---

63 Davidson, *Vietnam at War*, S. 623-635.

64 Ibid., S. 767-793.

65 Wolfgang Effenberger/Konrad Löw, *Pax Americana – Die Geschichte einer Weltmacht von ihren angelsächsischen Wurzeln bis heute* (München: Herbig, 2004), S. 445.

Mehr gab es nicht zu sagen. Erst Ende der 1970er Jahre begann man wieder, über den Vietnamkonflikt zu sprechen und ihn kontrovers zu diskutieren. Auch die Haltung gegenüber den Veteranen veränderte sich nun allmählich.[66]

Mitunter wird sogar die These vertreten, dass eine erste Welle von Hollywood-Filmen, die sich direkt oder indirekt mit dem Vietnamkonflikt beschäftigen, diese verspätete Aufarbeitung zumindest mitverursacht oder beschleunigt hat. Die in den Jahren 1978 und 1979 veröffentlichten Filme "Coming Home", "Apocalypse Now" und "The Deer Hunter" behandeln auf hohem inhaltlichen Niveau Ereignisse, die mit diesem Krieg zu tun haben. Bei ihrer Veröffentlichung erregten sie großes mediales Interesse, nicht zuletzt dank des Gewinns zahlreicher bedeutender Auszeichnungen. Die öffentliche Aufmerksamkeit ebenso wie die Qualität der Filme selbst – so die These – hätten das Interesse der Amerikaner wieder auf den verlorenen Krieg und seine Folgen gelenkt.[67]

Dessen fehlende Aufarbeitung in den Jahren unmittelbar nach dem Pariser Waffenstillstandsabkommen hing auch damit zusammen, dass andere Ereignisse die Bevölkerung in ihren Bann zogen, unter denen die "Watergate-Affäre" um den damaligen US-Präsidenten Richard Nixon gewiss das prägendste war. Jener beispiellose Polit-Skandal nahm 1972 mit einem Einbruch in den Watergate-Gebäudekomplex seinen Anfang und endete erst mit dem Rücktritt Nixons vom Präsidentenamt zwei Jahre später. Am 17. Juni 1972, und damit nur wenige Monate vor der nächsten Präsidentschaftswahl, verhaftete die Polizei fünf Männer, die in das im Watergate-Gebäude beheimatete Hauptquartier der demokratischen Partei eingedrungen waren. Als einer der Einbrecher, James W. McCord Jr., sich bei der Anklageverlesung vor Gericht als ehemaliger CIA-Agent zu erkennen gab, griffen zwei junge, engagierte Journalisten von der Zeitung "Washington Post" die Affäre auf. Mit Hilfe eines geheimen Informanten namens "Deep Throat" (dessen wahre Identität erst im Jahr 2005 offenbart wurde, als sich der ehemalige hochrangige FBI-Beamte Mark

---

66 Peter Krause/Birgit Schwelling, "Filme als Orte kollektiver Erinnerung – Aspekte der Auseinandersetzung mit der Erfahrung des Vietnamkrieges in *Apocalypse Now*", in: Michael Strübel (Hg.), *Film und Krieg – Die Inszenierung von Politik zwischen Apologetik und Apokalypse* (Opladen: Leske + Budrich, 2002), S. 93-97.

67 Albert Auster/Leonard Quart, *How the War was Remembered – Hollywood & Vietnam* (New York: Praeger, 1988), S. 78.

Felt als die mysteriöse Quelle zu erkennen gab)[68] enthüllten Robert Woodward und Carl Bernstein immer brisantere Fakten über die Angeklagten und wiesen Verbindungen bis hin zu engsten Vertrauten von Präsident Nixon nach.[69]

Wie sich herausstellte, war es der Zweck des aufgedeckten Watergate-Einbruchs, eine bereits früher installierte und nun defekte Abhörwanze im Hauptquartier der Demokraten auszutauschen. McCord erklärte sich im Gegenzug für ein mildes Urteil zur Zusammenarbeit mit dem Gericht bereit und gab sein Wissen über die Hintergründe preis. Anstelle eines schnellen Endes der Affäre wurde 1973 ein Senatskomitee mit konkreten Untersuchungen betraut. Die Anhörungen vor dem Senat wurden live im Fernsehen übertragen und endeten mit der Verurteilung von sieben Beratern Nixons wegen Verschwörung und Behinderung der Justiz. Als Folge der Anhörungen mit ihren immer neuen Enthüllungen, die die amerikanische Öffentlichkeit den gesamten Sommer 1973 über in Atem hielten, litt das Ansehen Nixons in weiten Teilen der Bevölkerung enorm. Nachdem der Präsident sogar die Herausgabe von Tonbändern verweigerte, die mutmaßlich seine Schuld oder Unschuld hätten beweisen können, leitete das Repräsentantenhaus im Januar 1974 erste Schritte für ein Amtsenthebungsverfahren ein. Sobald sich abzeichnete, dass dieses Verfahren wohl erfolgreich sein würde, zog Nixon die Konsequenzen und trat am 9. August 1974 vom Amt des Präsidenten der Vereinigten Staaten von Amerika zurück.[70]

Die Folgen der Watergate-Affäre für die amerikanische Gesellschaft waren enorm. Nicht nur wurden einige neue Gesetze verabschiedet, die unter anderem die Wahlkampffinanzierung und verschiedene Offenlegungspflichten von Regierungsangehörigen betrafen, auch die Rolle der Medien in der politischen Berichterstattung veränderte sich massiv. Dank des Erfolgs von Woodward und Bernstein (deren Rolle in der Aufklärung des Skandals bereits 1976 von Alan J. Pakula unter dem Titel "All the President's Men" ausgesprochen erfolgreich verfilmt wurde, wodurch die beiden Reporter endgültig zu Berühmtheiten avancierten) wagten nun immer

---

68 John D. O'Connor, "'I'm the Guy They Called Deep Throat'", *Vanity Fair*, 31. Mai 2005, URL: http://www.vanityfair.com/news/politics/2005/07/deepthroat200507 [14. März 2015].

69 Bob Woodward/Carl Bernstein, "GOP Security Aide Among Five Arrested in Bugging Affair", *Washington Post*, 19. Juni 1972, URL: http://www.washingtonpost.com/wp-srv/national/longterm/watergate/articles/061972-1.htm [15. März 2015].

70 Willi Paul Adams, *Die USA im 20. Jahrhundert* (München: R. Oldenbourg, 2000), S. 108.

mehr Journalisten eine deutlich aggressivere und kritischere Berichterstattung über die nationale Politik.[71]

Ebenso änderte sich die Einstellung der Amerikaner der Politik und speziell dem Präsidenten gegenüber. Die Bürger hatten über zwei Jahre lang beinahe täglich und teilweise live im Fernsehen miterlebt, wie in Washington gelogen, betrogen und vertuscht wurde. Sie hatten gesehen, wie der von ihnen gewählte Präsident – der Mann, der landesweit den höchsten Respekt überhaupt genoss – einen Sündenbock nach dem anderen entließ und sich am Ende doch nicht den Konsequenzen seiner Handlungen entziehen konnte. Das Ansehen der Politik ebenso wie das Ansehen des Präsidenten waren schwer geschädigt, und dieser Imageverlust konnte nicht einfach von heute auf morgen wettgemacht werden – auch aufgrund der erwähnten kritischeren Berichterstattung in Fernsehen und Zeitungen. Der verlorene Vietnamkrieg und die Watergate-Affäre veränderten das Gesicht der amerikanischen Politik wie auch der Gesellschaft in einem vorher kaum gekannten Ausmaß.[72]

Doch nicht nur das Vertrauen der Amerikaner in die Politik wurde in den 1970er Jahren merklich erschüttert, ebenso verunsicherten wirtschaftliche Turbulenzen die Gesellschaft, gipfelnd in den beiden Ölkrisen der Jahre 1973 und 1979. Der Beginn der ersten Ölkrise lässt sich auf den 17. Oktober 1973 datieren, als die arabischen Mitglieder der OPEC den Rohölpreis um ein Vielfaches erhöhten und teilweise Lieferboykotte verhängten, um gegen die Unterstützung Israels im Jom-Kippur-Krieg durch die USA und ihre westeuropäischen Verbündeten zu protestieren. Diese Maßnahme verdeutlichte erstmals, wie abhängig die weltweiten Industrienationen von der Energieversorgung waren und forcierte infolgedessen politische Diskussionen innerhalb der Staaten. Das Ölembargo sorgte für drastische Kurseinbrüche an den Aktienmärkten und führte vielerorts zu Benzin-Rationierungen. In den USA erregte zudem eine Vorschrift den Unmut der Bevölkerung, wonach Halter von Fahrzeugen mit geradzahligen Nummernschildern nur an geradzahligen Tagen Benzin kaufen durften; entsprechend wurde mit ungeraden Zahlen verfahren. Viele Amerikaner empfanden dies als unzulässigen Eingriff in ihre Privatsphäre und in ihre verfassungsmäßigen Rechte. Im März 1974 hob die OPEC das Embargo

71 Guggisberg, *Geschichte der USA*, S. 344.

72 Ibid., S. 297 f.

wieder auf, doch die Auswirkungen dieser ersten Ölkrise blieben auf Jahre hinaus bestehen.[73]

Die zweite Ölkrise 1979 war Folge der "Islamischen Revolution" im Iran. Nachdem Schah Mohammad Reza Pahlewi nach Bevölkerungsunruhen geflohen und als Staatsoberhaupt durch den konservativen Geistlichen Ayatollah Khomeini ersetzt worden war, wurden die umfangreichen Erdöllieferungen des Landes an den Westen erheblich reduziert. Erneut stark ansteigende Rohölpreise waren die Folge, wiederum gab es in den USA Benzin-Rationierungen. Weite Teile der Bevölkerung waren davon überzeugt, die Lieferengpässe seien von den Ölkonzernen künstlich herbeigeführt worden, um noch größere Gewinne zu erzielen. Das Vertrauen der amerikanischen Gesellschaft in die Wirtschaft und auch in den Staat, der kaum etwas gegen die hohen Preise unternahm, litt zunehmend. Das Misstrauen der Amerikaner verstärkte sich noch, als der Iran seine Öllieferungen im folgenden Jahr aufgrund des Krieges mit dem Irak beinahe vollständig einstellen musste, dies nun jedoch keinerlei Treibstoff-Rationierungen in den USA nach sich zog: Die Welt hatte sich auf teurere Energie eingestellt, zugleich schwächelte die Konjunktur.

Auch der Kalte Krieg übte weiterhin seinen Einfluss auf die amerikanische Gesellschaft aus. In den 1970er Jahren waren vor allem die von 1969 bis 1979 andauernden Gespräche zur nuklearen Rüstungsbegrenzung zwischen den USA und der Sowjetunion von Bedeutung, aus denen schließlich die SALT-Verträge (SALT = Strategic Arms Limitation Talks) resultierten. Die Staatschefs Richard Nixon und Leonid Breschnew unterzeichneten die SALT I-Verträge, die nur als Zwischenstation zum endgültigen Ergebnis betrachtet werden, am 26. Mai 1972 in Moskau.[74] Die SALT II-Verträge wurden am 18. Juni 1979 in Wien von Breschnew und dem neuen US-Präsidenten Jimmy Carter signiert. Diesen Bemühungen um eine Rüstungsbegrenzung zum Trotz blieben die Beziehungen zwischen Ost und West weiterhin angespannt, weshalb die Furcht der amerikanischen Bevölkerung vor einem Atomkrieg fortbestand.[75]

In der US-Filmindustrie dominierte erstmals seit langem kein bestimmter Krieg das filmische Schaffen dieser Dekade. Noch immer wurden zahlreiche Filme über den Zweiten Weltkrieg gedreht (beispielsweise Jack Smights "Battle of Midway" oder

---

73 Ibid., S. 293.

74 Ibid., S. 272.

75 Ibid., S. 303 f.

Mike Nichols' "Catch-22"), zudem vereinzelte Werke über den Ersten Weltkrieg (wie "Johnny Got His Gun" von Dalton Trumbo) oder den Koreakrieg (wie Robert Altmans "MASH"). Auch der Kalte Krieg wurde immer wieder thematisiert, dies allerdings vorwiegend in Form von Spionage-Abenteuern und Science-Fiction-Filmen. Doch der bis 1975 andauernde Vietnamkonflikt blieb zunächst weitgehend außen vor. Solange dieser andauerte, gab es in zahlreichen Filmen mit Kriegsbezug wie dem während des Koreakrieges spielenden "MASH" zwar kaum verhohlene Kritik am amerikanischen Vorgehen, aber "echte" Vietnam-Filme waren Mangelware. Dieses nationale Trauma schien Hollywood in Bezug auf das Erfolgspotential der Produktionen ein zu riskantes Thema zu sein. Die Devise der gesamten amerikanischen Öffentlichkeit war, das Desaster in Südostasien schnellstmöglich zu vergessen – eine filmische Aufarbeitung war da kaum gefragt. Erst ab Ende der 1970er Jahre rückten der Vietnamkrieg und speziell – eine Besonderheit im Vergleich zu früheren Kriegen – seine Veteranen in den Mittelpunkt des Interesses. Insbesondere die innerhalb einer kurzen Zeitspanne erschienenen "Coming Home", "Apocalypse Now" und "The Deer Hunter" bildeten den Auftakt einer Reihe von Vietnam-Filmen, die noch bis zum Ende des nächsten Jahrzehnts andauern sollte.[76]

Auffällig bei den Filmen der 1970er Jahre ist, dass sich überproportional viele von ihnen unverkennbar kriegskritisch positionieren. Dies geschieht teilweise in satirischer Art und Weise wie bei der Bestseller-Adaption "Catch-22", teilweise durch die dramatisch übersteigerte Betonung der Absurdität und Sinnlosigkeit des Krieges wie in "Apocalypse Now". Zugleich scheinen aber viele Filme, die sich um Vietnam drehen (allen voran "The Deer Hunter"), die grundsätzliche Notwendigkeit des amerikanischen Eingreifens zu verteidigen oder zumindest nicht zu hinterfragen. Diese Ambivalenz zwischen scharfer Kritik am Krieg einerseits bei gleichzeitiger impliziter Verteidigung desselben andererseits zeichnet ein deutliches Abbild der Stimmung in der amerikanischen Gesellschaft zu dieser Zeit. Auch der große Vertrauensverlust gegenüber Politik und Wirtschaft aufgrund von Vorkommnissen wie der Watergate-Affäre oder den beiden schweren Ölkrisen ist anhand vieler Produktionen der 1970er und auch noch der 1980er Jahre zu erkennen. Beispielhaft sei dafür "Cutter's Way" von Ivan Passer genannt – ein Film aus dem Jahr 1981, der, eingebettet in eine Kriminalhandlung um einen verbitterten und verkrüppelten Vietnam-Veteranen auf der Jagd nach einem Mörder, zugleich eine

[76] Krause/Schwelling, "Filme als Orte kollektiver Erinnerung", S. 95-97.

gelungene Studie der Nation nach Vietnam liefert. Tatsächlich gibt es in dieser Dekade kaum noch einen Kriegsfilm, der sich nicht zumindest skeptisch gegenüber Krieg und Militär zeigt. Vereinzelte Ausnahmen wie Joseph Sargents "MacArthur" (1977) mit Gregory Peck in der Titelrolle des amerikanischen Kommandeurs der alliierten Streitkräfte im Pazifik während des Zweiten Weltkrieges oder der actionbetonte "Battle of Midway" (1976) von Jack Smight boten dem Publikum nach Vietnam zwar ein anspruchs- und weitgehend kritikloses Gegenprogramm. Sie konnten jedoch weder künstlerisch noch kommerziell überzeugen.

Gerade jene Filme, die sich direkt oder indirekt gegen den Vietnamkrieg aussprechen, sind meist dem sogenannten "New Hollywood" zuzurechnen. Dieses löste ab Mitte der 1960er Jahre das jahrzehntelang dominierende, aber zuletzt nur noch wenige Kassen-Erfolge hervorbringende Studiosystem mit seinen allmächtigen Bossen allmählich ab. Das "New Hollywood" war vor allem durch die europäischen Autorenfilmer wie Federico Fellini, Luchino Visconti, Rainer Werner Fassbinder oder Ingmar Bergman inspiriert und verlagerte die Machtverhältnisse eindeutig hin zu den Regisseuren. Diese Garde junger, innovativer Filmemacher schuf in ihren Werken einen ganz neuen Stil. Die Hochglanzproduktionen früherer Tage wurden abgelöst durch kleine, schmutzige und brutale Filme, die häufig realitätsnah das desillusionierende Leben in der Großstadt porträtieren. Während das alte Hollywood dem Publikum vor allem Träume verkauft hatte, bemühte sich das neue Hollywood um realistische Filme, welche die Stimmung in der amerikanischen Gesellschaft widerspiegelten. Zwei der bekanntesten "New Hollywood"-Regisseure waren es auch, die sich als erste an das brisante Thema Vietnam heranwagten: Martin Scorsese inszenierte "Taxi Driver", Francis Ford Coppola den Anti-Kriegs-Klassiker "Apocalypse Now".

4.2 Hollywood unter dem Eindruck des Vietnamkrieges – von "MASH" bis "Apocalypse Now"

4.2.1 Die gesellschaftlichen Folgen des Vietnam-Traumas

Obwohl erst "Apocalypse Now" und "The Deer Hunter" Ende der 1970er Jahre direkt auf die Geschehnisse in Vietnam eingingen, wurde bereits einige Jahre vorher der Rollentypus des Vietnam-Veteranen eingeführt, der sich aufgrund seiner Erlebnisse im Krieg nicht wieder komplett in die Gesellschaft eingliedern kann. Damit wagte sich Hollywood an ein heikles gesellschaftliches Thema, das bis dahin in der

Öffentlichkeit meist ebenso totgeschwiegen worden war wie der verlorene Krieg selbst.

Der erste bedeutende Film über diesen Aspekt ist zugleich einer der besten: Martin Scorseses "Taxi Driver" zeigt Robert De Niro als Travis Bickle, der nachts nicht mehr schlafen kann und daher einen Job als Taxi-Fahrer in New York annimmt. Dass Travis ein Vietnam-Veteran ist, wird im Film niemals explizit gesagt, doch seine Angaben, dass er kampferfahren sei und sein Dienst 1973 geendet habe, legen die Vermutung sehr nahe; und so gilt Travis Bickle bis heute als der klassische, von seiner Umwelt entfremdete Vietnam-Veteran. Travis wird dem Publikum als ein Mann ohne soziale Kontakte präsentiert, der Selbstgespräche führt und beständig von Kopfschmerzen geplagt wird. Wie er selbst sagt: "I'm God's lonely man." Sogar in der Runde seiner Kollegen bleibt er, den sie beinahe prophetisch "Killer" nennen, stets am Rande. Als Taxi-Fahrer fährt er in die übelsten Gebiete New Yorks, das hier – typisch für die Filme des "New Hollywood" – als riesiger Moloch dargestellt wird, voll von Gewalt, Rassismus und sexueller Perversion.[77]

Travis lebt in dieser desillusionierenden Umgebung ziellos vor sich hin: "[O]ne day indistinguishable from the next. A long continuous chain." Doch als er eines Tages von der schönen Betsy (Cybill Shepherd) abgewiesen wird und wenig später die minderjährige Prostituierte Iris – brillant gespielt von der damals erst 13 Jahre alten Jodie Foster – trifft, beschließt Travis, aus seiner Monotonie auszubrechen und endlich etwas zu unternehmen: "From now on will be total organization." Er kauft mehrere Pistolen, bringt sich mit an militärischen Drill gemahnender Härte körperlich in Form und schürt seine Aggressionen, anstatt sie wie bisher zu unterdrücken. "Here is a man who would not take it anymore", putscht er sich selbst auf. Und weiter: "A man who stood up against the scum, the cunts, the dogs, the filth, the shit. Here is a man who stood up!" Travis hat beschlossen, den Kampf gegen den Abschaum New Yorks aufzunehmen und wirkt dabei auf den Zuschauer zunehmend verrückt.[78]

Legendär (und oft persifliert) wurde jene Szene, in der Travis in seiner Wohnung vor dem Spiegel steht und auf einen imaginären Feind einredet: "You talking to me? You talking to me? You talking to me? Well, who the hell else are you talking

---

77 Mikita Brottman, "Urban Psychosis: Taxi Driver", in: Jack Hunter (Hg.), *Search and Destroy – An Illustrated Guide to Vietnam War Movies* (Creation Books, 2002), S. 139-140.

78 *Taxi Driver* [Film], USA, 1976, Regie: Martin Scorsese.

to? You talking to me? Well, I'm the only one here. Who the fuck do you think you're talking to?" Gerade der Satz "I'm the only one here" symbolisiert Travis' Gemütslage. Er ist in der Tat allein, er kann mit niemandem wirklich kommunizieren, auch wenn er es noch so verzweifelt versucht. Von Gangstern wird er für einen Polizisten gehalten, von Agenten des Secret Service hingegen für einen potentiellen Attentäter. Travis Bickle scheint immer alleine zu sein, der ewige Außenseiter.

Schließlich macht sich Travis auf den Weg und tötet in einem blutigen Showdown Iris' Zuhälter "Sport" (Harvey Keitel) und mehrere Gangster. Dabei wird er verwundet und will sich am Ende selbst erschießen. Nun hat er aus seiner Sicht endlich etwas Sinnvolles getan: Er hat den Kampf mit dem Abschaum der Stadt aufgenommen und er hat ihn gewonnen, er hat öffentliche Beachtung gefunden. Doch das Magazin seiner Waffe ist leer. Ehe er das Bewusstsein verliert, hält er sich mit leerem Gesichtsausdruck die Finger wie eine Pistole an den Kopf und drückt ab – eine symbolische Geste, die in ihrer unendlichen Verzweiflung und als Ausdruck von Travis' seelischer und körperlicher Erschöpfung den Zuschauer zutiefst berührt. Tatsächlich hat Travis mit seinem Amoklauf ironischerweise endlich die Beachtung in der Gesellschaft gefunden, die er gesucht hatte. Er wird in der Presse als Held gefeiert und sogar Betsy zeigt plötzlich Interesse an ihm. Erst durch eine solche Gewalttat hat es Travis Bickle geschafft, den Blick der Öffentlichkeit auf sich, den Vietnam-Veteranen, zu richten. Eine deutliche Kritik Scorseses am Verhalten der Gesellschaft gegenüber denjenigen, die für ihr Land in Südostasien gekämpft haben und von denen kaum einer an Körper und Geist unversehrt zurückgekehrt war.

Neben dem Haupthandlungsstrang um Travis zeigt Scorsese in der Rahmenhandlung auch den Präsidentschaftswahlkampf des offensichtlich demokratischen Senators Palantine (Leonard Harris), der sich in seinen Reden immer wieder gegen den Krieg ausspricht. Als er zufällig in Travis' Taxi landet und dieser ihm vom pervertierten New York erzählt, das seiner Meinung nach einfach abgebrannt oder die Toilette hinuntergespült werden sollte, verspricht der leicht schockierte Palantine ihm, er werde ihn nicht enttäuschen. Doch letztlich wirkt Palantine aller großen Worte zum Trotz nur wie ein weiterer politischer Phrasendrescher, sein Wahlslogan lautet "We are the people". Regisseur Scorsese spielt auf diese Weise auch auf die politische Unzufriedenheit vieler Amerikaner in den 1970er Jahren im Zuge der Watergate-Affäre an, die ebenso wie die Stellung der Veteranen eine wichtige Rolle in "Taxi Driver" spielt. Robert De Niros ausdrucksstarke Darstellung des Travis Bickle gilt bis heute als Inbegriff des traumatisierten Vietnam-Veteranen.

Das zweite große Werk über die Auswirkungen von Vietnam auf die US-Soldaten ist das 1978 gedrehte Drama "Coming Home" von Hal Ashby, das eine tragische Dreiecksbeziehung mit direktem Vietnam-Bezug schildert. Während Captain Bob Hyde (Bruce Dern) in Vietnam im Einsatz ist, arbeitet seine Ehefrau Sally (Jane Fonda) freiwillig in einem Veteranen-Hospital in den USA, wo sie schonungslos mit der unzureichenden Versorgung der versehrten Heimkehrer konfrontiert wird. Hier trifft sie auf ihren früheren Schulkameraden Luke Martin (Jon Voight), der in Vietnam schwer verwundet wurde und nun an den Rollstuhl gefesselt ist. Langsam verliebt sich die konservative Sally in den an einen Hippie erinnernden Luke. Als ihr Ehemann Bob, unter post-traumatischem Stress leidend, ebenfalls heimkehrt und von der Affäre seiner Frau erfährt, droht die Situation zu eskalieren.[79]

Obwohl "Coming Home" den Veteranen-Hintergrund eigentlich nur als Rahmen für die zentrale Liebesgeschichte verwendet, ist er doch der erste große Hollywood-Film, der sich unmittelbar mit dem Schicksal der Vietnam-Heimkehrer auseinandersetzt. Wichtig sind dabei vor allem die ungeschönte Schilderung der Trostlosigkeit des Veteranen-Hospitals und die Hoffnungslosigkeit, die viele der Kriegsversehrten umgibt.[80] Durch die Figur des Luke, der sich offen gegen den Krieg ausspricht und Sally immer mehr von seinen Ansichten überzeugen kann, findet auch die große Friedensbewegung der 1960er und frühen 1970er Jahre erstmals eine filmische Würdigung. Ein besonderer Coup des Films ist dabei die Besetzung der Rolle der Sally mit Jane Fonda, einer der radikalsten Anti-Kriegsaktivistinnen in Hollywood. Fonda engagierte sich sowohl für die Friedens- als auch für die Bürgerrechtsbewegung. Auf der Höhe des Vietnamkonflikts besuchte sie sogar Nordvietnam, um gegen die amerikanische Kriegsbeteiligung zu protestieren. Angesichts dieser Hintergrundgeschichte war Jane Fonda eine hervorragende und vor allem die aufsehenerregendste Wahl für die weibliche Hauptrolle in einem Anti-Kriegsfilm über Vietnam-Veteranen. Obwohl "Coming Home" trotz des Gewinns dreier OSCARs (für die Hauptdarsteller Fonda und Voight sowie für das Drehbuch) kein großer kommerzieller Erfolg wurde, leistete er doch einen wichtigen Beitrag zur Aufarbeitung des Vietnamkonflikts und seiner gesellschaftlichen Folgen.

---

79 *Coming Home* [Deutscher Titel: *Coming Home – Sie kehren heim*], USA, 1978, Regie: Hal Ashby.

80 Jamie Russell, *Vietnam War Movies* (North Pomfret: Trafalgar Square Publishing, 2002), S. 68.

Einige Jahre später, 1984, kam mit Alan Parkers mit dem Großen Preis der Jury beim Filmfestival in Cannes prämiertem "Birdy" ein bezüglich der Ausgangssituation ähnlicher Film ins Kino. Darin geht es um die Freunde Al (Nicolas Cage) und Birdy (Matthew Modine), die beide in Vietnam im Einsatz waren. Al erlitt durch die nahe Explosion einer Granate schwere Gesichtsverletzungen, Birdy war einen Monat lang verschollen und hat seit seiner Rettung kein Wort mehr gesprochen. Überhaupt scheint seine Obsession für Vögel, die ihm bereits weit vor dem Krieg seinen Spitznamen (und damit dem Film seinen Titel) beschert hatte, endgültig sein gesamtes Denken übernommen zu haben: Er sitzt gleich einem Vogel in seiner kleinen Zelle in einer psychiatrischen Anstalt, zusammengekauert und mit den Armen schlagend, als seien sie Flügel. Al versucht, seinen Freund aus diesem Dämmerzustand zu wecken, indem er ihm Geschichten aus ihrer gemeinsamen Vergangenheit erzählt. Wie bei "Coming Home" oder auch David Hugh Jones' 1989 veröffentlichtem "Jacknife" (in dem es um zwei befreundete, traumatisierte Veteranen geht, die sich nicht mehr richtig in die Gesellschaft integrieren können) bleibt der Vietnamkrieg in "Birdy" im Hintergrund. Primär geht es um die Geschichte einer ungewöhnlichen Freundschaft, dennoch wird die kriegskritische Haltung vor allem in Als gelegentlichen Anfällen von Verzweiflung deutlich.[81]

Als erster Film zeigte der 1978 veröffentlichte und sehr kontrovers diskutierte "The Deer Hunter" von Michael Cimino auch Kampfszenen amerikanischer Soldaten in Vietnam. Es geht um die Erlebnisse dreier befreundeter junger Männer aus der fiktiven, von russischstämmigen Menschen bewohnten Gemeinde Clairton in Pennsylvania, die in den Vietnamkrieg ziehen; keiner von ihnen wird ihn unverändert überstehen.

"The Deer Hunter" gliedert sich in drei Akte auf – vor, während und nach dem Krieg.[82] Der erste große Abschnitt des Films befasst sich ausführlich mit der Vorstellung der Figuren und der engen Gemeinschaft der Menschen in Clairton. Ein Jagdausflug bringt dem Publikum die Protagonisten näher und die traditionelle Hochzeit zwischen Steven (John Savage) und Angela (Rutanya Alda) unmittelbar vor dem Aufbruch nach Vietnam zeigt, wie sehr die drei Männer in ihrer kleinen Welt verwurzelt sind. Der zweite Block von "The Deer Hunter" handelt von den

---

81 *Birdy* [Film], USA, 1984, Regie: Alan Parker.

82 Herbert Heinecke, "Die Debatte um *The Deer Hunter* – politische und künstlerische Dimensionen", in: Michael Strübel (Hg.), *Film und Krieg – Die Inszenierung von Politik zwischen Apologetik und Apokalypse* (Opladen: Leske + Budrich, 2002), S. 111 f.

Kämpfen in Vietnam, in denen Steven, Michael (Robert De Niro) und Nick (Christopher Walken) vom Vietcong gefangen genommen und in einem Lager gefoltert werden. Als grausamer Höhepunkt der Misshandlung der Freunde durch die Nordvietnamesen werden sie gezwungen, Russisch Roulette zu "spielen". Während Steven und Nick bereits jede Hoffnung verloren haben, gelingt es Michael, die Situation zu nutzen und mit einem Schuss aus der Pistole einen ihrer Peiniger zu töten. Das Trio kann fliehen, doch Steven verletzt sich bei einem Sturz so schwer, dass ihm später beide Beine amputiert werden müssen. Nach ihrer Flucht werden die drei Freunde getrennt und verlieren sich aus den Augen.[83]

Als Michael nach dem Krieg nach Clairton zurückkehrt, erfährt er, dass Steven nun in einem Veteranenheim lebt. Michael hat Schwierigkeiten, sich wieder in die Gemeinschaft einzufügen, er scheut den Kontakt zu anderen Menschen und zögert sogar, Steven zu besuchen. Als er sich schließlich dazu durchringt, erfährt er von Steven, dass ihr gemeinsamer Freund Nick nie aus Vietnam zurückgekehrt ist. Daraufhin macht sich Michael wieder nach Vietnam auf, um Nick zu suchen und ihn nach Hause zurückzubringen. In einer zwielichtigen Spielhölle in Saigon wird er fündig, doch der offensichtlich vom Drogenkonsum benebelte Nick erkennt seinen alten Freund nicht wieder und will auch nicht zurück. Stattdessen beteiligt er sich mit anderen freiwilligen Kandidaten zum Zeitvertreib von Vietnamesen und Amerikanern erneut am Russisch Roulette – aber während ihm dieses grausame Spiel dank Michaels Kampfgeist einst zur Flucht aus der nordvietnamesischen Gefangenschaft verholfen hatte, führt es nun zu seinem Tod: Nick lässt sich durch Michaels verzweifelte Versuche nicht zur Besinnung bringen und drückt ab, als die Reihe an ihm ist. Michael überführt Nicks Leichnam in die USA und somit endet der Film, der mit einer Hochzeit begonnen hatte, mit einer Beerdigung.

"The Deer Hunter" wurde ein großer kommerzieller Erfolg, löste in den Medien jedoch sehr unterschiedliche Reaktionen aus. Ein Kritikpunkt war, dass die beklemmendsten Szenen des Films nicht der Wahrheit entsprachen: Russisch Roulette gab es im Vietnamkrieg nicht. Doch Regisseur Cimino hat diese Szenen als Metapher für den Krieg an sich gesehen, dafür, dass im "modernen" Krieg letztlich nur der Zufall darüber entscheidet, wer überlebt und wer stirbt; und auch für die Folgen, die dieser permanente Zustand der Angst und der Unsicherheit für die Psyche der

---

[83] *Deer Hunter, The* [Deutscher Titel: *Die durch die Hölle gehen*], USA, 1978, Regie: Michael Cimino.

Soldaten hat. Der zweite schwerwiegende Kritikpunkt war die angeblich rassistische Darstellung der Vietnamesen. In der Tat ist deren Darstellung nicht sehr differenziert, obwohl keineswegs alle Vietnamesen als Schurken gezeigt werden. Doch offensichtlich ging es Cimino in seinem Werk weniger konkret um den Vietnamkrieg und damit auch nicht um die vietnamesische Bevölkerung; "The Deer Hunter" ist ein Film, der sich eindeutig auf die amerikanische Perspektive konzentriert. Ein Film, der die Auswirkungen des Krieges auf die amerikanischen Soldaten und auch auf ihre in den USA zurückgebliebenen Verwandten und Freunde zeigt. Die Vietnamesen ebenso wie das Russisch Roulette sind dabei für Cimino nur Mittel zum Zweck.[84]

Deshalb bemüht er sich auch nicht, dem Publikum die politischen Hintergründe des Vietnamkrieges näherzubringen. Nicht die fragwürdigen oder falschen Entscheidungen der US-Regierung oder der hohen Militärs stehen im Mittelpunkt, stattdessen wird den Zuschauern eine Art Mikrokosmos der amerikanischen Kultur präsentiert.[85]

Michael kristallisiert sich im Laufe der Handlung immer mehr als eigentliche Hauptfigur des Films heraus. Durch ihn wird dem Zuschauer gezeigt, wie sehr der Krieg alles verändert hat. Im dritten Akt, nach seiner Rückkehr nach Clairton, geht Michael erneut auf die Jagd. Vor Vietnam hatte er immer sein "One shot"-Dogma betont: Ein Schuss muss das Wild töten. Durch das Russisch Roulette wurde dieses Dogma für Michael pervertiert. Bei seinem nächsten Jagdausflug kann er einfach nicht abdrücken und lässt den Hirsch laufen. Jedoch verliert er fast die Kontrolle, als einer seiner Freunde mit einer Pistole herumspielt. Offensichtlich verfolgen ihn seine traumatischen Kriegserlebnisse noch immer – wie auch das amerikanische Volk zur Zeit der Filmveröffentlichung noch immer unübersehbar durch den verlorenen Vietnamkrieg beeinflusst wurde.[86]

Der Effekt, den "The Deer Hunter" auf die amerikanische Gesellschaft entfaltete, war beachtlich. Nicht nur war es der erste Film, der sich direkt mit den Kampfhandlungen in Vietnam beschäftigte und zudem auch deren Auswirkungen auf die Veteranen beschrieb; der Film repräsentiert vielmehr die Haltung eines großen Teils der US-Bürger zum Vietnamkrieg und dessen Folgen. Zugleich zeigt Ciminos

84 Heinecke, "Die Debatte um *The Deer Hunter*", S. 117-121.

85 Dan Rider, "This is This: The Deer Hunter", in: Jack Hunter (Hg.), *Search and Destroy – An Illustrated Guide to Vietnam War Movies* (Creation Books, 2002), S. 32.

86 Ibid., S. 35.

Werk den damals aktuellen Zustand der Gesellschaft auf: Michaels Drang, alles kontrollieren zu wollen, steht ebenso für die amerikanische Außenpolitik wie Nicks nur teilweise unterbewusste Zurückweisung seines Heimatlandes für die Probleme steht, die viele US-Bürger mit den Entscheidungen ihrer Regierung hatten. In gewisser Weise kann man Michael als Verkörperung dessen betrachten, was die USA sein wollten, während Nicks körperlicher und seelischer Verfall für das steht, wozu Amerika nach Vietnam tatsächlich geworden war.[87]
Ein Jahr später brachte Regisseur Francis Ford Coppola seinen Anti-Kriegsfilm "Apocalypse Now" in die nordamerikanischen Kinos und zog ähnlich großes öffentliches Interesse auf sich. Coppolas Film aus dem Jahr 1979 basiert auf Joseph Conrads Buch "Heart of Darkness", verlegt die Handlung jedoch aus Schwarzafrika nach Vietnam und Kambodscha. Martin Sheen spielt den desillusionierten Captain Willard, der während des Vietnamkonflikts den inoffiziellen Befehl erhält, sich auf die Suche nach dem untergetauchten Colonel Walter E. Kurtz (äußerst intensiv verkörpert von Hollywood-Legende Marlon Brando) zu machen. Dieser soll in der Grenzregion zwischen Vietnam und Kambodscha eine Schreckensherrschaft errichtet haben und sich sowohl von den eigenen Soldaten als auch von Einheimischen wie ein Gott verehren lassen. Da ein solches Verhalten für die US-Armee natürlich nicht tolerierbar ist, soll Captain Willard den Colonel eliminieren.
Auch "Apocalypse Now", obwohl komplett im Krieg spielend, geht zu Beginn kurz auf die Probleme der verändert aus Vietnam heimgekommenen Veteranen ein. Willard war bereits wieder in den USA, fand sich dort jedoch nicht mehr zurecht und kehrte in den Krieg zurück, nachdem sich seine Frau von ihm scheiden ließ: "I hardly said a word to my wife, until I said 'Yes' to a divorce."[88]
Bereits Willards lakonische erste Worte aus dem Off sind symptomatisch: "Saigon. Shit! I'm still only in Saigon." Sein Problem ist es nicht, dass er in Vietnam ist; Vietnam ist ihm lieber als "zu Hause" in den USA zu sein. Sein Problem ist, dass er sich "nur" in der Hauptstadt Saigon befindet, nicht jedoch im eigentlichen Vietnam, also im Dschungel.[89] Willard betrinkt sich, er zertrümmert den Spiegel in seinem Hotelzimmer und fällt schließlich in Ohnmacht. Diese Sequenz, in der die Figur des

87 Ibid., S. 36.
88 *Apocalypse Now* [Film], USA, 1979, Regie: Francis Ford Coppola.
89 Justin Bowyer, "The Horror, The Horror: Apocalypse Now Redux", in: Jack Hunter (Hg.), *Search and Destroy – An Illustrated Guide to Vietnam War Movies* (Creation Books, 2002), S. 39.

Captain Willard eingeführt wird, verweist zwar nicht sonderlich ausführlich, aber dafür umso deutlicher auf die emotionalen und psychischen Probleme der Vietnam-Veteranen. Willard steht eindeutig für die vor allem seelisch verwundeten Soldaten, die es nach ihrer Rückkehr in die USA nicht schafften, sich erneut in das "normale", bürgerliche Leben einzugliedern.[90]

Dass jene Handvoll Filme, die sich der Vietnam-Veteranen annahmen und auch ihre veränderte Wahrnehmung in der amerikanischen Öffentlichkeit widerspiegelten sowie teilweise sogar mitformten, innerhalb einer kurzen Zeitspanne am Ende des Jahrzehnts gedreht wurden, ist wohl kaum ein Zufall: "Coming Home", "The Deer Hunter" und "Apocalypse Now" kamen allesamt während der vierjährigen Amtszeit des demokratischen Präsidenten Jimmy Carter von 1977 bis 1981 in die nordamerikanischen Kinos. Nach Carters Amtszeit, als es unter Präsident Ronald Reagan zunehmend revisionistische Tendenzen in der Geschichtsinterpretation gab, wäre der große Erfolg der Filme beim Publikum wie auch bei den bedeutenden Preisverleihungen zumindest unwahrscheinlicher gewesen.[91]

4.2.2 Veränderte Einstellung zu Krieg und Autoritäten

Viele Filme dieser Dekade spiegeln das Misstrauen der Gesellschaft gegenüber jeglichen Autoritäten wider – allen voran die Kriegssatiren "MASH" und "Catch-22", aber auch Politthriller wie Sydney Pollacks "Three Days of the Condor" aus dem Jahr 1975. Pollack erläuterte später: "Der Film erzählte damals vom Amerika der 70er Jahre, das von Paranoia gegenüber politischen Einrichtungen getränkt war. In dieser Ära wachten wir auf und bemerkten unsere Naivität. Wir glaubten niemandem mehr, keinen Lehrern, Doktoren, schon gar nicht der CIA."[92]

Eine geradezu beispielhafte "Einleitung" für die Kritik, die in Filmen der 1970er Jahre speziell an der Militärführung geübt wurde, bildet eine Szene aus Jack Smights bereits 1968 veröffentlichter Kriegskomödie "The Secret War of Harry Frigg" mit Paul Newman. Nach dem Vorspann wird dem Publikum eine Sequenz

---

90 Krause/Schwelling, "Filme als Orte kollektiver Erinnerung", S. 102.

91 Ibid., S. 96.

92 Johannes Bonke/Brigitte Saar/Rick Pfirstinger, "'Die Dolmetscherin': Sydney Pollack über einen 80-Millionen-Dollar Film ohne Drehbuch", Spielfilm.de, 28. April 2005, URL: http://www.spielfilm.de/news/1000413/die-dolmetscherin-sydney-pollack-ueber-einen-80-millionen-dollar-film-ohne-drehbuch [15. März 2015].

präsentiert, die im April 1943 in einem türkischen Bad in Tunesien spielt. Fünf alliierte Brigade-Generäle entspannen sich hier und diskutieren dabei über die aktuelle Situation in diesem Krieg und wie es für sie selbst mit ihren Einheiten weitergehen werde. Jeder scheint andere Informationen zu haben. Um den Disput zu beenden, holt General Armstrong (Andrew Duggan) eine Karte von Nordafrika hervor und malt an eine Stelle ein Kreuz: "[A]s I understand it, the enemy is here." General Cox-Roberts (Charles Gray) widerspricht und kreuzt eine andere Stelle an: "[E]xcuse me, old man, as I understand it, the enemy is just about here." Daraufhin greift sich der britische General Mayhew (John Williams) den Stift und markiert wiederum eine andere Stelle: "The way I heard it, he's definitely over here." Doch auch er wird korrigiert, und zwar von dem französischen General Rochambeau (Jacques Roux): "You're all three mistaken. The enemy happens to be over here."[93] Während die vier Generäle sich erregt darüber streiten, wessen Informationen denn nun der Realität entsprechen, wirft aus dem Hintergrund General Pennypacker (Tom Bosley) ein: "Gentlemen! I'm sorry I have to tell you this, but I'm afraid you're all mistaken ... He's here." Die anderen drehen sich um und müssen erkennen, dass in der Eingangstür bewaffnete italienische Soldaten darauf warten, die alliierten Generäle gefangen zu nehmen ...

In anderen Werken wird die Orientierungslosigkeit des Militärs noch weitaus stärker aufs Korn genommen als in der vergleichsweise harmlosen Komödie "The Secret War of Harry Frigg". Einer dieser Filme, der die Stimmung in der Gesellschaft gegenüber dem Militär und anderen Autoritäten vortrefflich repräsentiert, ist Robert Altmans derbe Kriegssatire "MASH" aus dem Jahr 1970, basierend auf dem gleichnamigen Buch von Richard Hooker. Wie zielsicher "MASH" ins Herz der US-Bevölkerung traf, lässt sich schon daran erkennen, dass die mit bescheidenen finanziellen Mitteln realisierte Produktion bis heute als einer der größten und profitabelsten Überraschungserfolge in der Kinohistorie gilt. Mit einem Budget von nur etwa $ 3,5 Mio. erreichte er alleine in Nordamerika ein Einspielergebnis von über $ 80 Mio. und übertraf damit die Kosten um mehr als das Zwanzigfache.

Schon der melancholische Song "Suicide is painless" von Johnny Mandel und Mike Altman, der den Vorspann begleitet, demonstriert, dass dies alles andere als ein typischer Kriegsfilm ist. Ein Lied über Selbstmord als Titelmelodie eines Films über

[93] *The Secret War of Harry Frigg* [Deutscher Titel: *Der Etappenheld*], USA, 1968, Regie: Jack Smight.

den Krieg – das war eine echte Novität, und eine gewagte dazu. Den Film selbst zeichnet keine durchgehende Handlung aus, er lässt sich – wie die Buchvorlage – eher als eine Aneinanderreihung teils witziger, teils derber und teils dramatischer Anekdoten beschreiben. Erzählt werden die Erlebnisse einer Gruppe amerikanischer Ärzte des 4077. MASH (Mobile Army Surgical Hospital), eines mobilen Armeelazaretts im Koreakrieg in den 1950er Jahren. Diese Anekdoten basieren nach Angaben des Buch-Autors Hooker – der selbst in diesem Krieg als Arzt eingesetzt worden war – größtenteils auf tatsächlichen Ereignissen. Obwohl "MASH" der Vorlage gemäß in Korea spielt, ist unübersehbar, dass es Regisseur Altman nicht primär um den Koreakrieg geht, wie er in seinem Audiokommentar auf der "MASH"-DVD bestätigt:

> "I shot this film, and all of the people who were involved in this film ... we were dealing with the Vietnam War. The script was about the Korean War, but all the political attitudes and the irreverence and the criticisms and everything we did was at Nixon and the Vietnam War. We used the Korean War as a surrogate for the Vietnam War."[94]

Bereits die Konstellation der schillernden Charaktere offenbart, was Altman und seine Schauspieler – die nach Angaben des Regisseurs allesamt gegen den Vietnamkrieg waren – im Sinn hatten: Captain Benjamin Franklin "Hawkeye" Pierce (Donald Sutherland), Captain Augustus Bedford "Duke" Forrest (Tom Skerritt) und Captain John Francis Xavier "Trapper John" McIntyre (Elliott Gould) sind drei sehr fähige Ärzte, die jedoch absolut nichts von militärischer Disziplin halten und nur deswegen in Korea sind, weil sie eingezogen wurden. Aufgrund ihrer Fertigkeiten sind sie unersetzbar und genießen beinahe Narrenfreiheit. Diesen Status nutzen sie hemmungslos aus. Major Frank Burns (Robert Duvall) und die Oberschwester Major Margaret "Hot Lips" O'Houlihan (Sally Kellerman) sind hingegen überzeugte Armeeangehörige und kämpfen erbittert um die Aufrechterhaltung von Disziplin und Moral. Als eine Art Vermittler fungiert mehr schlecht als recht der befehlshabende Lieutenant Colonel Henry Braymore Blake (Roger Bowen). Auch alle anderen Figuren wirken nicht merklich normaler als diese sechs.

Die eklatanten Unterschiede zwischen den zügellosen Pierce, Forrest und McIntyre auf der einen sowie den erzkonservativen Burns und O'Houlihan auf der anderen Seite führen zu ständigen Konflikten, die aufzeigen, dass die noch während des Zweiten Weltkrieges viel beschworene Einheit der Amerikaner längst nicht mehr

---

[94] Robert Altman, "Audiokommentar", in: *MASH* [Deutscher Titel: *M.A.S.H.*], USA, 1970, Regie: Robert Altman.

existent ist. Vielmehr bekämpfen sich die einzelnen Gruppierungen sogar gegenseitig. Mancher Konflikt ist harmlos, wenn beispielsweise Pierce und Forrest sich darüber lustig machen, dass der tiefreligiöse Burns jeden Tag für den Oberkommandierenden und für den Präsidenten betet. Andere Begebenheiten sind deutlich ernster und führen zu gegenseitigen Beschimpfungen, vereinzelt sogar zu tätlichen Auseinandersetzungen. So macht etwa der mit eher bescheidenen medizinischen Fähigkeiten ausgestattete Burns zu Unrecht einen jungen Gefreiten für den Tod eines Soldaten verantwortlich und wird dafür von Forrest nach Strich und Faden verprügelt. Nach einer der zahlreichen verbalen Auseinandersetzungen mit Pierce ruft O'Houlihan aufgebracht aus: "I wonder how such a degenerated person ever reached a position of authority in the Army Medical Corps." Worauf der zufällig anwesende Feldgeistliche Father Mulcahey (René Auberjonois) lakonisch entgegnet: "He was drafted."[95]

Doch nicht nur die Ärzte werden in "MASH" auf eine bis dahin nicht erlebte Art und Weise dargestellt, auch die "normalen" Offiziere werden nicht verschont. So ist es bezeichnend – und eine wenig schmeichelhafte Anspielung auf das verloren gegangene Vertrauen der amerikanischen Öffentlichkeit in die militärische Führung –, dass sie eigentlich nie erreichbar sind: Entweder besuchen sie gerade ein Football-Spiel oder sie vergnügen sich im Offiziers-Casino. Sind sie doch einmal zugegen, stören sie entweder die Ärzte beim Operieren oder wollen, wie General Charlie Hammond (G. Wood), ein Footballspiel zwischen den einzelnen Einheiten organisieren und an den darauf abgeschlossenen Wetten kräftig verdienen.

Der Film wird von einer Mischung aus teils sehr drastischen Bildern aus dem Operationszelt und den Streichen der Ärzte in ihrer Freizeit dominiert. Oder wie es die Ärzte empfinden: in der Zeit zwischen den chirurgischen Eingriffen. Gerade die blutigen Operationsszenen des Films sorgten in der Öffentlichkeit für Diskussionen. Um für Authentizität zu sorgen, heuerte Regisseur Altman eigens einen Chirurgen an, der die Ausführung dieser Szenen penibel überwachte. Altman war es wichtig, die Eingriffe so realistisch und authentisch wie nur irgend möglich zu inszenieren; daher wurde sogar auf Details wie die richtige Färbung des Blutes – die auf die Art der Verletzung hindeutet – penibel geachtet. Eben diese Detailtreue wollten die Verantwortlichen des produzierenden Filmstudios 20th Century Fox jedoch auf keinen Fall im Film behalten, da man dies dem Publikum nicht zumuten

---

95 *MASH* [Deutscher Titel: *M.A.S.H.*], USA, 1970, Regie: Robert Altman.

könne. Altman dazu: "Well, this of course is what validated the film. If we hadn't shown these operating scenes it would have been like reading a joke book." Nach Altmans eigenen Worten war es letztlich reines Glück, dass er "MASH" seiner Intention entsprechend in die Kinos bringen konnte.[96]

Eine besonders kuriose und zugleich sehr gelungene Sequenz – die erneut die veränderte Einstellung der Amerikaner zu Autoritäten wie Militär oder auch Kirche aufzeigt – spielt sich ab, als der Zahnarzt des MASH, Captain Walter Kosciusko "Painless Pole" Waldowski (John Schuck) Selbstmord begehen will, weil er befürchtet, impotent oder gar homosexuell geworden zu sein. Pierce und die anderen verhindern das durch die Inszenierung eines bizarren Schauspiels. Sie verabreichen Waldowski eine angeblich garantiert tödlich wirkende schwarze Kapsel – "It worked for Hitler and Eva Braun" – und organisieren ein großes Abendessen, bei dem sie sich von ihm verabschieden wollen, ehe er die Kapsel schluckt. Dieses letzte Abendmahl ist komplett aus einer starren Frontalansicht inszeniert. Die Männer sind in einer Reihe an einem langen Tisch postiert, Waldowski sitzt in der Mitte, um ihn herum jeweils sechs Männer zur Rechten und zur Linken. Direkt über Waldowskis Kopf hängt eine Lampe, die aus diesem Kamerawinkel an einen Heiligenschein gemahnt. Die ganze "absurde" Szene, wie Altman selbst sie nennt, ist eine äußerst gewagte und zugleich umwerfend komische Parodie auf Leonardo da Vincis weltberühmtes Jesus-Gemälde "Das Abendmahl".

Doch damit ist die Geschichte noch lange nicht beendet: In der angeblich tödlichen Kapsel befand sich natürlich kein Gift, sondern lediglich ein Betäubungsmittel. Somit kommt es später in der Nacht zu Waldowskis unvermeidlicher "Auferstehung". Von seinen Selbstmordgedanken abgebracht wird er schließlich von einer Krankenschwester, die zufällig auf den Namen Maria hört und sich selbst "opfert", um den armen Mann vom Freitod abzuhalten und somit seine Seele zu retten – indem sie ihm beweist, dass er keineswegs plötzlich impotent oder homosexuell geworden ist. Als die Szene ausgeblendet wird, erklingt als Krönung des Ganzen eine an einen katholischen Choral erinnernde Musik ...

"MASH" war ein Film, den man gerade zu der Zeit, als er in die US-Kinos kam, entweder liebte oder hasste – kalt ließ er jedenfalls kaum jemanden. Robert Altman erläutert seine Intention, die die Haltung vieler Amerikaner widerspiegelte, folgendermaßen:

---

96 Altman, "Audiokommentar".

> "The level of the humor and the jokes in 'MASH' was very crude and it was loaded with sexist and bathroom jokes and very low humor. But our attitude was that nothing was as obscene or as low humor as the destruction of these young men. And these guys ... what's the point trying to put them back together again, and then send them out to be blown up again in some war that was strictly a political situation? Our security was never endangered, we were never endangered of being attacked. It was all terror that people like Joe McCarthy and the general right wing set up."

Der eigentliche Film endet sehr abrupt, was Altman schlüssig erklärt: "Ein paar Soldaten durften nach Hause gehen und ein paar mussten bleiben. Und dann habe ich die Schauspieler vorgestellt. Wie der Krieg hatte dieser Film kein richtiges Ende, der verlor sich einfach. Und dann sprachen die Leute auch nicht mehr allzu viel davon."

Bis zur letzten Sekunde von "MASH" macht Altman seine respektlose Einstellung deutlich. Zum Schluss werden, wie von Altman erwähnt, alle Darsteller noch einmal kurz in ihrer jeweiligen Rolle eingeblendet und per Lautsprecherdurchsage mit ihrem echten Namen vorgestellt. Als letztes wird der von Bobby Troup gespielte Sergeant Gorman gezeigt (eigentlich nur eine kleine Nebenrolle), wie er vor sich hin flucht: "Goddamn army!" Daraufhin wieder der Lautsprecher: "That is all." Selbst wenn jemand bis dahin noch nicht begriffen hatte, was Robert Altman mit seinem Film zeigen wollte: Nun hatte es unter Garantie jeder verstanden.

"MASH" spaltete die Nation wie kaum ein anderer Film und ließ in der Folge auch die innere Zerrissenheit der amerikanischen Gesellschaft erkennen: Befürworter des Krieges in Vietnam kritisierten den Film ebenso wie Kirchen und Konservative als unpatriotisch und blasphemisch und riefen gar zum Boykott auf, während Kriegsgegner und Liberale, die Altmans Einstellung zum Vietnamkonflikt teilten, ihn zu einem nie erwarteten kommerziellen Erfolg machten. Der Regisseur hatte mit seinem unkonventionellen Film ganz offensichtlich einen Nerv der Amerikaner getroffen. Auch die OSCAR-Verleihung 1971 symbolisierte in gewisser Weise die Spaltung der Nation: Zwar wurde "MASH" für mehrere Trophäen nominiert und gewann immerhin die für das beste Drehbuch (was insofern kurios ist, als nach Altmans Angaben am Set ausgiebig improvisiert wurde und der fertige Film somit nicht mehr allzu viel mit dem Skript zu tun hatte), als bester Film wurde jedoch der eher konservative und häufig als patriotisch interpretierte Kriegsfilm "Patton" geehrt.

In die gleiche Richtung wie "MASH" zielt die ebenfalls 1970 veröffentlichte Adaption von Joseph Hellers Bestseller "Catch-22" ab. Auch "Catch-22" spielt nicht in Vietnam, stattdessen entfaltet sich die Handlung während des Zweiten Weltkrieges im Jahr 1944 auf Sizilien. Dennoch sind die Bezugnahmen auf den Vietnamkonflikt im Handlungsverlauf unübersehbar.
Während "MASH" dem Publikum ausnahmslos absurde, überzeichnete Charaktere präsentiert, scheint der Protagonist von "Catch-22", Captain John Yossarian (Alan Arkin), der einzige halbwegs normale Mensch zu sein, umgeben von lauter Irren. Dass Yossarian ein Bombenschütze ist, der durch den Abwurf seiner Ladung zwar Tausende Menschen töten kann, aber nie direkt am Krieg beteiligt ist, nie dem Feind in die Augen sieht, kann bereits als Sinnbild für die Absurdität des Krieges betrachtet werden.
Yossarians größter Wunsch ist es denn auch, fluguntauglich geschrieben zu werden und auf diese Weise dem Krieg zu entkommen. Um das zu erreichen, behauptet er, verrückt zu sein, muss aber vom Arzt "Doc" Daneeka (Jack Gilford) erfahren, dass er genau wegen dieser Behauptung nicht fluguntauglich geschrieben werden könne. Yossarian rekapituliert fassungslos: "Let me see if I've got this straight: in order to be grounded, I've got to be crazy and I must be crazy to keep flying. But if I ask to be grounded, that means I'm no crazy anymore, and I have to keep flying!" Doc Daneeka bestätigt ihm: "You got it, that's Catch-22."[97]
Zwischen "MASH" und "Catch-22" gibt es zahlreiche strukturelle Parallelen. Beide Filme wollen die Sinnlosigkeit des Krieges mittels absurden Humors verdeutlichen. Beide mischen amüsante mit hochgradig dramatischen Szenen, wobei "Catch-22" im Gegensatz zum chaotischen und insgesamt amüsanteren "MASH" eine Art Zweiteilung kennzeichnet: Die erste Hälfte ist vornehmlich witzig, die zweite Hälfte zeigt trotz einiger absurder Situationen vor allem die Schrecken des Krieges. Beiden Filmen ist weiterhin gemein, dass der eigentliche Feind kein Gesicht erhält: In "MASH" ist er nur in Gestalt der zahlreichen Verwundeten präsent, in "Catch-22" durch die Flakgeschütze, die die Bomber während ihrer Einsätze beschießen.
Eine Szene des Films steht beispielhaft für Nichols' und vor allem Hellers Sicht auf den Krieg: Yossarian soll mit seinem Geschwader die italienische Kleinstadt Ferrara bombardieren, die aber nachweislich strategisch völlig unbedeutend ist und sich auch nicht durch größere Ansammlungen feindlicher Soldaten auszeichnet. Bis

---

97 *Catch-22* [Deutscher Titel: *Catch-22 – Der böse Trick*], USA, 1970, Regie: Mike Nichols.

zuletzt hoffen Yossarian und seine Männer daher, dass der Befehl zurückgenommen wird. Als dies nicht geschieht, weigert sich Yossarian, seine explosive Ladung über Ferrara auszuklinken und wirft sie "versehentlich" über dem Meer ab, sein Geschwader handelt ebenso. Als Resultat dieser Befehlsverweigerung wird Yossarian allerdings nicht etwa vor ein Kriegsgericht gestellt, wie man es vielleicht erwarten würde; vielmehr erhält er von General Dreedle (Orson Welles) sogar einen Orden verliehen. Diesen Orden nimmt er nackt in Empfang – in der verzweifelten Hoffnung, endlich für wahnsinnig erklärt zu werden und so der Hölle des Krieges zu entkommen. Doch General Dreedle gibt sich mit der hanebüchenen Erklärung zufrieden, dass Yossarians Uniform noch in der Reinigung und er deshalb nackt sei. Dass ausgerechnet Yossarian, der offenbar umgeben ist von lauter Verrückten, die sich für normal halten, verzweifelt versucht, von diesen Leuten als verrückt eingestuft zu werden, ist nur eine von vielen skurrilen Situationen des Films.
Auch in der Darstellung der Offiziere geht "Catch-22" ähnlich drastisch vor wie "MASH". Sie sind nicht weniger durchgedreht als alle anderen Film-Charaktere, dafür aber noch unfähiger und amoralischer. Ein Paradebeispiel dafür ist der äußerst geschäftstüchtige und opportunistische First Lieutenant Milo Minderbinder (Jon Voight), der die Wirren des Krieges nutzt, um ein Syndikat namens "M & M Enterprises" aufzubauen, mit dem er zu einem reichen Mann wird. Er handelt mit allem, was er in die Finger bekommt und zweckentfremdet dafür ständig ohne die geringsten Hemmungen militärisches Material. Milo schreckt noch nicht einmal davor zurück, den Bomber-Besatzungen die Fallschirme zu stehlen oder im Auftrag der Deutschen die eigene Militärbasis bombardieren zu lassen. Als Captain Nately (Art Garfunkel), ein Freund Yossarians, getötet wird, entspinnt sich folgender Dialog, der Milos ultrakapitalistische Einstellung demonstriert:

MILO: "Nately died a wealthy man, Yossarian. He had over sixty shares in the syndicate."

YOSSARIAN: "What difference does that make? He's dead."

MILO: "Then his family will get it."

YOSSARIAN: "He didn't have time to have a family."

MILO: "Then his parents will get it."

YOSSARIAN: "They don't need it, they're rich."

MILO: "Then they'll understand."

Die Figur des Milo Minderbinder dient Autor Heller als Symbol für die zu jener Zeit auch in der amerikanischen Gesellschaft zunehmende Kritik am ungehemmten

Kapitalismus. Während Milo jedoch zwar geldgierig, dabei aber auch sehr gerissen ist, werden andere Offiziere noch weitaus weniger schmeichelhaft präsentiert. Neben dem hoffnungslos überforderten Major Major (Bob Newhart), der seinen Adjutanten anweist, eventuelle Besucher ausschließlich dann in sein Büro zu bitten, wenn er nicht anwesend ist, sticht in dieser Hinsicht primär General Dreedle hervor. Dreedle ist stets mit seiner jungen, attraktiven "Pflegerin" (Susanne Benton) unterwegs, brüllt grundsätzlich herum und tut sonst eigentlich nichts. Sein Untergebener Colonel Cathcart (Martin Balsam) versucht, Dreedle nachzueifern, wird von seinen Männern aber nicht ernst genommen. Am Ende des Films stellt Cathcart Yossarian vor die Wahl zwischen dem Marschbefehl nach Hause – verbunden mit der Verpflichtung, nur Gutes über das Militär zu erzählen – und einem Kriegsgerichtsverfahren; damit wird ein weiteres Mal die Absurdität von Krieg und Militär bloßgestellt. Yossarian entscheidet sich übrigens für eine dritte Alternative, wie im Finale des Films gezeigt wird: Er desertiert kurzerhand und versucht, in einem Schlauchboot neutrales Gebiet zu erreichen, wie es zuvor seinem Freund Captain Orr (Bob Balaban) gelungen war ...

Obwohl Mike Nichols' Verfilmung von "Catch-22" heute als Klassiker gilt, wurde der Film 1970 von der Öffentlichkeit mit sehr gemischten Gefühlen aufgenommen. Während Robert Altman mit "MASH" einen großen Erfolg feiern konnte, blieb dieser "Catch-22" versagt. Wie Nichols selbst sagt, löste der Film vielerorts Unverständnis und Verwirrung aus. Nach Nichols' Ansicht war er wohl zu surreal, die fehlende musikalische Untermalung der drastischen Szenen in der zweiten Filmhälfte sowie die kühle Ästhetik verunsicherten das Publikum zusätzlich.[98] Über "MASH" konnte man bei aller überzeugenden Kriegskritik herzhaft lachen – bei "Catch-22" war das kaum möglich.

Ähnliches gilt für George Roy Hills "Slaughterhouse-Five" über den Soldaten Billy Pilgrim, der auch Jahre nach dem Krieg seine traumatischen Erlebnisse nicht bewältigen oder vergessen kann. Der 1972 gestartete Film war die dritte Adaption eines berühmten satirischen Kriegsromans innerhalb kürzester Zeit. Heute ist er jedoch weitgehend in Vergessenheit geraten. Die Verfilmung des Buchs von Kurt Vonnegut, der darin seine eigenen Erlebnisse als Kriegsgefangener im Zweiten Weltkrieg verarbeitete und in letzter Konsequenz aufzeigte, wie der Krieg den einzelnen Menschen als Individuum in jeder Hinsicht zerstört, ist dabei – im Einklang

---

98 Mike Nichols, "Audiokommentar", in: *Catch-22*, USA, 1970, Regie: Mike Nichols.

mit der Buchvorlage – sogar noch bizarrer und unkonventioneller ausgefallen als "MASH" und "Catch-22". Dies war wohl trotz einer Nominierung für den Golden Globe und der Auszeichnung mit dem Preis der Jury beim Festival in Cannes der Grund dafür, dass "Slaughterhouse-Five" kein großer Publikumserfolg beschieden war.

Das gleiche kommerzielle Schicksal erlitt Dalton Trumbos "Johnny Got His Gun" aus dem Jahr 1971. Auch diese Produktion, die man als schonungslosesten und konsequentesten Anti-Kriegsfilm aller Zeiten betrachten kann, erhielt in Cannes zwei Auszeichnungen (darunter ebenfalls den Großen Preis der Jury), erreichte jedoch nur ein geringes Kinopublikum. Erst viele Jahre später wurde "Johnny Got His Gun" als wichtiger Klassiker des Genres anerkannt, was auch daran liegen mag, dass er die Band Metallica zu ihrem erfolgreichen Song "One" inspirierte und durch die Verwendung einiger Filmausschnitte im dazugehörigen Musikvideo einer breiteren Öffentlichkeit bekannt wurde als bei seinem Kinostart knapp zwei Jahrzehnte zuvor.

"Johnny Got His Gun" funktioniert auch deshalb so gut als Anti-Kriegsfilm, weil er (ähnlich wie "MASH") nicht den Krieg selbst zeigt, sondern dessen Folgen für die in die Kämpfe Involvierten – hier geschieht dies konkret am Beispiel eines besonders bedauernswerten Soldaten, dessen schweres Los den Schrecken des Krieges eine persönliche Note gibt, mit der sich das Publikum identifizieren kann. Regisseur und Autor Trumbo zeigt das tragische Schicksal des einfachen Soldaten Joe Bonham (Timothy Bottoms), der am letzten Tag des Ersten Weltkrieges von einer Granate schwer verwundet wird. Dabei ist "schwer verwundet" noch ein Euphemismus, denn Joe werden in der Folge nicht nur beide Arme und Beine amputiert, zusätzlich hat er durch die Explosion auch Augen, Ohren, Mund und Nase verloren. Dennoch gelingt es den Ärzten, ihn am Leben zu erhalten, weshalb Joe – oder das, was noch von ihm übrig ist – in einem Militärkrankenhaus liegt, wach und bei Verstand, jedoch ohne die geringste Möglichkeit, mit den Ärzten oder Krankenschwestern zu kommunizieren. Zudem wird er von bizarren Träumen (in denen unter anderem Donald Sutherland als Jesus Christus auftaucht) und Erinnerungen (an seine Freundin und an seinen von Jason Robards verkörperten Vater) heimgesucht, durch die das Publikum etwas von Joes Vergangenheit erfährt.[99]

---

[99] *Johnny Got His Gun* [Deutscher Titel: *Johnny zieht in den Krieg*], USA, 1971, Regie: Dalton Trumbo.

Die Kritik an den Autoritäten, speziell an den Militärs, ist in diesem Film vielfältig ausgeprägt. So ist es bezeichnend, dass Joe überhaupt nur deshalb ein Opfer jener verhängnisvollen Granate wird, weil er auf Geheiß eines Offiziers im Niemandsland zwischen freundlichen und feindlichen Linien eine Leiche begraben soll, deren strenger Geruch den Offizier stört. Später wird Joe im Militärkrankenhaus primär deshalb am Leben erhalten, weil Ärzte und Militärs erfahren wollen, wie lange ein Mensch in diesem Zustand überleben kann. Sie gehen davon aus, dass Joe kein Bewusstsein mehr besitzt und missbrauchen ihn daher als eine Art Versuchskaninchen. Doch Joe ist sehr wohl bei Bewusstsein und erst nach und nach begreift er das ganze Ausmaß seiner Verwundung. Zunächst versteht er nicht, warum niemand auf seine Fragen antwortet – bis er irgendwann realisiert, dass er lediglich Gedanken formuliert und gar keinen Mund mehr hat, der das Gedachte laut aussprechen könnte.

Nach vielen Jahren des verzweifelten Dahinvegetierens findet Joe schließlich doch einen Weg, mit einer fürsorglichen Krankenschwester (Diane Varsi) zu kommunizieren. Durch das Bewegen seines Kopfes im Rhythmus des Morsecodes teilt er den Verantwortlichen seine Wünsche mit: Er will, dass er in einer Art Zirkus oder Ausstellung präsentiert wird – als abschreckendes Beispiel, das die Menschen zwingt, über Unsinnigkeit und Grausamkeit des Krieges nachzudenken. Oder, falls man ihm diesen Wunsch nicht erfüllen könne oder wolle, möge man ihn wenigstens endlich sterben lassen. Beides wird Joe verweigert, seine unaussprechlichen Leiden finden kein Ende.

Ursprünglich wollte Dalton Trumbo diesen Film – der auf seinem eigenen Roman aus dem Jahr 1939 basiert – bereits wesentlich früher drehen lassen (zunächst sollte der berühmte surrealistische Regisseur Luis Buñuel das Drehbuch verfassen und die Inszenierung übernehmen). Doch da er in der McCarthy-Ära auf die "Schwarze Liste" geriet, wegen "unamerikanischer Umtriebe" kurzzeitig ins Gefängnis musste und anschließend lange Zeit nur unter Pseudonym arbeiten konnte, war das nicht möglich. Erst 1971 konnte er das Projekt verwirklichen. Angesichts des Verlaufs des Vietnamkrieges hätte es wohl kaum einen passenderen Zeitpunkt für die Veröffentlichung von "Johnny Got His Gun" geben können.

Francis Ford Coppolas "Apocalypse Now" ist ebenfalls in vielerlei Hinsicht durch starke Kritik am Verhalten des amerikanischen Militärs sowie der Politik gekennzeichnet. Gerade die Person des Colonel Kurtz (Marlon Brando) – dessen Militärakte ihn als Mustersoldaten mit einer potentiell großen militärischen Zukunft ausweist, der aber offenbar den Verstand verloren hat – lässt sich dafür als Beispiel nennen. Auf einem Tonband, das die Armee als letztes Lebenszeichen von ihm erhalten hat, fragt der des Mordes bezichtigte Kurtz, wie man es denn nenne, wenn Mörder Mörder anklagen. Kurtz hat im Kampf gegen den Vietcong jede Moral aufgegeben und steht damit für Teile der US-Armee.

Lieutenant Colonel Kilgore (Robert Duvall, der für seine Rolle für OSCAR und Golden Globe nominiert wurde), auf den Captain Willard während seiner Reise zu Kurtz trifft, repräsentiert gleichfalls Coppolas Sichtweise auf das US-Militär. Kilgore, Kommandant der Luftkavallerie, ist ein arroganter, großspuriger und kaltherziger Mensch, der wie ein Sinnbild für die amerikanischen Allmachtsphantasien wirkt.[100] Ohne Gewissensbisse lässt er ein vietnamesisches Dorf mit Napalm bombardieren, als er erfährt, dass man an dessen Strand hervorragend surfen könne. Diese Bombardierung ist eine der symbolträchtigsten Szenen des gesamten Films: Als die Helikopter sich dem Dorf nähern, lässt Kilgore seine Männer in den Hubschraubern laute Musik anschalten und die Vietnamesen über riesige Lautsprecher damit beschallen. Dafür wählt er Richard Wagners "Ritt der Walküren". Dass Wagner als Lieblingskomponist Adolf Hitlers gilt, mag dabei ebenso bedeutsam sein wie die Geschichte, die im "Ritt der Walküren" erzählt wird – die handelt nämlich unter anderem von toten Kriegern, die auf fliegenden Pferden vom Schlachtfeld nach Walhalla gebracht werden.[101]

Nach der Bombardierung des Dorfes wollen Kilgore und seine Männer am Strand surfen. Kilgore steht am Rande der zerstörten Gebäude und sinniert genießerisch: "I love the smell of napalm in the morning." Mit einem deutlichen Unterton des Bedauerns fügt er hinzu: "Some days this war's gonna end." In einer weiteren Szene will Kilgore einem sterbenden Mitglied des Vietcong Wasser reichen, das diesem ein südvietnamesischer Soldat verweigert hatte. Doch die unerwartete Geste des Mitgefühls wird bereits im nächsten Moment ins Gegenteil verkehrt: Als einer seiner Männer Kilgore erzählt, dass zu Willards Gruppe – die soeben angekommen ist – der berühmte Surfer Lance B. Johnson (Sam Bottoms) gehört, lässt er die Flasche

---

100 Krause/Schwelling, "Filme als Orte kollektiver Erinnerung", S. 103.
101 Bowyer, "Apocalypse Now", S. 43.

achtlos fallen und geht weg. Das Wasser versickert unterdessen direkt neben dem Kopf des sterbenden Mannes im Sand.[102]

Schließlich steht selbst der Protagonist Captain Willard für Coppolas Kritik am Militär. Nicht nur, dass er den inoffiziellen Auftrag annimmt, Kurtz zu ermorden; bereits auf dem Weg zu diesem demonstriert Willard, dass er vor nichts zurückschreckt und somit kaum besser ist als der wahnsinnige Kurtz oder der unbarmherzige Kilgore. Auf der Flussreise in Richtung der kambodschanischen Grenze trifft Willard an Bord eines Patrouillenbootes auf ein vietnamesisches Sampan (eine Art traditionelles Hausboot) und stoppt dieses, um es routinemäßig zu kontrollieren. Als ein kleines Mädchen nach etwas greift, verlieren die US-Soldaten die Nerven und eröffnen das Feuer – eine kaum verhohlene, laut Aussage von Darsteller Sam Bottoms in einem Dokumentarfilm über die Entstehung von "Apocalypse Now" gezielte Anspielung auf reale Ereignisse während des Vietnamkrieges wie das berüchtigte Massaker von My Lai.[103] Wie sich herausstellt, hatte die junge Vietnamesin keineswegs nach einer Waffe gegriffen, sondern nach einer Puppe. Die Mutter des Mädchens ist schwer verwundet, weshalb der Kapitän des amerikanischen Bootes sie zu einem Lazarett mitnehmen will. Willard verpasst ihr jedoch kurzerhand den "Gnadenschuss", da sein Auftrag keinerlei Verzögerung erlaube. Später, als Willard das Lager von Kurtz gefunden hat, fragt ihn dieser, ob er ein Mörder sei. Willard antwortet: "I'm a soldier."

In der finalen Konfrontation zwischen Kurtz und Willard, der seinen Auftrag schließlich erfüllt, offenbart Coppola einmal mehr seine außerordentlich kritische Haltung zum Vietnamkrieg und der moralischen Ausrichtung der amerikanischen Gesellschaft. Bezeichnend dafür ist ein Satz von Colonel Kurtz: "We train young men to drop fire on people. But their commanders won't allow them to write 'fuck' on their airplanes because it's obscene!" An einer Stelle äußert Captain Willard in einem inneren Monolog sogar Verständnis für Kurtz' Verhalten: "No wonder Kurtz put a weed up Command's ass. The war was being run by a bunch of four star clowns who were gonna end up giving the whole circus away."

Als am Ende Willard und Lance, die einzigen Überlebenden der Gruppe, das Lager des toten Kurtz verlassen, ertönen aus dem Off noch einmal dessen letzte Worte:

---

[102] Apocalypse Now [Film].

[103] *Hearts of Darkness – A Filmmaker's Apocalypse* [Film], USA, 1991, Regie: Fax Bahr und George Hickenlooper; Bowyer, "Apocalypse Now", S. 45.

"The horror! The horror!" Ebenso wie Robert Altman in "MASH" macht auch Francis Ford Coppola bis zur allerletzten Einstellung klar, worum es ihm in seinem – von etlichen amerikanischen Kritikern zunächst heftig kritisierten – Film geht: Er wollte damit den Amerikanern bei der Bewältigung dieses nationalen Traumas helfen und gleichzeitig scharfe Kritik am US-Vorgehen üben. Das Resultat seiner Bemühungen ist ein heute unumstrittener Klassiker des Anti-Kriegsfilms, der mit seinen teilweise überzeichneten, als Metaphern für die USA dienenden Charakteren und den surrealen, unbarmherzigen Szenen, welche die Grausamkeit und Absurdität des Krieges ungeschönt zeigen, nicht nur das amerikanische Publikum bis ins Mark getroffen hat. "Apocalypse Now" wurde mit zwei OSCARs (für die beste Kamera und für den besten Ton) ausgezeichnet und für sechs weitere nominiert, darunter als bester Film, für das beste Drehbuch und für die beste Regie.

Trotz weit geringerer Bekanntheit ebenfalls sehenswert ist Ted Posts "Go Tell the Spartans", die 1978 veröffentlichte Verfilmung eines Romans von Daniel Ford. Das Außergewöhnliche an diesem Werk ist, dass es zwar in Vietnam spielt, jedoch bereits 1964, also unmittelbar vor dem Ausbruch des eigentlichen Krieges. Zu dieser Zeit waren die Amerikaner offiziell nur als militärische Berater für die südvietnamesische Regierung tätig und daher mit verhältnismäßig wenigen Soldaten und Offizieren vor Ort. Einer davon ist Major Asa Barker (verkörpert von Hollywood-Legende Burt Lancaster), ein alter Haudegen, der bereits im Zweiten Weltkrieg und im Koreakrieg gedient hat. Als er den Auftrag erhält, einen militärischen Stützpunkt in einem seit Jahren verlassenen kleinen Dorf errichten zu lassen, hält Barker das für sinnlos; dem Befehl muss er sich jedoch beugen, weshalb er einige "Frischlinge" und einen kriegsmüden Veteran gemeinsam mit etlichen südvietnamesischen Soldaten losschickt. Am Ende werden sie vom zahlenmäßig weit überlegenen Vietcong schlicht überrannt.
Regisseur Post betont in seinem Werk wiederholt den militärischen Größenwahn der Amerikaner, deren Selbstverständnis überhaupt keinen Gedanken an eine eventuelle Niederlage zulässt. Bezeichnend ist die pathetische Rede, die der unerfahrene, aber enthusiastische Lieutenant Hamilton (Joe Unger) vor den südvietnamesischen Soldaten hält, nachdem ihm von Major Barker das Kommando für den Einsatz übergeben wurde: "Men, we have been ordered to march into the jungle where we will establish a fortress for liberty and justice!" Sobald der Dolmetscher

das übersetzt hat, brechen die Vietnamesen zu Hamiltons Bestürzung in schallendes Gelächter aus.[104]

Auch die teils verächtlichen, teils mitleidigen Kommentare über die einige Jahre zuvor von den Vietnamesen blutig aus ihrem Land vertriebenen Franzosen zeigen den oft von blindem Nationalismus geprägten amerikanischen Hochmut auf. Nachdem Hamilton und seine Truppe in dem verlassenen Dorf einen Friedhof finden, auf dem 302 gefallene französische Soldaten begraben sind, bemerkt er gegenüber einem seiner Untergebenen: "They were brave men, Corporal. They fought the battle and lost. But we won't lose. We're Americans."

Als schließlich der Vietcong den neuen Stützpunkt zu umzingeln droht, werden Helikopter geschickt, um die amerikanischen Soldaten aus der Gefahrenzone auszufliegen. Zur Evakuierung der Südvietnamesen sind bei weitem nicht genügend Hubschrauber vorhanden; somit haben die Amerikaner Vorrang und ihre Verbündeten sollen ihrem Schicksal überlassen werden – was höchstwahrscheinlich auf deren völlige Auslöschung hinausläuft. Als Begründung wird mehrfach und von verschiedenen Personen beinahe mantraartig wiederholt: "It's their war." Nachdem die ungleiche Schlacht geschlagen ist und nur einer der Soldaten überlebt hat, endet der Film mit der desillusionierenden Einblendung der Jahreszahl "1964". Das wahre Kriegsgrauen hat also noch nicht einmal begonnen.

Wenngleich "Go Tell the Spartans" bei seinem Kinostart angesichts der spektakuläreren Vietnam-Film-Konkurrenz trotz guter Kritiken eher unbeachtet blieb, ist Regisseur Ted Post doch ein eindrucksvoller und intelligenter Blick auf den blutigen Konflikt aus einer ungewohnten Vor-Kriegsperspektive gelungen, der eindringlich einige der wahrscheinlichen Gründe für das Scheitern der Amerikaner offenlegt: Hochmut, Größenwahn bei gleichzeitiger Unterschätzung des Gegners, teilweise unfähige Generäle und Offiziere, die entweder unerfahren und überfordert waren oder sich zu sehr auf ihre Erfahrungen und Taktiken aus dem Zweiten Weltkrieg verließen, obwohl diese sich in Vietnam als völlig untauglich erwiesen (was wenige Jahre später auch Stanley Kubricks "Full Metal Jacket" thematisieren sollte).

Eine interessante Allegorie auf Vietnam hat der für seine temporeichen Actionfilme bekannte Regisseur Walter Hill mit "Southern Comfort" geschaffen, der zwar erst 1981 in die Kinos kam, sich aber passgenau in die Reihe der gegen Ende der 1970er Jahre gedrehten kriegskritischen Werke einfügt. "Southern Comfort" spielt

---

104 *Go Tell the Spartans* [Deutscher Titel: *Die letzte Schlacht*], USA, 1978, Regie: Ted Post.

im Jahr 1973 und handelt von einer Einheit der Nationalgarde, die in den Sümpfen der früheren französischen Kolonie Louisiana eine Übungsmission absolvieren soll. Doch als die Soldaten sich aus Übermut und Arroganz mit einigen im Sumpfgebiet lebenden Cajuns (einer kleinen, französischstämmigen Bevölkerungsgruppe) anlegen und diese sich zur Wehr setzen, wird aus der an sich harmlosen Übung tödlicher Ernst.

Die Analogien der Handlung zu Vietnamkrieg und neoimperialistischen Tendenzen der US-Politik sind derart offensichtlich, dass man dem Regisseur mitunter sogar etwas mehr Subtilität wünschen würde – dennoch sind sie sehr nachvollziehbar und treffend. Die Amerikaner dringen in die Heimat der kleinen französischen Gemeinde ein, wobei die unwirtliche Sumpflandschaft stark an die Dschungel Vietnams erinnert. Die Soldaten verhalten sich äußerst unsensibel und benehmen sich, als würde alles ihnen gehören. Sie durchtrennen Fischernetze, "borgen" sich drei Kanus und schießen von dort aus mit einem Maschinengewehr auf die plötzlich auftauchenden Cajuns – zwar mit Platzpatronen, doch das können die natürlich nicht wissen. Als Antwort erschießen sie kurz darauf den Anführer der Einheit, Staff Sergeant Poole (Peter Coyote), der als einziger in der Gruppe praktische Kriegserfahrung besaß. Die übrig gebliebenen Soldaten haben infolge des für sie überraschenden Angriffs den Großteil ihrer Ausrüstung samt Kompass verloren und sind ohne Pooles Führung völlig hilflos. Zudem sinnen sie auf Rache, nehmen daher den erstbesten Cajun, auf den sie zufällig stoßen, gefangen (ohne die geringste Ahnung zu haben, ob er überhaupt am Tod ihres Anführers beteiligt war) und sprengen seine Behausung in den Sümpfen kurzerhand in die Luft. Fortan versuchen die Soldaten verzweifelt, den Weg zurück in die Zivilisation zu finden, während die Cajuns sie durch raffinierte Fallen – die Regisseur Hill bewusst tatsächlichen Fallen des Vietcong nachempfand –[105] immer weiter dezimieren. Erneut ist die Parallele zu Vietnam offensichtlich: Der Feind nutzt die natürlichen Vorteile seiner gewohnten Umgebung und tötet die amerikanischen Soldaten aus dem Hinterhalt. Diese sind ihrerseits zusätzlich durch den angesichts der Situation völlig hilflosen Sergeant Casper (Les Lannom) und die Tatsache geschwächt, dass sie fast ausschließlich über Platzpatronen als Munition verfügen. Die an sich den Cajuns überlegene Bewaffnung erweist sich also als genauso unnütz wie es die eigentliche

---

[105] Jack Sargeant, "Sticks and Bones: Weapons Training", in: Jack Hunter (Hg.), *Search and Destroy – An Illustrated Guide to Vietnam War Movies* (Creation Books, 2002), S. 224.

militärische Übermacht der amerikanischen Truppen im Vietnamkrieg war. Auch die Konflikte innerhalb der Einheit werden in "Southern Comfort" ebenso ausführlich thematisiert wie es in vielen "echten" Vietnam-Filmen der Fall ist. Hier wie dort sind die Amerikaner großspurig und siegesgewiss, aber schlecht vorbereitet und mit überforderten Kommandeuren in das "feindliche" Territorium eingedrungen, wo sie schmerzlich erfahren müssen, wie verwundbar sie in Wirklichkeit sind.

Die beiden letzten großen Kriegsfilme nach traditionellem Muster á la "The Longest Day" reflektieren ebenfalls die veränderte, betont kritische Einstellung zum Militär. Sir Richard Attenboroughs "A Bridge Too Far" aus dem Jahr 1977, eine britisch-amerikanische Koproduktion, handelt von der "Operation Market Garden", die nach dem D-Day für ein Ende des Zweiten Weltkrieges bis Weihnachten 1944 sorgen sollte. Doch die groß angelegte Militäraktion zur Eroberung der strategisch wichtigen Brücke von Arnheim scheiterte. Die Geschichte dieses Scheiterns wird im Film erzählt, wobei Sir Richard Attenborough in seinem mit internationalen Stars wie Gene Hackman, Michael Caine oder Maximilian Schell besetzten Werk besonderes Augenmerk darauf legt, wie eklatante Fehleinschätzungen der Militärführung das Misslingen der riskanten Operation verursachten.
Der für annähernd zwei Jahrzehnte letzte große Film über den Zweiten Weltkrieg war "The Big Red One", der 1980 in die amerikanischen Kinos kam. Regisseur und Drehbuchautor Samuel Fuller verarbeitete darin, wie so viele andere Autoren und Regisseure seiner Generation, eigene Erfahrungen als Soldat im Weltkrieg. Der Zuschauer begleitet eine Scharfschützen-Einheit unter Führung ihres nie namentlich genannten Sergeants (gespielt von Lee Marvin, gleichfalls ein Weltkriegs-Veteran), die "Big Red One", auf ihrem Weg durch den Krieg, der sie nach Nordafrika, Sizilien, Frankreich, Belgien, Deutschland und in die Tschechoslowakei führt – an genau jene Orte, an denen Fuller selbst mit seiner Einheit im Einsatz war. Auf den ersten Blick wirkt der episodisch aufgebaute "The Big Red One" wie ein "normaler" Kriegsfilm, der weder Kriegspropaganda oder -verherrlichung noch deutliche Kritik artikuliert. Doch unter der Oberfläche lauern immer wieder Szenen und Dialoge, deren tiefschwarzer, oft ins sarkastische zielende Humor kaum Zweifel daran lässt, dass Fullers Werk sehr wohl zahlreiche Züge eines Anti-Kriegsfilms aufweist, ohne jedoch eindeutig einer zu sein. Dies verhindert vor allem das Finale des Films, in dem die Soldaten – für die es bis dahin einzig darum ging, selbst am Leben zu bleiben – ein Konzentrationslager befreien und erstmals wirklich begreifen, wofür

sie die ganze Zeit über gekämpft haben. Daher bezeichnet der Filmhistoriker, Regisseur und Produzent Richard Schickel in seinem DVD-Audiokommentar "The Big Red One" auch als einen Film, dessen Einstellung eher "anti-heroic" sei als "anti-war".[106] Fuller selbst vertrat sowieso die Meinung, es wäre unmöglich, einen echten Kriegsfilm zu drehen: "You can't make a real war picture, because the audience can get up and go buy their popcorn at any time. They're never hurt. And war means casualties. The best way would be to occasionally fire at them from behind the screen during a battle scene!"[107]

An einer Stelle schlägt einer der Soldaten der Einheit dem Sergeant vor, ein als Sanatorium verwendetes Kloster, in dem sich ebenfalls ein deutsches Geschütz befindet, einfach von Flugzeugen bombardieren zu lassen. Der Sergeant lehnt mit dem Hinweis "Killing insane people is not good for public relations" ab. Worauf Private Griff (Mark Hamill, kurz zuvor durch seine Rolle als Luke Skywalker im Science-Fiction-Märchen "Star Wars" weltberühmt geworden) sarkastisch einwirft: "Killing sane people is okay?". Die trockene Antwort des Sergeants: "That's right."[108]

Aufschlussreich ist auch ein Dialog in einer frühen Phase des Films, den Fuller in zwei Variationen einbringt – einer amerikanischen und einer deutschen. Nachdem Private Griff, der sich in der Vorbereitung auf den Einsatz als unfehlbarer Scharfschütze erwiesen hatte, nun davor zurückschreckt, tatsächlich Menschen zu töten, sucht der Sergeant das Gespräch mit ihm:

> GRIFF: "I can't murder anybody!"
>
> SERGEANT: "We don't murder, we kill."
>
> GRIFF: "It's the same thing."
>
> SERGEANT: "The hell it is, Griff! You don't murder animals, you kill 'em."

Der Sergeant setzt den Feind also mit Tieren gleich und entmenschlicht ihn – ein altbekanntes Stilmittel im Kriegsfilm. Doch wenig später wird dieses Stilmittel konterkariert, als Fuller eine deutsche Einheit zeigt, in der es zu einer ganz ähnlichen Diskussion kommt:

> GERD (Ulli Kinalzik): "Ich kenne Schröder noch als knallharten Jungen. In Libyen sah ich, wie er einen deutschen Offizier ermordet hat."

---

106 Richard Schickel, "Audiokommentar", in: *The Big Red One*. USA, 1980. Regie: Samuel Fuller.

107 Lisa Dombrowski, *The Films of Samuel Fuller – If You Die, I'll Kill You!* (Middletown: Wesleyan University Press, 2008), S. 46.

108 *Big Red One, The – The Reconstruction* [Film], USA, 1980, Regie: Samuel Fuller.

SCHRÖDER (Siegfried Rauch): "Nein, nicht ermordet, Gerd, ich hab' ihn getötet. Ich hab' ihn getötet, weil er desertierte."

GERD: "Morden, Töten. Das ist doch alles dasselbe."

SCHRÖDER: "Wir ermorden den Feind nicht, wir töten ihn!"

Durch diese zwei Varianten des gleichen Dialogs macht Fuller deutlich, wie unsinnig und absurd die Argumentation beider Seiten ist, wenn es um die Rechtfertigung des Tötens (oder Mordens?) geht. In weiteren bizarren Szenen – wenn etwa einer der Insassen des erwähnten Sanatoriums während einer Schießerei wieder zu Sinnen kommt, sich die nächstbeste Waffe greift und dabei schreit: "I am sane! I am sane!" – gibt es wiederholt kleine Ereignisse, die Fullers Einstellung belegen.

Als "The Big Red One" 1980 (und damit rund zwei Jahre nach den Dreharbeiten) in die Kinos kam, handelte es sich nicht um Fullers Vision des Films, sondern um eine verstümmelte und ganz erheblich gekürzte Version, die dem Produktionsstudio Erfolg versprechender erschien. Erst im Jahr 2005 wurde eine klar bessere, von Richard Schickel produzierte und um fast 50 Minuten längere Rekonstruktion des Films auf Basis des ursprünglichen Drehbuchs von Samuel Fuller (der 1997 verstarb) auf DVD veröffentlicht. Besonders bemerkenswert an dieser Rekonstruktion sind zahlreiche neu eingefügte Szenen, die eigentlich nur das Nichtstun der Soldaten zeigen, ihr Bemühen, irgendwie die Zeit bis zum nächsten Einsatz zu überbrücken. Solch unspektakuläre, aber authentische Szenen waren in den damaligen Kriegsfilmen kaum einmal zu sehen, doch da Fuller selbst als Soldat im Zweiten Weltkrieg gedient hatte, wusste er, wie der Krieg wirklich war und wollte dies auch dem Kinopublikum veranschaulichen. Wie es Schickel in seinem Audiokommentar formuliert: "War is perhaps 90 % boredom and 10 % sheer terror." Erst rund 20 Jahre später konnte sich diese realistischere Darstellung des Krieges auch bei den Hollywood-Studios durchsetzen und Filme wie Terrence Malicks "The Thin Red Line" (1998) oder Sam Mendes' "Jarhead" (2005) bauen geradezu auf der Prämisse der Langeweile der über weite Strecken zur Untätigkeit gezwungenen Soldaten auf. Schließlich kann selbst der bereits 1970 in den amerikanischen Kinos gestartete "Patton" zumindest teilweise zu den Filmen gezählt werden, die Kritik am Krieg und an militärischen Autoritäten üben. Regisseur Franklin J. Schaffner porträtiert in diesem Werk den exzentrischen General George S. Patton Jr. (gespielt von George C. Scott, der für seine Leistung mit dem OSCAR als bester Hauptdarsteller honoriert wurde), der im Zweiten Weltkrieg vor allem in Nordafrika und Südeuropa wichtige militärische Erfolge für die Alliierten errang. Patton war großspurig und zynisch, er liebte den Krieg – anders formuliert: Er war eine schillernde und sehr kontroverse Persönlichkeit. Als solche hat ihn Schaffner in seinem Film auch gezeigt.

Kurioserweise erhielt "Patton", der während der Endphase des Vietnamkrieges gedreht wurde, sowohl von Kriegsgegnern als auch -befürwortern lobende Worte. Die einen sahen ihn als Anti-Kriegsfilm, da er Pattons scheinbaren (Größen-)Wahnsinn offen zeige.[109] Gleichzeitig kann man den Film aber auch als Glorifizierung eines zwar unbequemen, doch äußerst erfolgreichen amerikanischen Helden interpretieren.[110] Schaffner scheut nicht davor zurück, Patton zu Beginn vor der amerikanischen Flagge einen minutenlangen, patriotischen Monolog halten zu lassen und ähnliche diskussionswürdige Szenen einzubauen. Ob "Patton" nun ein höchst patriotischer Film ist oder ein Werk, das nur vordergründig Patriotismus heuchelt und tatsächlich den Krieg und die Generäle geißelt, bleibt letztlich dem Auge des Betrachters überlassen.

4.2.3 Rock 'n' Roll und Drogenkonsum

Ab den 1960er Jahren nahm der Drogenkonsum in den Vereinigten Staaten innerhalb kürzester Zeit deutlich zu, was zu einem Gutteil der Hippie-Bewegung zugeschrieben wurde. Doch auch im Vietnamkrieg griffen viele amerikanische Soldaten zu Drogen, etliche von ihnen kehrten heroinabhängig in ihre Heimat zurück. Wie es ein Soldat formulierte: "I was stoned every day of my life in Vietnam ... It was the only way to deal with all the horror and the insanity, and that's what everyone did. Everyone was stoned on something."[111]

Auch diese gesellschaftliche Entwicklung thematisierte Hollywood, wenngleich erst mit leichter zeitlicher Verzögerung. In Robert Altmans "MASH" kommen noch keine harten Drogen vor, die Militärärzte vertreiben sich ihre freie Zeit vorrangig mit Alkohol. Erst als Vietnam direkt in Filmen behandelt wurde, rückten Rauschgifte wie Marihuana oder Opium stärker in den Blickpunkt. In einigen Veteranen-

---

109 Michael Wilmington, "'Patton' revival looks best on the big screen", *Chicago Tribune*, 3. Juli 2002, URL: http://articles.chicagotribune.com/2002-07-03/features/0207030035_1_franklin-j-schaffner-gen-george-s-patton-edmund-north [18. April 2015].

110 Roger Ebert, "Patton", *Chicago Sun-Times*, 17. März 2002, URL: http://www.rogerebert.com/reviews/great-movie-patton-1970 [15. März 2015].

111 Russell, "Vietnam War Movies", S. 53.

Filmen wird der Drogenkonsum der Soldaten in Vietnam zwar nicht direkt erwähnt, auffällig ist aber die Verachtung, die viele der Heimkehrer für Rauschgifthändler empfinden. Offensichtlichstes Beispiel dafür ist Travis Bickle: Der Protagonist in Martin Scorseses "Taxi Driver" spricht immer wieder davon, dass man Drogendealer und ähnlichen Abschaum vernichten müsse.

Karel Reisz' "Who'll Stop the Rain" aus dem Jahr 1978 hingegen ging die Thematik offensiver an; hier schmuggelt der Kriegsberichterstatter John Converse (Michael Moriarty) mit Hilfe eines Offiziers (Nick Nolte) Drogen aus dem südostasiatischen Kriegsgebiet in die USA. Der erste Film, der den Drogenmissbrauch der Soldaten in Vietnam ausführlicher thematisiert, ist jedoch "Apocalypse Now". Am Drehbuch des Films schrieb neben Regisseur Coppola und John Milius auch der frühere Kriegsberichterstatter Michael Herr mit, dessen Erfahrungen in Vietnam zu vielen Szenen und Dialogen die nötige Authentizität beitrugen, auch hinsichtlich des Drogenkonsums.[112]

Während der langen Fahrt von Captain Willard und seinen Männern auf dem Nung (einem fiktiven Fluss, der dem realen Mekong nachempfunden ist) vertreiben sich so zwei der fünf Soldaten – Tyrone "Clean" Miller (Laurence Fishburne) und Lance B. Johnson (Sam Bottoms) – die Zeit, indem sie Marihuana rauchen, während sich Willard mit Brandy ablenkt. Tatsächlich ist bekannt, dass einige der Darsteller während der langen und extrem anstrengenden Dreharbeiten in Asien (Martin Sheen erlitt gar einen Herzinfarkt) zu Rauschgiften griffen und teilweise noch während der Aufnahmen betrunken oder "auf Droge" waren.[113]

Auch in den meisten anderen Vietnam-Filmen spielen Rauschgifte eine Rolle. In Oliver Stones "Platoon" beispielsweise schließt sich der Protagonist Chris Taylor (Charlie Sheen) einer Gruppierung innerhalb seiner Einheit an, die unter der Führung von Sergeant Elias Grodin (Willem Dafoe) die Gräuel des Krieges mit abendlichen Trinkgelagen und dem massenhaften Konsum von Haschisch vorübergehend zu vergessen sucht. Adrian Lyne drehte 1990 mit "Jacob's Ladder" eine verstörende Mixtur aus Horror- und Verschwörungsfilm, die Gerüchte aufgreift, wonach die US-Armee in Vietnam an den eigenen Soldaten Versuche mit die Aggressivität fördernden Drogen unternommen hätte.

---

112 Bowyer, "Apocalypse Now", S. 38.
113 Ibid., S. 40.

Doch nicht nur die Thematisierung von Drogen kennzeichnet viele Vietnam-Filme, sondern auch die Rock 'n' Roll-Musik. Diese war wie der Rauschgiftkonsum ab den 1960er Jahren massentauglich geworden und dank Woodstock und Ikonen wie Jimi Hendrix oder Janis Joplin mittlerweile weit verbreitet. In "Apocalypse Now" bezeichnet Captain Willard die jungen Soldaten Clean und Lance als "real rock 'n' rollers". Diese tanzen auf dem Patrouillenboot zu "Satisfaction" von den Rolling Stones und der bekannte Surfer Lance fährt zu der Musik Wasserski. Doch während Rock 'n' Roll in anderen Vietnam-Filmen nur als Hintergrund benutzt wird, setzt Regisseur Coppola ihn zusätzlich symbolisch ein. So sind zu Beginn und am Ende die Klänge des Liedes "The End" von The Doors zu hören, dessen Refrain auffallend gut zur Filmhandlung passt:
"Of our elaborate plans, the end
Of everything that stands, the end
No safety or surprise, the end."

Auch Barry Levinsons "Good Morning, Vietnam" mit Robin Williams in der Hauptrolle eines Radio-DJs in Vietnam, der die Soldaten mit guter Musik bei Laune halten will, hebt die Bedeutung des Rock 'n' Roll in den 1960er und 1970er Jahren spezifisch hervor. Um Drogenkonsum, Rockmusik und Vietnam dreht sich schließlich ebenfalls Milos Formans Musical-Adaption "Hair" aus dem Jahr 1979. Obwohl der Film nicht direkt mit Vietnam zu tun hat, gilt er doch als Anti-Kriegs-Musical, zumal die Bühnenversion schon 1968 uraufgeführt worden war und unmittelbar auf den Vietnamkonflikt anspielte. Protagonist der Handlung ist der junge Claude (John Savage), der aus einem Kaff im amerikanischen Hinterland nach New York kommt und dort inmitten der Hippie-Bewegung mit Marihuana und Musik eine kurze, glückliche Zeit verbringt, ehe er zur Armee eingezogen wird und nach Vietnam gebracht werden soll. Seine neuen Freunde besuchen ihn im Ausbildungslager und einer von ihnen, Berger (Treat Williams), "ersetzt" Claude kurzzeitig, damit dieser sich außerhalb des Army-Geländes von seiner Freundin verabschieden kann. Doch just zu diesem Zeitpunkt starten die Flugzeuge mit den Soldaten nach Vietnam und Berger übernimmt somit Claudes Platz endgültig. Am Ende erfahren seine Freunde, dass er in Vietnam gefallen ist.[114]

---

[114] *Hair* [Film], USA/Deutschland, 1979, Regie: Milos Forman.

"Hair" porträtiert den Zeitgeist dieser Jahre und demonstrierte, wie sehr der gesellschaftliche Stellenwert und die Akzeptanz von Drogen und Rock 'n' Roll-Musik zumindest in bestimmten Kreisen innerhalb kurzer Zeit gestiegen waren. Gleichzeitig spricht sich der Film in Handlung und Songtexten subtil und minimalistisch, dabei aber sehr effektiv gegen den Vietnamkrieg und die umstrittene Einberufungspraxis der US-Armee für diesen Konflikt per Lotterie aus. Beinahe 30 Jahre später orientierte sich mit Julie Taymors "Across the Universe" ein weiteres Musical (ausschließlich mit Songs der Beatles) stark an der Handlung von "Hair" und zeigte – obwohl wie das offensichtliche Vorbild während des Vietnamkrieges spielend –, dass sich in mancher Hinsicht in den vergangenen Jahrzehnten wenig geändert hat: Der Vietnamkonflikt wurde lediglich durch den "Krieg gegen den Terrorismus" in Afghanistan oder in Syrien und im Irak ausgetauscht.

5. Die 1980er Jahre

5.1 Die Reagan-Ära, nukleare Aufrüstung und das Ende des Kommunismus

Ehe der Kalte Krieg 1989 sein Ende fand, spitzte sich der Konflikt am Anfang des Jahrzehnts noch einmal zu. Der neue republikanische US-Präsident Ronald Reagan setzte vor allem während seiner ersten Amtszeit zwischen 1981 und 1985 auf starke Aufrüstung, was primär eine Reaktion auf die sowjetische Invasion in Afghanistan Ende 1979 war. Reagan erhöhte das Budget für die Militärausgaben drastisch und startete das sogenannte "SDI-Projekt" zur Abwehr strategischer Raketen, das in der Bevölkerung in Anlehnung an George Lucas' populäres Science-Fiction-Märchen als "Star Wars" bekannt wurde.[115] Die Entspannungsphase zwischen den beiden Supermächten USA und Sowjetunion, die während der 1970er Jahre mit den SALT-Verträgen Hoffnungen auf eine friedliche Beilegung des jahrzehntelangen Konflikts geweckt hatte, fand nun ein promptes Ende. Die Sowjets nutzten eine Lücke in den SALT-Verträgen aus, um moderne Mittelstreckenraketen mit nuklearen Sprengköpfen zu stationieren, die für Europa eine direkte Bedrohung darstellten. Darauf reagierte die NATO mit dem Doppelbeschluss, der mit Hunderten vergleichbaren US-Raketen in Europa das nukleare Gleichgewicht wiederherstellen sollte, zugleich der Sowjetunion aber Verhandlungen zur Beseitigung aller nuklearen Mittelstreckenwaffen aus Europa anbot. Dazu sollte es allerdings erst 1987 tatsächlich kommen.[116]

Der neuerliche Rüstungswettlauf trug jedoch mit zum Untergang des Kommunismus sowjetischer Prägung bei, da er die Wirtschaft des Riesenreichs erheblich belastete. Zwar wurde auch für den US-amerikanischen Haushalt in den 1980er Jahren ein Rekorddefizit bilanziert, doch waren die Folgen für die USA weniger gravierend.[117] Mit Michail Gorbatschow, der im März 1985 neuer Generalsekretär des Zentralkomitees der Kommunistischen Partei und damit Staatschef der Sowjetunion wurde, fand der Rüstungswettlauf bald ein Ende. Gorbatschow plädierte für Abrüstung und leitete wichtige wirtschaftliche und politische Reformen in seinem Land ein. Auch Ronald Reagan erkannte letztlich die Chancen für ein Ende des

115 Guggisberg, *Geschichte der USA*, S. 316.

116 Ibid., S. 325.

117 Adams, *Die USA im 20. Jahrhundert*, S. 113.

Kalten Krieges, die aus Gorbatschows Verhalten resultierten. Mit der Auflösung des Ostblocks 1989 und der lange Zeit als utopisch erachteten Durchführung der deutschen Wiedervereinigung ein Jahr darauf war der Kalte Krieg schließlich beendet und der Kommunismus galt weitgehend als gescheitert.

Für die US-amerikanische Gesellschaft bedeutete die politische Entwicklung in dieser Dekade das Schwanken zwischen bedrohlicher Zuspitzung der Situation in den ersten Jahren und unerwartet schneller Entspannung in der zweiten Hälfte des Jahrzehnts. Während zunächst aufgrund des Wettrüstens – mit der kuriosen Folgewirkung, dass beide Nationen über weit mehr als genügend Atomwaffen verfügten, um den jeweiligen Gegner komplett zu vernichten –[118] die Furcht vor einem Krieg mit katastrophalen Folgen wuchs, standen die Vereinigten Staaten bereits wenige Jahre später ziemlich unvermittelt als Sieger des jahrzehntelangen Konflikts da und konnten somit optimistisch in die Zukunft blicken.

Problematisch blieb zunächst die wirtschaftliche Situation der Amerikaner. Das infolge des Rüstungswettlaufs angestaute Haushaltsdefizit konnte auch nach Beendigung des Kalten Krieges nur langsam abgebaut werden. Zu Beginn seiner Präsidentschaft setzte Reagan auf Steuersenkungen und eine Vereinfachung des Steuersystems, gleichzeitig förderte er die Industrie und senkte die Staatsausgaben für Soziales. Diese Maßnahmen zeitigten zunächst nicht die von Reagan erwünschte Wirkung auf die bereits schlechte Wirtschaftslage: Arbeitslosigkeit und Inflation stiegen, die Unternehmensgewinne sanken. Zwar besserten sich die ökonomischen Daten zügig, das hohe Haushaltsdefizit gab jedoch weiterhin Anlass zur Sorge.[119]

Den wirtschaftlichen Problemen zum Trotz fand die Gesellschaft dank der harten, kompromisslosen Haltung Reagans gegenüber dem Kommunismus erstmals seit Vietnam wieder zu einem starken nationalen Selbstbewusstsein zurück. Reagan erklärte das "Vietnam-Syndrom" kurzerhand für überwunden und ein übersteigerter Patriotismus erreichte in großen Teilen der Bevölkerung erneut starke Verbreitung. Kritische Stimmen, die vor den Gefahren des Rüstungswettlaufs und vieler anderer Maßnahmen Reagans warnten – so war seine als "Reaganomics" bekannte Wirtschaftspolitik unter Experten höchst umstritten –, fanden nur wenig Gehör.[120]

---

118 Guggisberg, *Geschichte der USA*, S. 272.

119 Ibid., S. 313 f.

120 Ibid., S. 312-315.

Doch Reagan zeigte sich nicht nur dem Kommunismus gegenüber unversöhnlich, gemeinsam mit seiner Ehefrau Nancy startete er zudem eine groß angelegte Kampagne gegen den seit den 1960er Jahren ausufernden Drogenkonsum vieler Amerikaner. Seine Einstellung offenbarte sich ebenso in seiner ablehnenden Haltung zum Recht auf Abtreibung wie in der gegenüber Homosexuellen und führte dazu, dass seine Regierung erst sehr spät auf die Bedrohung durch die neu aufgetretene Immunschwächekrankheit AIDS reagierte. Da Reagan in weiten Teilen der Bevölkerung lange Zeit sehr populär war, übernahmen viele Amerikaner auch seine Ansichten. Somit wurden die 1980er Jahre zu einer Art erzkonservativem Gegenentwurf zu den wilden, ungezügelten 1960ern. Allerdings hatte diese Bewegung schon Ende der vorherigen Dekade mit dem Erstarken der "New Right" begonnen, die ihre Philosophie auf die drei Grundpfeiler Familie, Religiosität und sexuelle Moral aufbaute. Durch Reagans Wahl wurde diese gesellschaftliche Entwicklung zunächst weiter gefördert, fand jedoch Mitte der 1980er Jahre ein vorübergehendes Ende. Dies lag auch daran, dass Reagan die von der "New Right" in ihn gesetzten Erwartungen nur ansatzweise erfüllte.[121]

In Hollywood wurden in den 1980er Jahren deutlich weniger Kriegsfilme fertiggestellt als in den vorangegangenen Jahrzehnten. Angesichts der bedrohlichen Zuspitzung des nuklearen Wettrüstens erschienen die Erfolgsaussichten für klassische Kriegsfilme relativ gering. Stattdessen standen Abenteuerfilme wie Steven Spielbergs "Indiana Jones"-Reihe oder George Lucas' Science-Fiction-Märchen "Star Wars" hoch in der Gunst des Publikums, die zwar auch von Kriegen handeln, aber fernab der trüben Realität spielen. Erst ab Mitte der Dekade, als sich das Ende des Kalten Krieges abzuzeichnen begann, wurden wieder vermehrt Kriegsfilme gedreht. Dabei lässt sich primär unterscheiden zwischen jenen Produktionen, die unverkennbar aus dem neuen Selbstbewusstsein resultierten, das Reagans Politik der harten Hand den Amerikanern einflößte, und solchen, die immer noch die Erfahrungen aus dem Vietnamkrieg aufarbeiteten und zusätzlich aktuelle Gesellschaftskritik einfließen ließen.

Die erstgenannten Werke waren meist durch einen ungezügelten Patriotismus sowie durch heldenhafte Alleingänge amerikanischer Soldaten geprägt, die den erneuerten Nationalstolz reflektierten. Allen voran müssen an dieser Stelle die drei ersten "Rambo"-Filme genannt werden, deren von Action-Star Sylvester Stallone

---

[121] Ibid., S. 308 f.

dargestellte Titelfigur sogar in den allgemeinen Sprachgebrauch aufgenommen wurde als Synonym für jemanden, der ohne jede Rücksicht auf Verluste sein Ziel erreichen will. Zu der Gruppe der gesellschaftskritischen Filme zählt vor allem die aus "Platoon", "Born on the Fourth of July" und "Heaven & Earth" bestehende Vietnam-Trilogie von Oliver Stone.

5.2 Revisionismus und Gesellschaftskritik – von "First Blood" bis "Full Metal Jacket"

5.2.1 Neues nationales Selbstbewusstsein in der Reagan-Ära

Die unerbittliche und konsequente Haltung, die Präsident Ronald Reagan dem Kommunismus und speziell der Sowjetunion gegenüber an den Tag legte, fand ihre cineastische Entsprechung vor allem in der "Rambo"-Reihe, die in den 1980er Jahren große kommerzielle Erfolge feierte. Dabei erzählt der erste Teil durchaus differenziert die Geschichte des heruntergekommenen Vietnam-Veteranen John Rambo. In mancher Hinsicht ist Ted Kotcheffs 1982 veröffentlichter "First Blood" (der Name "Rambo" wurde in den USA erst ab dem zweiten Teil in den Titel befördert) eine Fortführung der Veteranen-Filme der 1970er Jahre wie "Coming Home" oder "Taxi Driver". John Rambo wird von Sylvester Stallone als ein Mann in der Tradition von Robert De Niros Travis Bickle in "Taxi Driver" dargestellt: desillusioniert, schweigsam, traumatisiert, von der Gesellschaft entfremdet. Rastlos zieht er durch das Land, nur um beim Durchqueren einer kleinen Ortschaft vom örtlichen Sheriff Will Teasle (Brian Dennehy) wegen Vagabundierens verhaftet zu werden. Als Rambo in der Polizeistation misshandelt wird, weckt dies in ihm Erinnerungen an die Folterungen, denen er in Vietnam ausgesetzt war. Er flieht und beginnt seinen eigenen Guerilla-Krieg gegen Sheriff Teasle und dessen Männer.

"First Blood" stellt somit ein weiteres Mal die schlechte Behandlung der Vietnam-Veteranen durch die amerikanische Gesellschaft in den Vordergrund. Gleichzeitig wird der Protagonist jedoch als typischer amerikanischer Held etabliert, der in den Fortsetzungen im Alleingang in Vietnam beziehungsweise Afghanistan aufräumt. Die Ironie dieses ersten Teils der Reihe besteht darin, dass der Vietnam-Veteran in der Handlung gewissermaßen die Rolle des Vietcong einnimmt, wohingegen der Kleinstadt-Sheriff Teasle und seine Männer die amerikanischen Soldaten repräsentieren. Denn Rambo weiß nicht nur Schusswaffen zu gebrauchen, er nutzt auch jene Waffen, die ihm die Natur bietet sowie die Vorteile, die ihm das umfangreiche

Waldgebiet verschafft, in das er sich flüchtet. In einem emotionalen Monolog am Ende des Films deutet Rambo an, dass man den Krieg in Vietnam hätte gewinnen können, hätten die amerikanischen Soldaten dort die Methoden des Vietcong mit vergleichbaren Aktionen erwidern dürfen: "I did what I had to do to win – but somebody wouldn't let us win."[122] Wer genau dieser "somebody" seiner Meinung nach ist, sagt John Rambo nicht: die Gesellschaft in Form der Friedensbewegungen, die den US-Soldaten die Unterstützung verweigerten? Oder jene Politiker, die für die Öffentlichkeit einen halbwegs "sauberen" Krieg führen wollten?
In seinem Monolog artikuliert Rambo auch Verbitterung über die Behandlung der Vietnam-Veteranen in den USA: "And then I come back to the world and I see all those maggots at the airport, protesting me and spitting. Calling me babykiller and all kinds of vile crap. Who are they to protest me? Who are they unless they've been there and been me and know what the hell they're yelling about?" Allein diese wütenden Sätze sagen viel über die Zeit aus, in der der Film gedreht wurde. Die Friedensbewegung war nicht mehr gefragt, Patriotismus und Kampfgeist wurden in Reagans Amerika im Kampf gegen den Kommunismus erwartet und geschürt. Obwohl "First Blood" also nicht an Kritik gegenüber der Gesellschaft spart, wird zugleich John Rambo als idealer Amerikaner und echter Held präsentiert und damit auch der US-Soldat an sich – dessen Image nach den Kriegsverbrechen in Vietnam stark angeschlagen war – filmisch rehabilitiert.[123]
In den beiden Fortsetzungen wird Rambo ungleich eindimensionaler porträtiert und mutiert endgültig zu einer Kampfmaschine, die es zum Wohle der Nation mit jedem Gegner aufnimmt. Im 1985 – auf dem Höhepunkt des nuklearen Wettrüstens – gestarteten "Rambo: First Blood Part II" von George Pan Cosmatos wird der Titelheld nach Vietnam geschickt, wo gemäß der Handlung gerüchteweise seit Jahren amerikanische Soldaten gefangen gehalten werden. Zwar soll Rambo lediglich durch Fotos die Existenz dieser Kriegsgefangenen beweisen; doch als er zusammen mit einigen anderen Soldaten tatsächlich fündig wird, beseitigt er fast im Alleingang zahllose Feinde, um die Gefangenen zu befreien. Dabei werden die Vietnamesen ähnlich undifferenziert dargestellt wie es bei den Japanern in den Propagandafilmen während des Zweiten Weltkrieges der Fall war: als un- beziehungsweise

---

[122] *First Blood* [Deutscher Titel: *Rambo*], USA, 1982, Regie: Ted Kotcheff.

[123] Neil Jackson, "Nothing Is Over!: Rambo's Rampage", in: Jack Hunter (Hg.), *Search and Destroy – An Illustrated Guide to Vietnam War Movies* (Creation Books, 2002), S. 169.

untermenschliche, amoralische Verkörperungen des Bösen. In "Rambo: First Blood Part II" gewinnen die Amerikaner den Vietnamkrieg somit letztlich doch noch – durch eine einzige Person: John Rambo. Mit dieser späten Genugtuung und nicht zuletzt den (wenngleich nur fiktiv) unrechtmäßig festgehaltenen amerikanischen Soldaten erfährt der verlustreiche Krieg implizit noch im Nachhinein eine Rechtfertigung.

Diese revisionistische Tendenz zeigt sich auch in Peter MacDonalds "Rambo III", in dem der Vietnam-Veteran bei einer weiteren Befreiungsaktion in Afghanistan gegen die als ebenso bösartig und moralisch verwerflich gezeigten Sowjets vorgeht und selbstverständlich auch diesen Kampf gewinnt. Da der Film erst 1988 in die nordamerikanischen Kinos kam – also zu einer Zeit, da der Kalte Krieg beinahe zu Ende war –, wirkten die Handlung und die Dämonisierung der sowjetischen Truppen angesichts der historischen Umstände eher kurios. Im Gegensatz zum ersten Film sind "Rambo: First Blood Part II" und "Rambo III" durch und durch anspruchslose Actionfilme, die dennoch ein vergleichsweise großes und dankbares Publikum fanden. Sogar Präsident Reagan, einst selbst als Schauspieler tätig, ließ nach einer Vorführung von "Rambo: First Blood Part II" verlauten, er wisse nun, was zu tun sei, wenn er das nächste Mal mit einer Geiselnahme amerikanischer Staatsbürger konfrontiert werde ...[124]

Neben der "Rambo"-Reihe wurden vor allem Mitte der 1980er Jahre zahlreiche ähnliche Filme gedreht. Die "Missing in Action"-Trilogie mit Chuck Norris – die sich ebenso um die Befreiung von Kriegsgefangenen in Vietnam dreht wie "Uncommon Valor" von "First Blood"-Regisseur Ted Kotcheff – und John Milius' antikommunistisches Action-Drama "Red Dawn" zählen hierunter zu den bekanntesten und erfolgreichsten, wenngleich kein einziger höheren cineastischen Ansprüchen genügt. Weitgehend unbeachtet blieb dagegen Kevin Reynolds' formal durchaus beeindruckend inszeniertes Werk "The Beast of War" aus dem Jahr 1988. Die Verfilmung eines Theaterstücks von William Mastrosimone spielt wie "Rambo III" in Afghanistan, dreht sich jedoch um eine sowjetische Panzercrew und ihren brutalen, sadistischen Kommandanten Daskal (George Dzundza). Dabei ist "The Beast of War" bemerkenswert komplex geraten und trägt dank der ungeschönten Zurschaustellung der Grausamkeiten des Krieges sogar Züge eines Anti-Kriegsfilms. Dass jedoch ausgerechnet eine amerikanische Produktion kurz vor dem Ende des Kalten

---

[124] Ibid., S. 163.

Krieges den Großteil seiner sowjetischen Protagonisten extrem negativ darstellt, während die afghanischen Mudschaheddin eher (wenn auch nicht ausnahmslos) als tapfere, ehrbare Widerstandskämpfer präsentiert werden, hinterlässt beim kritischen Zuschauer einen schalen Nachgeschmack.

In gewisser Weise fügt sich auch ein weiterer Stallone-Streifen nahtlos in die Reihe der antisowjetischen Werke des Jahrzehnts ein: "Rocky IV" aus dem Jahr 1985, in dem der Rambo-Darsteller als Boxer Rocky Balboa gegen den sowjetischen Hünen Ivan Drago (Dolph Lundgren) antritt, nachdem dieser seinen Freund Apollo Creed (Carl Weathers) im Ring getötet hat. Einmal mehr werden die Sowjets äußerst klischeehaft als abgrundtief böse gezeigt, nur findet der Kalte Krieg hier eben im Box-Ring statt (was immerhin deutlich humaner ist als der "echte" Kalte Krieg). Dass Rocky nach einem brutalen Kampf letztlich siegt, ist keine Überraschung.

Die meisten dieser Produktionen sind also betont patriotische und konservative Action-Spektakel, die den reaktionären Zeitgeist der Reagan-Ära trafen, wie nicht nur ihr kommerzieller Erfolg belegt: Alleine bei "First Blood" waren die Einnahmen aus den nordamerikanischen Kinos dreimal so hoch wie die etwa $15 Mio. betragenden Produktionskosten. "Rambo: First Blood Part II", "Missing in Action" und Konsorten sind folgerichtig ein Teil dessen, was rückblickend auch als "Reaganite Entertainment" bezeichnet wird: politisch rechtslastige, realitätsferne, revisionistische und patriotische Filme.[125]

5.2.2 Zunehmende Kritik am neuen Patriotismus

Wenn die gesellschaftliche Stimmung in einer Nation sich stark auf eine Seite neigt – wie in den USA unter Präsident Ronald Reagan auf die konservative, patriotisch-nationalistische Seite –, bildet sich fast immer eine mehr oder weniger stark ausgeprägte Gegenbewegung. In den 1980er Jahren fand diese in Hollywood in einer Reihe von Anti-Kriegsfilmen, die in der zweiten Hälfte der Dekade gedreht wurden, ihren Ausdruck. Das Ende des Kalten Krieges stand erkennbar kurz bevor und so begann sich der Blick der amerikanischen Gesellschaft wie auch ihrer Filmemacher wieder verstärkt nach innen zu richten. Bezeichnenderweise spielen fast alle der entsprechenden Produktionen im Vietnamkrieg, denn anhand von Werken über

---

125 Andrew Britton, "Blissing Out: The Politics of Reaganite Entertainment", in: *Movie* (Winter 1986, Nr. 31/32), S. 1-42.

den Ersten oder Zweiten Weltkrieg wäre es schwierig gewesen, aktuelle gesellschaftliche Kritik zu üben. In Vietnam hingegen hatten die USA verloren – und diese Niederlage lag noch nicht allzu lange in der Vergangenheit.
Im Gegensatz zu den überwiegend anspruchslosen, chauvinistischen und oft revisionistischen Produktionen, die im vorangegangenen Kapitel thematisiert wurden, beschönigte diese neue, kleine Welle von Vietnam-Filmen nichts, sie bildete die Geschehnisse während des Krieges vielmehr schonungsloser ab denn je zuvor. Die Bandbreite der Themen reicht dabei von tödlichen Konflikten innerhalb der US-Armee in "Platoon" oder "Full Metal Jacket" bis hin zu amerikanischen Kriegsverbrechen in "Casualties of War". Speziell Regisseur Oliver Stone, der selbst im Vietnamkrieg gedient hat, verarbeitete seine traumatischen Erlebnisse in der aus den Filmen "Platoon", "Born on the Fourth of July" und "Heaven & Earth" bestehenden Vietnam-Trilogie. Darin übt er deutlich Kritik an der amerikanischen Gesellschaft sowohl unter Nixon (dem er Jahre später einen eigenen, kritischen Film widmete) als auch zur Zeit der Reagan-Ära.
Bereits in seinem für zwei OSCARs nominierten Bürgerkriegsdrama "Salvador", das Anfang 1986 in den nordamerikanischen Lichtspielhäusern startete und aus der Perspektive des von James Woods gespielten amerikanischen Pressephotographen Richard Boyle die katastrophalen Zustände im mittelamerikanischen El Salvador zeigt, hatte Stone ein starkes Statement gegen den Krieg im Allgemeinen und die politische sowie militärische Verwicklung der USA im Speziellen abgegeben. Das Drehbuch dieses Films hatte Stone gemeinsam mit dem echten Richard Boyle verfasst und somit eine bewusst subjektive, unzweideutig kritische Einstellung zu den Geschehnissen in El Salvador eingenommen, welche in den USA unter Präsident Ronald Reagan alles andere als populär war. Das lässt sich auch daran erkennen, dass Stone "Salvador" für kleines Geld unabhängig von den großen Filmstudios produzieren musste. In den Kinos erwies sich der Film als Misserfolg, dennoch ist die Diskrepanz zwischen dem die zunehmend imperialistischen Tendenzen der USA unter Präsident Reagan verurteilenden "Salvador" und den offen patriotischen, speziell den Vietnam-Einsatz nachträglich rechtfertigenden "Reaganite Entertainment"-Kriegsfilmen bemerkenswert. Jedenfalls ist "Salvador" in formeller, vor allem aber in inhaltlicher Hinsicht als klarer Vorläufer von Stones Vietnam-Trilogie zu betrachten, die ihm den internationalen Durchbruch bescherte.
Besonders "Platoon", der Ende 1986 (und damit wenige Monate nach "Salvador") in die Kinos kam und im Jahr darauf unter anderem mit OSCARs in den Kategorien

Bester Film und Beste Regie geehrt wurde, gilt als Meisterwerk und steht in einer Reihe mit "All Quiet on the Western Front", "Paths of Glory", "Apocalypse Now" oder "The Thin Red Line" als ein Meilenstein des Anti-Kriegsfilms. Erzählt wird die Geschichte des jungen Gefreiten Chris Taylor (Charlie Sheen), der sich zu Beginn des Krieges 1967, gelangweilt von seinem Leben als Student und Sohn reicher Eltern, freiwillig zum Dienst in Vietnam meldet – und dies sehr schnell bereut.

Das Platoon, dem Chris zugewiesen wird, teilt sich in zwei Lager auf, die man auch als Metapher für die amerikanische Gesellschaft interpretieren kann: Auf der einen Seite steht Sergeant Elias Grodin (Willem Dafoe), der das Leben liebt und genießt, sich um seine Untergebenen kümmert und den Dienst in Vietnam unter Beibehaltung der Menschenwürde überstehen will. Die Männer, die sich um ihn scharen, wirken außerhalb des Kampfeinsatzes wie Hippies. Sie rauchen Marihuana, hören laute Rockmusik, einer von ihnen trägt sogar einen Anhänger mit dem "Peace"-Symbol um den Hals.[126]

Auf der anderen Seite befindet sich Staff Sergeant Bob Barnes (Tom Berenger), eine unnachgiebige, brutale Kampfmaschine mit von Narben zerfurchtem Gesicht. Die Soldaten empfinden ihm gegenüber entweder Furcht oder Bewunderung. Auch er will vor allem überleben – im Gegensatz zu Elias jedoch um jeden Preis.[127] Seine Anhänger haben ihr Lager bezeichnenderweise mit einer Konföderierten-Flagge verziert und verbringen ihre freie Zeit mit Alkohol, Poker, Beten sowie dem Hören von Countrymusik. Im Kampf kennen sie kaum Skrupel und wollen – in der vollen Überzeugung, das Richtige zu tun – möglichst viele der ihnen verhassten "Schlitzaugen" töten. Elias repräsentiert gewissermaßen Amerikas politische Linke, während Barnes in überspitzt chauvinistisch-imperialistischer Art und Weise für die politische Rechte steht, die Konservativen. Und Regisseur Oliver Stone lässt keine Zweifel aufkommen, auf wessen Seite seine Sympathien liegen.

Wie Stone in seinem bemerkenswerten, intimen DVD-Audiokommentar berichtet, gab es eine beinahe unüberwindbar erscheinende Weltanschauungs-Kluft zwischen den Soldaten tatsächlich in jeder einzelnen der insgesamt vier Infanterie-Einheiten, deren Teil er selbst während seiner Dienstzeit in Vietnam war. Stone achtete nach eigener Aussage darauf, Schauspieler aus möglichst vielen verschiedenen Regionen

---

126 *Platoon* [Film], Großbritannien/USA, 1986, Regie: Oliver Stone.

127 Dan Rider, "Stoned, Crucified: Platoon", in: Jack Hunter (Hg.), *Search and Destroy – An Illustrated Guide to Vietnam War Movies* (Creation Books, 2002), S. 69.

Amerikas zu besetzen: "I wanted to get as much of America as I could in the picture". Auch basiere jede der Filmfiguren auf realen Vorbildern, wenngleich diese anders als im Film über mehrere Einheiten verteilt waren und Stone teilweise mehrere reale Personen zu einer Filmfigur verdichtete.[128]

Chris, der eigentliche Protagonist der Geschichte, der in Wahrheit aber kaum etwas anderes tun kann als Befehlen zu gehorchen, steht für zweierlei: Primär ist er das Alter Ego des "Platoon"-Regisseurs Oliver Stone – der sich ebenfalls als Sohn wohlhabender Eltern freiwillig gemeldet hatte und die autobiographische Natur seines Films immer betont hat –, zugleich lässt er sich jedoch als Verkörperung des letztlich mehr oder weniger machtlos zwischen zwei grundlegend verschiedenen politischen Ideologien stehenden amerikanischen Volkes interpretieren.[129]

Als Chris in Vietnam eintrifft, stellt er fest, dass die meisten Soldaten – vor allem bei der besonders gefährdeten Infanterie, zu der auch er gehört – keine klassische Schulbildung haben, viele nicht einmal richtig Lesen und Schreiben beherrschen. Wie Chris in einem Brief an seine Großmutter schreibt: "[M]ost of them got nothing. They're poor. They're the unwanted. Yet they're fighting for our society and our freedom. It's weird, isn't it? They're the bottom of the barrel, and they know it." Und weiter: "They're the best I've ever seen, Grandma. The heart and soul."

Diese Sätze sind nicht einfach nur als Anspielung auf die Behandlung der Vietnam-Veteranen durch die Gesellschaft zu verstehen, sondern auch und vor allem in Verbindung mit den radikalen Kürzungen der Sozialleistungen, die Präsident Reagan in den 1980er Jahren zur Finanzierung seiner Politik der Stärke durch nukleare Aufrüstung vornahm. In einem Gespräch mit seinem afroamerikanischen Kameraden King (Keith David) wird das Thema später erneut aufgegriffen und lässt Stones Einstellung klar erkennen. Auf die Frage, warum er sich freiwillig gemeldet habe, antwortet Chris: "I figured why should just the poor kids go off to war and the rich kids always get away with it?" Für den pragmatischen King ist diese Argumentation nur schwer nachvollziehbar: "Everybody know the poor always being fucked over by the rich. Always have, always will."

Doch Oliver Stone belässt es nicht einfach nur bei Referenzen zur Sozialpolitik; er geht in seinem Film so schonungslos wie keine frühere Hollywood-Produktion auf

---

[128] Oliver Stone, "Audiokommentar", in: *Platoon*, Großbritannien/USA, 1986, Regie: Oliver Stone.

[129] Rider, *Stoned, Crucified*, S. 65.

die amerikanischen Verbrechen in Vietnam ein. Wo sich Francis Ford Coppola in "Apocalypse Now" noch mit einer relativ dezenten Anspielung begnügte, stellt Stone in "Platoon" das sogenannte Massaker von My Lai – in dem amerikanische Soldaten Hunderte Einwohner eines vietnamesischen Dorfes getötet hatten – ausführlich, wenn auch als eine "kleine Version" (wie er selbst es im Audiokommentar formuliert), nach. Denn als auf einer Patrouille einer der US-Soldaten verschwindet und wenig später grausam massakriert wiedergefunden wird, beginnen die Dinge außer Kontrolle zu geraten. Chris kommentiert aus dem Off: "Barnes was at the eye of our rage." Durch den Tod des Kameraden fühlen sich die Soldaten zum nach Rache dürstenden Barnes, den Chris mit Kapitän Ahab aus Herman Melvilles Romanklassiker "Moby Dick" vergleicht, hingezogen. Chris: "That day, we loved him."

Das Platoon erfährt per Funk, dass der Vietcong sich vermutlich in einem kleinen Dorf in der Nähe eingenistet hat und erhält den Auftrag, dieses Dorf zu säubern. Es scheint nur von friedlichen Bauern bewohnt zu sein, allerdings werden auch einige Waffen des Vietcong gefunden. Der Anführer des Dorfes versichert den Amerikanern, sie seien gezwungen worden, die Waffen zu verstecken – doch Barnes glaubt ihm nicht oder will ihm nicht glauben. Ohne jede sichtbare Gefühlsregung erschießt er die laut zeternde Frau des Anführers, seine Aktion wirkt in ihrer ganzen Grausamkeit beinahe nebensächlich.

Gleichzeitig halten andere Soldaten in den ärmlichen Hütten ihre blutige Ernte. Als einer von ihnen namens Bunny (Kevin Dillon) einen Vietnamesen mit dem Gewehrkolben zu Tode prügelt und dabei gleichsam in einen Blutrausch verfällt, wirkt selbst sein Vorgesetzter Sergeant Red O'Neill (John C. McGinley) verunsichert und drängt Bunny und den ebenfalls anwesenden, völlig schockierten Chris, schnell zu verschwinden und über dieses Kriegsverbrechen Schweigen zu bewahren. Doch Bunny ist noch nicht fertig: "Come on, man, let's fucking do her, man! Let's do this whole fucking village!"

Sein Wunsch wird erfüllt. Zwar erscheint Elias und prügelt sich mit Barnes, nachdem dieser die wehrlose Frau des Anführers erschossen hat, doch der überforderte Lieutenant Wolfe (Mark Moses) lässt sie trennen und verkündet, dass man das Dorf dem Erdboden gleichmachen solle. Während die Soldaten auf Barnes' blutige Tat teilweise mit stummer Verunsicherung, teils aber auch mit frenetischem Jubel reagieren, ist Elias der einzige, der ernsthaft gegen die eklatante Verletzung der Menschenrechte protestiert. Anklagend, fast verzweifelt und offensichtlich den Tränen nahe, fragt er Wolfe: "Lieutenant, why the fuck didn't you do something?" Worauf Wolfe nur unwirsch erwidert: "What are you talking about?"

In der Folge wird das gesamte Dorf mit sämtlichen Vorräten der Vietnamesen verbrannt, viele Soldaten misshandeln weiterhin die Einheimischen. Als Chris – der kurz zuvor noch selbst dicht davor stand, die Nerven zu verlieren und sich nur mit Mühe zwingen konnte, den schmalen Grat zum Wahnsinn nicht zu überschreiten (anders als sein Kamerad Bunny) – zufällig entdeckt, wie einige der Soldaten ein vietnamesisches Mädchen vergewaltigen wollen, geht er wütend dazwischen und schreit seine erstaunten Kameraden an. Daraufhin fragt einer von ihnen verständnislos: "What the fuck is your problem, Taylor? She's a fucking dink." Chris brüllt ihn an: "She's a fucking human being, man!"

Diese gesamte verstörende Erinnerung an das Massaker von My Lai und andere, kaum gesühnte amerikanische Kriegsverbrechen in Vietnam zeigt Stone nicht nur, um die von der Öffentlichkeit weitgehend verdrängten Untaten nicht in Vergessenheit geraten zu lassen; er spielt damit ebenfalls auf den überbordenden Nationalismus unter Ronald Reagan an. Die Amerikaner waren die Guten, die Helden, die Unbesiegbaren – wie John Rambo; die Sowjets und generell die Kommunisten waren die Bösen, die Teuflischen, die Unmenschen. Oliver Stone ruft den Amerikanern mit "Platoon" in Erinnerung, dass die Realität nicht so simpel strukturiert ist. Ironischerweise nutzt er ausgerechnet das Mittel der Schwarz-Weiß-Malerei mit dem eindeutig "guten" Elias und dem beinahe ebenso eindeutig "bösen" Barnes, um (nicht nur) seinen Landsleuten nachdrücklich zu demonstrieren, dass die Welt keineswegs so leicht in Gut und Böse zu unterteilen ist. Zu diesem Thema sagte Stone in einem Interview: "Nationalism and patriotism are the two most evil forces that I know of in this century or in any century and cause more wars and more death and more destruction to the soul and to human life than anything else."[130]

Nach diesem "Höhepunkt" des Films mit der Zerstörung des vietnamesischen Dorfes ist die Antipathie zwischen Elias und Barnes in puren Hass umgeschlagen. Elias will Barnes vor das Kriegsgericht bringen, der jedoch wird von seinen Männern und Lieutenant Wolfe gedeckt. Das Platoon ist endgültig in zwei konträre, scheinbar unversöhnliche Lager gespalten. Und weiterhin nutzt Oliver Stone die Dialoge zur Kritik an der amerikanischen Gesellschaft. So sagt Barnes über Elias: "Elias is

---

130 IMDb, "Oliver Stone: Biography", The Internet Movie Database, URL: http://www.imdb.com/name/nm0000231/bio [2. Mai 2015].

a water-walker, like them politicians in Washington trying to fight this war with one hand tied around their balls." Ein Satz, der frappierend an John Rambos Schlussmonolog in "First Blood" erinnert, in dem er "somebody" dafür verantwortlich macht, dass der Krieg verloren ging. Auf der anderen Seite verteidigt Elias seinen Kontrahenten beinahe, wenn er Chris erklärt: "Barnes believes in what he's doing." Die ganze absurde Situation lässt den zunehmend frustrierten Chris ein simples Fazit ziehen: "I can't believe we're fighting each other when we should be fighting them."

Dieses Gefühl des "sich gegenseitig Bekämpfens" wird für den Zuschauer noch dadurch verstärkt, dass das Platoon den gesamten Film hindurch in Bezug auf den Feind kaum eine klare Aufgabe hat. Auch Oliver Stone geht nicht auf die Hintergründe des Krieges ein oder auf die Beweggründe der Vietnamesen. Wie "The Deer Hunter" oder "Apocalypse Now" zeigt er den Vietnamkrieg primär als amerikanisches Problem. So läuft der Großteil der Handlung während routinemäßiger Patrouillengänge des Platoons ab. Stone im Audiokommentar: "[I]n the World War II pictures you're going some place, you have a mission. Here the mission is basically to just keep walking." Während einer dieser Patrouillen folgt wenig später der nächste dramatische Höhepunkt des Films: der Tod von Sergeant Elias Grodin. Elias kämpft in exponierter Stellung gegen die Vietnamesen, als Lieutenant Wolfe den Befehl zum Rückzug erhält. Ausgerechnet Barnes soll Elias, jenen Mann, der ihn vor das Kriegsgericht bringen und ihm damit "seinen" Krieg wegnehmen will, informieren und zurückholen. Tatsächlich macht sich der Sergeant auf den Weg, doch als sein Erzfeind vor ihm aus dem Unterholz auftaucht und ihn – erleichtert, dass er kein Vietcong ist – angrinst, zögert Barnes nur kurz ... und schießt dann auf Elias!

Er kehrt zurück zum Sammelplatz und meldet ungerührt den Tod des Sergeants, woraufhin die bereits auf den Abtransport der Männer wartenden Helikopter abheben. Doch plötzlich entdeckt Chris auf dem Boden Elias, der, schwer verwundet, vor Dutzenden von Vietnamesen flieht. Schließlich, von unzähligen Kugeln durchsiebt, geht er – begleitet von der dramatischen Musik "Adagio for Strings" von Samuel Barber – vor den Augen seiner entsetzten und in den Helikoptern machtlosen Kameraden in Zeitlupe zu Boden. Elias, dem zu Beginn von O'Neill einmal unterstellt worden war, er halte sich für Jesus Christus höchstpersönlich, stirbt in jesusgleicher Pose, wie ein Märtyrer.

Niemand kann beweisen, dass Barnes Elias' Tod zu verantworten hat, doch Chris und viele andere Soldaten sind sich dessen sicher. Als sein Freund King – bezeichnenderweise durch einen Bürokratiefehler – vorzeitig seinen Abmarschbefehl aus Vietnam erhält und sich besorgt vom sichtlich frustrierten Chris verabschiedet, offenbart ihm dieser seine Gedanken: "Nah, it's not just me. It's the way the whole thing works. People like Elias get wasted. People like Barnes just go on making up the rules any way they want. So what do we do? Sit in the middle and suck on it. We just don't add up to dry shit, King." Erneut lässt Oliver Stone durch sein Alter Ego Chris seine Besorgnis über die Richtung, welche die amerikanische Gesellschaft unter Präsidenten wie Nixon und Reagan eingeschlagen hat, durchscheinen.

Im Finale des Films bekommt Chris dann doch noch eine gewisse Befriedigung: Als der Vietcong die amerikanischen Truppen überrennt, befiehlt der ranghöchste noch lebende Offizier Captain Harris (gespielt von Captain Dale Dye, Vietnam-Veteran und militärischer Berater des Films) per Funk, seine eigene, massiv vom Feind bedrängte Stellung bombardieren zu lassen. Das Manöver gelingt und der Vietcong wird zurückgeschlagen, wenn auch unter hohen eigenen Verlusten. Chris hat das Inferno überlebt und findet den verwundeten Sergeant Barnes. Dieser befiehlt ihm, einen Sanitäter zu holen, doch als Chris zögert, erkennt Barnes seine Gedanken und provoziert ihn noch: "Do it!"

Chris kommt der Aufforderung nach und erschießt Barnes. Er (und damit das amerikanische Volk) ist in dieser Geschichte doch nicht vollkommen machtlos – am Ende des Films besiegt das Volk gewissermaßen die politische Rechte, nachdem diese zuvor die politische Linke ausgeschaltet hatte. Gleichzeitig jedoch ist Chris durch seine Tat zu der gleichen skrupellosen Person wie Barnes geworden, die Situation insgesamt also sehr zwiespältig zu beurteilen. Chris' Gedanken in den letzten Szenen von "Platoon" fassen den Film noch einmal treffend zusammen:

> "I think now, looking back, we did not fight the enemy. We fought ourselves. And the enemy was in us. The war is over for me now, but it will always be there the rest of my days – as I'm sure Elias will be, fighting with Barnes for what Rhah called possession of my soul. There are times since, I've felt like the child born of those two fathers."

Wenngleich "Platoon" in erster Linie ein sehr persönlicher Film über das Grauen des Vietnamkrieges aus Sicht der einfachen Soldaten bleibt, zeigt Oliver Stone mit den Monologen seines Alter Ego Chris auch immer wieder ungeschminkt die innere Zerrissenheit auf, welche die amerikanische Gesellschaft in ihrer Geschichte so häufig durchzogen hat. Die Konservativen und die Liberalen, die Republikaner und die Demokraten, Barnes und Elias: Sie sind die beiden Väter, die um die Seele ihres Kindes, des Volkes, kämpfen.

Die Amerikaner haben in Vietnam nicht primär gegen den Vietcong gekämpft, sondern gegen sich selbst. Diese These, die Oliver Stone in "Platoon" seine Hauptfigur Chris äußern lässt, passt ebenfalls sehr gut zu einem der ungewöhnlichsten Vietnam-Filme überhaupt: "Jacob's Ladder" (1990) von Adrian Lyne. Der britische Regisseur und sein Drehbuchautor Bruce Joel Rubin bedienen sich dabei für ihre verwirrende Geschichte gleich mehrerer Ansätze, die in der Vergangenheit bereits in anderen Filmen gezeigt wurden. "Jacob's Ladder" erzählt die Geschichte des Vietnam-Veteranen Jacob Singer (Tim Robbins) und zeigt seine Schwierigkeiten, sich selbst Jahre nach dem Krieg im bürgerlichen Leben zurechtzufinden. Er ist geschieden, arbeitet trotz Doktortitel beim Postamt und leidet unter chronischen Rückenschmerzen. Doch schlimmer noch sind die seelischen Leiden: Sein Leben ist ein ständiger Wechsel zwischen Traum, Alptraum, Halluzinationen von "Dämonen", Erinnerungsfetzen und der Realität. Jacob Singer vermag nicht zu beurteilen, was davon was ist, dem Zuschauer ergeht es ebenso. In diesem Teil der Handlung weist der Film Parallelen zu "Taxi Driver" auf, doch während dort die Leiden der Hauptfigur fast ausschließlich durch Robert De Niros intensives Schauspiel und seine Dialoge bzw. Monologe gezeigt werden, geht "Jacob's Ladder" weniger subtil vor. Hier werden sowohl Jacob als auch das Publikum immer wieder durch teils drastische, meist aber kaum identifizierbare Bilder irritiert, die in schneller Folge dazwischengeschnitten sind.[131]

Dieses Vorgehen wirkt beinahe wie die Darstellung eines Drogenrausches – was keineswegs ein Zufall ist. Denn im weiteren Verlauf der Handlung kommt Jacob einer ungeheuerlichen Verschwörung auf die Spur: Er und seine Einheit wurden in Vietnam von der amerikanischen Armee als Versuchspersonen für eine bewusstseinserweiternde Droge missbraucht, welche die Aggressivität der Soldaten gegen den Feind erhöhen sollte. Dieses Ziel wurde zwar erreicht, allerdings schlachteten sich die Mitglieder der Einheit gegenseitig brutal ab, noch ehe sie mit ihren eigentlichen Gegnern auch nur in Berührung kommen konnten. Da ist es wieder: das Motiv der US-Soldaten, die anstelle des Feindes sich gegenseitig bekämpfen.

---

131 *Jacob's Ladder* [Film], USA, 1990, Regie: Adrian Lyne.

Tatsächlich gab es stets Gerüchte, wonach die Armee im Vietnamkrieg mit solchen oder ähnlichen Drogen experimentiert habe, obwohl das Pentagon diese Berichte entschieden dementiert. Dass Drogen in Vietnam durchaus eine Rolle gespielt haben, ist jedoch unbestritten und wurde bereits in Filmen wie "Apocalypse Now" oder "Platoon" thematisiert. Regisseur Lyne nutzt die Thematik, um eine Verschwörungstheorie in seinen Film einzubauen – die sich am Ende jedoch als haltlos erweist, als das Publikum erfährt, dass Jacob Vietnam niemals verlassen hat. Der ganze Film illustriert jene Gedanken, die Jacob durch den Kopf gehen, während er im Sterben liegt. Dennoch ist die Kritik an der Kriegsführung der Armee und der Behandlung der Veteranen eindeutig und wird noch dadurch verstärkt, dass im gesamten Film kein einziger Vietcong vorkommt.

Brian De Palmas 1989 erschienenes und thematisch an "Platoon" erinnerndes Drama "Casualties of War" erinnert dagegen einmal mehr an die Kriegsverbrechen amerikanischer Soldaten. Erzählt wird die auf wahren Ereignissen basierende Geschichte einer kleinen Gruppe von Soldaten, die im Vietnamkrieg ein einheimisches Mädchen vergewaltigen und später ermorden. Lediglich der Neuling Eriksson (Michael J. Fox) weigert sich mitzumachen – wofür er von seinen Kameraden prompt als Homosexueller beschimpft wird – und meldet das Geschehene später seinen Vorgesetzten, die jedoch nichts unternehmen wollen. Nur bei Kaplan Kirk (Sam Robards) findet er Verständnis.[132]

Nachdem der Anführer der Gruppe, der von Sean Penn gespielte Sergeant Tony Meserve (man beachte den Nachnamen – ins Deutsche übersetzt "Ich diene"), Eriksson sogar mit einem Mordversuch zum Schweigen bringen will, zeigt dieser die Vergewaltiger und Mörder offiziell an. Wie "Platoon" setzt auch "Casualties of War" auf zwei gegensätzliche Protagonisten. Eriksson ist der Gute, Meserve der Böse. Dennoch ist die Figur des Eriksson zwiespältig – wie ja letztlich auch Chris in "Platoon" –, da er (anders als Chris in einer ähnlichen Situation) nicht aktiv eingreift, weder bei der Vergewaltigung selbst noch vor der Ermordung des Mädchens. Wie Anfang und Ende des Films zeigen, wird ihn dieses Nichtstun immer belasten, ebenso wie das Vietnam-Trauma die amerikanische Gesellschaft immer belasten wird.

---

[132] *Casualties of War* [Deutscher Titel: *Die Verdammten des Krieges*], USA, 1989, Regie: Brian De Palma.

Neben diesen "echten" Kriegsfilmen konnten aufmerksame Zuschauer in den 1980er Jahren auch in scheinbar reinen Unterhaltungsfilmen wiederholt mehr oder weniger deutliche Anspielungen auf Vietnam entdecken. Beispielhaft sei an dieser Stelle James Camerons Science-Fiction-Klassiker "Aliens" aus dem Jahr 1986 genannt, in dem eine Truppe Space Marines einen unwirtlichen Planeten von feindlich gesonnenen außerirdischen Wesen säubern soll. Wie Cameron, der auch das Drehbuch verfasste, in seinem Audiokommentar zum Film erläutert, schuf er bewusst eine Situation, in der bis an die Zähne bewaffnete Soldaten sich vollkommen siegessicher in feindliches und für sie unbekanntes Terrain wagen, um einen technologisch klar unterlegenen Gegner mal eben im Vorbeigehen zu vernichten. Selbst einige Transportmittel der Marines hat Cameron so gestaltet, dass sie etwa an die Helikopter erinnern, welche die US-Soldaten in Vietnam abgesetzt haben. Und wie in Vietnam verlieren die Marines letztlich auch in "Aliens". Lediglich die (zivile) Filmheldin, ein Android, ein Kind und ein schwer verletzter Soldat entkommen dem Planeten lebend. Ähnliche Anspielungen auf Vietnam sind in vielen Filmen dieser Zeit zu finden, und zwar in den unterschiedlichsten Genres.[133]

In Oliver Stones zweitem Vietnam-Film "Born on the Fourth of July" steht ebenfalls nicht die Darstellung des Krieges selbst im Vordergrund, dafür wird an Gesellschaftskritik nicht gespart. Stone geht mit dem Protagonisten der Geschichte, dem demoralisierten, kriegsversehrten und später als Friedensaktivist tätigen Veteranen Ron Kovic (Tom Cruise), vordergründig – unter anderem mit aufrüttelnden Szenen, welche die katastrophalen Bedingungen in den Veteranenheimen zeigen – auf die Veteranenproblematik ein, wie es gut zehn Jahre zuvor "Coming Home" tat. Gleichzeitig dient Kovic aber, ähnlich wie Chris Taylor in "Platoon", auch als Symbol für die amerikanische Gesellschaft. Kovic sagt im Film über seine Verwundungen: "I'm not whole – I'll never be."[134] Das Gleiche trifft auf die USA nach dem Vietnam-Trauma zu. Sie sind keine "ganze", geeinte Nation mehr, sondern eine gespaltene und (wie Kovic) verwundete Gesellschaft. Ron Kovics Wandlung vom verbitterten Krüppel zu einem ambitionierten politischen Führer demonstriert

---

133 James Cameron, "Audiokommentar", in: *Aliens* [Deutscher Titel: *Aliens – Die Rückkehr*], USA/Großbritannien, 1986, Regie: James Cameron.

134 *Born on the Fourth of July* [Deutscher Titel: *Geboren am 4. Juli*], USA, 1989, Regie: Oliver Stone.

zugleich, wie die USA als Nation und als Volk das Vietnam-Trauma verarbeitet haben und wieder nach vorne blicken können.[135]

Stanley Kubrick zeigte 1987 in "Full Metal Jacket", seinem zweiten großen Anti-Kriegsfilm gut 30 Jahre nach "Paths of Glory", die Unmenschlichkeit der Ausbildungslager auf, in denen die unerfahrenen Rekruten für Vietnam trainiert werden, nur um dann erkennen zu müssen, dass sie trotz allen Drills immer noch komplett unvorbereitet sind auf das, was ihnen in Asien begegnen wird. Kubrick unterteilte seinen Film streng in zwei Hälften: Zuerst steht die Ausbildung der neuen Soldaten im Mittelpunkt, dann verlagert sich die Handlung nach Vietnam, wird allerdings bewusst episodenhaft gehalten und endet als "Höhepunkt" mit dem Tod einer vietnamesischen Scharfschützin.

Die Ausbildung der Rekruten in den ersten rund 45 Minuten fokussiert sich vor allem auf drei Personen: den unbarmherzigen Ausbilder Gunnery Sergeant Hartman (authentisch dargestellt vom ehemaligen Marine R. Lee Ermey), den angehenden Kriegsberichterstatter Private J.T. "Joker" Davis (Matthew Modine) und den kindlich naiven, übergewichtigen Private Leonard Lawrence (Vincent D'Onofrio). Hartman trichtert den Neulingen unentwegt militärischen Drill ein, verpasst ihnen teils entwürdigende Spitznamen, mit denen er sie ständig anbrüllt, und versucht letztlich nichts anderes, als Killer aus ihnen zu machen. Das Ausbildungslager dient hier primär dazu, alle moralischen Bedenken der Rekruten, die ihren "Killerinstinkt" beeinträchtigen könnten, auszulöschen.[136] Hartman stellt gar den australischen Amokläufer Charles Whitman, der 35 Menschen erschoss, und den Kennedy-Attentäter Lee Harvey Oswald – beides Ex-Marines – aufgrund ihrer Fähigkeiten an der Waffe und ihrer unerbittlichen Härte als ultimative Vorbilder für die Rekruten heraus. Dieser subtile Hinweis deutet an, was aus den ausgebildeten "Kampfmaschinen" werden kann, wenn sie ihre erworbenen Fähigkeiten und Aggressionen nicht mehr im Krieg nutzen können, sondern in die für sie nun fremde Gesellschaft zurückkehren müssen.[137]

Kubrick illustriert diese Aussage perfekt anhand des Gefreiten Leonard, der dem Publikum zunächst als ein denkbar schlechter Soldat präsentiert wird. Er ist undiszipliniert, ungeschickt, sanftmütig und nicht der Intelligenteste. Gunnery Sergeant

---

135 Russell, *Vietnam War Movies*, S. 50.

136 Neil Jackson, "War Is Hell: Full Metal Jacket", in: Jack Hunter (Hg.), *Search and Destroy – An Illustrated Guide to Vietnam War Movies* (Creation Books, 2002), S. 76.

137 Ibid., S. 80.

Hartman bestraft ihn wiederholt für seine ständigen Verfehlungen und lässt auch seine Kameraden für ihn büßen. Diese sind darüber alles andere als erfreut und verprügeln den wehrlosen, schlafend in seinem Bett liegenden Leonard. Doch diese Nacht stellt eine Wende in Leonards Verhalten dar: Der zuvor vergleichsweise fröhliche, naive junge Mann wird zu einem schweigsamen und verbissenen Menschen. Er lässt seine Disziplinlosigkeiten hinter sich, entwickelt ein ungeahntes Talent im Umgang mit seiner Waffe und avanciert schließlich sogar zu Hartmans Musterschüler.

Am Ende dieser ersten Hälfte von "Full Metal Jacket" manifestiert sich Leonards ungesunde psychische Entwicklung dergestalt, dass er in der Toilette zunächst Hartman erschießt, der bis zuletzt mit Beschimpfungen und Gebrüll versucht, ihn von der Tat abzuhalten, anstatt ihn mit Vernunft oder Mitgefühl zu überzeugen. Anschließend richtet Leonard die Waffe gegen sich selbst und drückt ab. Auch Joker, nunmehr einzig verbliebene Hauptfigur des Films, kann ihn nicht von diesem blutigen Suizid abhalten und muss zusehen, wie der einst so gutmütige und freundliche Leonard seinem Leben ein verzweifeltes Ende setzt. Hartman hatte ultimativen Erfolg mit seinen Methoden: Er machte aus dem harmlosen Gefreiten Leonard Lawrence einen Killer wie Whitman oder Oswald ... und bezahlt dafür mit seinem Leben. Kubrick weist damit – wie zuvor die Macher von "Coming Home", "Taxi Driver", "First Blood" oder auch "Apocalypse Now" – auf die gesamtgesellschaftliche Verantwortung hin, die der Staat bei der Ausbildung von Soldaten für den Krieg innehat.

Nach dem Tod von Leonard und Gunnery Sergeant Hartman wechselt Kubrick unmittelbar in die zweite Hälfte von "Full Metal Jacket", die in Vietnam spielt. Er zeigt das Chaos und den Mangel an militärischer Disziplin, die in Jokers Einheit herrschen und die im krassen Gegensatz zum unerbittlichen Drill im Ausbildungslager stehen. Auf diese Weise verdeutlicht der Regisseur die Sinnlosigkeit und Absurdität des Versuches, die unerfahrenen Soldaten auf einen Krieg vorzubereiten, für den es keine Vorbereitung gibt. Denn dieser Krieg widerspricht allen historischen Regeln. Es passt ins Bild, dass Joker sogar das "Peace"-Symbol um den Hals tragen darf – unter Gunnery Sergeant Hartman hätte ihm das mächtig Prügel eingebracht.

Kubrick scheut außerdem nicht davor zurück, den Rassismus und die Vorurteile aufzuzeigen, mit denen die amerikanischen Soldaten und ihre Offiziere den Vietnamesen begegnen. Ein Colonel erklärt: "Inside every gook there is an American trying to get out." Doch auch innerhalb der US-Truppen gibt es Rassismus, wenn etwa ein typischer "Redneck" aus den Südstaaten deklamiert: "All fucking niggers must fucking hang!"[138]

Weiterhin wird gezeigt, wie die Kriegsberichterstatter der Armee-Zeitung "Stars and Stripes", zu denen Joker nun gehört, Zahlen und Fakten im Sinne des amerikanischen Militärs manipulieren. Joker stört das zwar, er kann es jedoch nicht verhindern. Als später die Soldaten seiner Einheit vor laufender Kamera nach ihrer Motivation befragt werden und teilweise sehr unverblümt antworten ("Blow the place to Hell!"), kommentiert Joker sarkastisch, er sei hier, weil er Vietnam, das Juwel Südostasiens, besuchen wollte und "meet interesting and stimulating people of an exotic culture, and kill them." Wie Oliver Stone in "Platoon" zeigt auch der Brite Stanley Kubrick in solchen Szenen, was er von dem ungezügelten Patriotismus der Reagan-Ära hält.

Im Finale von "Full Metal Jacket" wird die im Ausbildungslager spielende erste Filmhälfte regelrecht pervertiert, als Jokers Einheit von einer in einem zerstörten Gebäude versteckten vietnamesischen Scharfschützin aufs Korn genommen wird. Diese demonstriert genau jene Eigenschaften, die Gunnery Sergeant Hartman seinen Rekruten vermitteln wollte: Disziplin, Konzentrationsfähigkeit und überragende Fähigkeiten mit dem Gewehr. Die Scharfschützin ist gewissermaßen Charles Whitman oder Lee Harvey Oswald – und die amerikanischen Soldaten sind ihre Opfer, die aller Ausbildung zum Trotz nahezu völlig hilflos sind. Als nach dem Verlust mehrerer Männer die Überlebenden schließlich doch in das Gebäude eindringen und die Scharfschützin aufspüren können, ist es ausgerechnet Joker, der der bereits verwundeten jungen Frau den Gnadenschuss verpasst. Somit hatte Gunnery Sergeant Hartman letztlich doch noch Erfolg und machte Joker zu einem Killer. "Full Metal Jacket" endet zu den sehr treffenden Klängen von "Paint it black" der Rolling Stones: "I look inside myself and see my heart is black".

5.2.3 Die veränderte Rolle der Schwarzen

Trotz des großen Einflusses der schwarzen Bürgerrechtsbewegung rund um Martin Luther King und Malcolm X in den 1960er Jahren entwickelte sich die amerikanische Gesellschaft nur langsam in Richtung Gleichberechtigung. Auch anhand der

---

138 *Full Metal Jacket* [Film], Großbritannien/USA, 1987, Regie: Stanley Kubrick.

Kriegsfilme aus Hollywood lässt sich das nachvollziehen, denn erst ab den 1980er Jahren spielten Schwarze in diesem Genre eine bedeutende Rolle. Zwar gab es bereits früher vereinzelte Ausnahmen wie Budd Boettichers "Red Ball Express" (1952) mit dem späteren OSCAR-Gewinner Sidney Poitier in einer Hauptrolle oder "The Dirty Dozen" (1967), in dem der frühere Footballstar Jim Brown in seiner Rolle als Robert T. Jefferson den Rassisten Archer J. Maggott (Telly Savalas) verprügeln darf. Doch obwohl die Rassentrennung in der Armee nach dem Zweiten Weltkrieg aufgehoben worden war, fanden Schwarze selbst im Jahr 1970 noch keinen wirklichen Platz in Filmen über den Krieg.[139]

Gerade deshalb ist die Rolle der Schwarzen ein weiterer Punkt, der Robert Altman in seinem Klassiker "MASH" sehr wichtig war. Da der Film im Koreakrieg spielt und es zu dieser Zeit in der Armee bereits keine Rassentrennung mehr gab, sprachen viele schwarze Schauspieler bei Altman vor. Der teilte ihnen jedoch mit: "[I]f you're gonna be in the picture, you're gonna be wounded or you're gonna be an orderly, because that's the way it was." Altman weiter in seinem Audiokommentar: "I wanted to show our society the way it actually was, not the way we would like it to be." Tatsächlich äußert selbst der aus den Südstaaten kommende Captain Forrest (Tom Skerritt) und damit einer der "Helden" des Films anfangs rassistische Vorbehalte gegen den afroamerikanischen Chirurgen Oliver Harmon "Spearchucker" Jones (Fred Williamson), der nur aufgrund seiner Footballvergangenheit zum 4077. MASH geholt wird.[140]

Schwarze Soldaten sind in "MASH" denn auch nur auf dem Footballfeld oder als Verwundete im Operationssaal zu sehen, während die Koreaner, die "Eingeborenen", wie sie im Film abschätzig genannt werden, für die Schmutzarbeit zuständig sind. Das entspricht genau Altmans Blick auf die realen Verhältnisse in den Vereinigten Staaten, die er selbst Jahrzehnte später noch als eine "sehr rassistische Gesellschaft" empfand. "MASH" präsentiert einen latenten, in reaktionären Geisteshaltungen verwurzelten Rassismus, der so normal erscheint, dass man ihn kaum bemerkt.

Erst in den betont gesellschaftskritischen Vietnam-Filmen der 1980er Jahre wurden schwarze Soldaten zu einem regelmäßigen Anblick, der Rassismus wurde nun häufiger thematisiert. In "Platoon" etwa geht Regisseur Oliver Stone recht ausführlich

---

139 Schäfli, *Hollywood führt Krieg*, S. 140 f.

140 Altman, "Audiokommentar".

auf die Thematik ein. Rund die Hälfte der Soldaten des titelgebenden Platoons sind Schwarze, die Offiziere hingegen sind allesamt weiß. Die meisten der afroamerikanischen Soldaten bilden eine eigene Gruppe innerhalb des Platoons, wenngleich zu einigen weißen Kameraden ein gutes Verhältnis besteht. Immer wieder beschwert sich einer von ihnen, dass Gruppen mit vorwiegend schwarzen Soldaten für die gefährlichsten Patrouillen ausgesucht würden und dass sie gegenüber den Weißen eben einfach nichts zu melden hätten. Die schwarzen Soldaten sind es auch – möglicherweise gerade aufgrund ihrer eigenen Erfahrungen mit Rassismus –, die nach dem Niederbrennen eines von vermeintlichen Vietcong-Sympathisanten bewohnten Dorfes besonders starke Zweifel an dem brutalen Vorgehen äußern. Speziell King (Keith David) ist empört: "A Christian don't go around a village cutting off heads and shit. This shit is really getting outta hand, man. Way outta control." Allerdings gibt es auch unter ihnen einige, die das unbarmherzige Vorgehen von Staff Sergeant Barnes zumindest tolerieren. Gleichzeitig äußern sie sich selbst gelegentlich rassistisch über ihre weißen Kameraden. Diese Szenen legen dar, dass Gleichberechtigung und vorurteilsfreies Miteinander noch nicht erreicht sind, allen guten Ansätzen zum Trotz.

Der erste Film, der sich ganz konkret mit der Thematik schwarzer Soldaten auseinandersetzte, war jedoch das Bürgerkriegsdrama "Glory" aus dem Jahr 1989. Darin erzählt Regisseur Edward Zwick die wahre Geschichte des ersten schwarzen Regiments, das während des von 1861 bis 1865 andauernden amerikanischen Bürgerkrieges gegründet wurde. Unter der Führung der weißen Offiziere Colonel Robert Gould Shaw (Matthew Broderick) und Major Cabot Forbes (Cary Elwes) wird eine Truppe von Freiwilligen zusammengestellt, die sowohl aus gebildeten Nordstaatlern wie Shaws Jugendfreund Thomas Searles (Andre Braugher) besteht als auch aus ungebildeten entflohenen Sklaven aus den Südstaaten wie John Rawlins oder Trip, gespielt von den späteren OSCAR-Preisträgern Morgan Freeman respektive Denzel Washington. Diese Mischung sorgt auch innerhalb des Regiments zunächst für Konflikte, schlimmer jedoch ist die Reaktion der weißen Soldaten.

Selbst bei anderen Offizieren bestehen erhebliche rassistische Vorurteile über die angeblich barbarischen und für den regulären Krieg untauglichen "Halbaffen"; von vielen Soldaten und auch Zivilisten, vor allem in den Südstaaten, werden sie offen beschimpft. Das alles wäre für die schwarzen Soldaten noch zu ertragen, doch dass ihnen zunächst weder Waffen noch Uniformen der regulären Armee zugeteilt werden und sie zudem einen niedrigeren Sold als die weißen Soldaten erhalten, ist für sie vollkommen inakzeptabel. Colonel Shaw erreicht durch seine Beziehungen und seine Hartnäckigkeit schließlich, dass seine zunehmend frustrierten Männer doch noch ausgerüstet in das Kampfgebiet im Süden geschickt werden, wo sie aber lediglich für Plünderungen oder körperliche Arbeit eingesetzt werden. Sie erhalten nicht einmal dringend benötigtes neues Schuhwerk – dieses sei den kämpfenden Truppen vorbehalten. Aber letztlich überzeugt Shaw seine Vorgesetzten von der Kampftauglichkeit seines Regiments und die Männer können sich endlich in der Schlacht bewähren.[141]

Trotz der Bürgerkriegsthematik zeichnet "Glory" zugleich ein Spiegelbild der Situation gut 100 Jahre später. Obwohl bereits Mitte des 19. Jahrhunderts das erste schwarze Regiment gegründet worden war – und die Armee damit eigentlich sogar zu einem Vorreiter der Bewegung hin zur Gleichberechtigung wurde –, galt bis nach dem Zweiten Weltkrieg die Rassentrennung in der Armee, es gab also wie in der sonstigen Gesellschaft kaum Fortschritte. Auch nach Aufhebung der Rassentrennung sollte es noch rund zwei Jahrzehnte dauern, bis schwarze Soldaten in Vietnam tatsächlich relativ gleichberechtigt im Krieg eingesetzt wurden.

Wie im 19. Jahrhundert Präsident Abraham Lincoln waren es in den 1960er Jahren die Präsidenten John F. Kennedy und Lyndon B. Johnson sowie die Bürgerrechtsführer Martin Luther King und Malcolm X, welche die Rechte der Schwarzen – auch in der Armee – einen großen Schritt voranbrachten. Doch in der Wirklichkeit und in Hollywood dauerte es noch geraume Zeit, bis die nominelle Gleichberechtigung ansatzweise Realität wurde. Erst "Glory" widmete sich 1989 konkret der Thematik der schwarzen Soldaten und etwa seit dieser Zeit sind selbst schwarze oder hispanische Offiziere in der realen Armee keine Ausnahme mehr. Ein Mann wie der ehemalige US-Außenminister Colin Powell konnte seine Offizierslaufbahn gar als Sprungbrett für eine lange und erfolgreiche politische Karriere nutzen. Und in Hollywood, wo seit der Jahrtausendwende dunkelhäutige Schauspieler wie Halle Berry oder Jamie Foxx regelmäßig bei den großen Preisverleihungen wie den Golden Globes oder den Academy Awards berücksichtigt werden, wird heute kaum ein Film über den Krieg gedreht, in dem nicht mindestens ein Schwarzer – oder, wie in David Ayers "Fury", ein Latino – eine wichtige Rolle spielt. Spike Lees "Miracle at St. Anna" (2008) und Anthony Hemingways (von George Lucas produzierter) Fliegerfilm "Red Tails" (2012) befassen sich gar ausdrücklich mit afroamerikanischen

141 *Glory* [Film], USA, 1989, Regie: Edward Zwick.

Einheiten im Zweiten Weltkrieg – allerdings ohne größeren kommerziellen Erfolg, was indes eher in der mäßigen Qualität dieser Filme begründet liegen dürfte.

6. 1990 bis 2015

6.1 Golfkriege, "New Economy" und der Krieg gegen den Terrorismus

Nach dem Ende des Kommunismus und damit des Kalten Krieges schienen die USA als einzig verbliebene Weltmacht einer ruhigen Zeit entgegenzusehen. Doch der 1989 gewählte republikanische Präsident George Bush wurde während seiner vierjährigen Amtszeit gleich in den nächsten Konflikt verwickelt, als der Irak unter Saddam Hussein 1990 seinen kleinen, aber dank vieler Ölquellen reichen Nachbarn Kuwait überfiel. Nachdem der Irak Tausende westlicher Touristen in Kuwait als Geiseln nahm und mehrere UN-Resolutionen zum Rückzug ignorierte, startete Bush im August 1990 die "Operation Desert Storm". Primärer Grund hierfür war es nach offiziellen Angaben, einen möglichen irakischen Angriff auf das mit den USA verbündete Königreich von Saudi-Arabien zu verhindern. Die Vereinigten Staaten entsandten rund eine halbe Million Soldaten in die Region, die 1991 gemeinsam mit Truppen aus insgesamt 34 Ländern den Irak angriffen, nachdem dieser ein letztes Rückzugsultimatum der Vereinten Nationen hatte verstreichen lassen. Dabei setzten die Amerikaner zunächst auf massive Luftangriffe, die vor allem die wichtigsten militärischen Ziele im Irak zerstörten, aber auch Ölraffinerien, Elektrizitätsanlagen, Eisenbahngleise und andere Infrastruktur-Einrichtungen. Im Februar 1991 begannen die USA schließlich mit dem Bodenkrieg, der innerhalb weniger Tage den Irak veranlasste, seine Truppen aus Kuwait zurückzuziehen. Kurze Zeit später war der Krieg beendet, Saddam Hussein blieb jedoch im Irak an der Macht.[142]

In diesem zweiten Golfkrieg – der erste fand zwischen Irak und Iran in den 1980er Jahren statt – zeigte das amerikanische Militär, dass es aus dem Vietnamkonflikt gelernt hatte. Vor allem betraf dies den Umgang mit den Nachrichtenmedien. Die Presse erhielt weniger Zugang zu Informationen und wurde fast ausschließlich in speziellen Briefings über die aktuellen Geschehnisse aufgeklärt. Nur ausgewählte Journalisten durften vor Ort berichten und mit Soldaten oder Offizieren sprechen, wobei auch diese Interviews häufig zensiert wurden.[143] Im Gegensatz zum Vietnamkrieg bekamen die US-Bürger diesmal keine detaillierten Berichte im Fernsehen zu sehen, sondern überwiegend gezielt ausgewählte, steril wirkende Bilder, die

---

142 Guggisberg, *Geschichte der USA*, S. 330-333.

143 Sidney H. Schanberg, "A Muzzle for the Press", in: Micah L. Sifry/Christopher Cerf (Hg.), *The Gulf War Reader – History, Documents, Opinions* (New York: Times Books, 1991), S. 368-375.

beispielsweise den Abwurf einer Bombe auf einen Bunker zeigten.[144] Viele westliche Journalisten in Bagdad filmten zudem regelmäßig mit auf Hoteldächern stationierten Kameras die ankommenden amerikanischen Raketen beziehungsweise das Feuern der irakischen Luftabwehrgeschütze. Menschen kamen in den Fernsehbildern so gut wie nie vor, geschweige denn verwundete oder tote Menschen.[145]
Des Weiteren wurden gezielt Gerüchte über angebliche Grausamkeiten der irakischen Soldaten verbreitet, um die amerikanische Bevölkerung und den Rest der Welt von der Richtigkeit des Krieges zu überzeugen. Wie sich später herausstellte, waren die meisten dieser Berichte wie die sogenannte Brutkastenlüge, wonach irakische Soldaten in kuwaitischen Krankenhäusern Säuglinge aus ihren Brutkästen entfernt und damit letztlich ermordet hätten, erfunden.[146] Auch durch diese strenge Kontrolle der Medien und die Verbreitung falscher Gerüchte konnte die Regierung groß angelegte Anti-Kriegsproteste in der Heimat verhindern. Zwar gab es durchaus Kritiker, die vor allem argwöhnten, der Krieg sei im Grunde nichts anderes als ein Kampf um das kuwaitische Öl, doch im Vergleich zu Vietnam blieben die Proteste eher unbedeutend.[147]
Trotz des gewonnenen Krieges gegen den Irak verlor George Bush die Wahl 1992 gegen seinen demokratischen Herausforderer Bill Clinton. In dessen achtjähriger Amtszeit erlebten die Vereinigten Staaten eine wirtschaftliche Blütezeit wie seit Jahrzehnten nicht mehr, wenngleich dies nicht allein Clintons Verdienst war. Dank einer florierenden Weltwirtschaft gelang es dem neuen Präsidenten, die vor allem während der Reagan-Ära angesammelten Haushaltsdefizite sukzessive abzubauen und am Ende seiner Amtszeit sogar einen Budgetüberschuss zu erwirtschaften.[148]
Diese Gesundung des Staatshaushalts hing eng mit einem außerordentlich hohen Wirtschaftswachstum zusammen. In den Jahren 1992 bis 2000 erlebten die USA mit einem durchschnittlichen realen Wachstum von 3,7 % ihren längsten und stärksten Konjunkturaufschwung des 20. Jahrhunderts.[149] Er führte dazu, dass sich

---

144 Robert Fisk, "Free to Report What We're Told", in: Micah L. Sifry/Christopher Cerf (Hg.), *The Gulf War Reader – History, Documents, Opinions* (New York: Times Books, 1991), S. 376-380.

145 Schäfli, *Hollywood führt Krieg*, S. 144.

146 Effenberger/Löw, *Pax Americana*, S. 486 f.

147 Guggisberg, *Geschichte der USA*, S. 331.

148 Ibid., S. 340 f.

149 OECD, *OECD Economic Outlook – Volume 2004/2, Nr. 76, December* (Paris: OECD, 2004), S. 167.

die Arbeitslosigkeit von einem Wert von 7,5 % im Jahr 1992 auf 4,0 % am Ende von Clintons Amtszeit reduzierte.[150] Das bedeutete die Schaffung von rund 18 Millionen neuen Arbeitsplätzen. Zugleich nahm der Wohlstand der privaten Haushalte auch aufgrund der hohen Börsengewinne und der steigenden Immobilienwerte stark zu. Der Anteil der Armen sank erheblich und erreichte sogar das niedrigste Niveau seit Bestehen dieser Statistik. Dies sorgte für ein Gefühl der Sicherheit und Zufriedenheit, zumal kaum ernstzunehmende außenpolitische Spannungen bestanden.[151]
Diese Periode Ende der 1990er Jahre wurde auch als "New Economy" bekannt. Der Wirtschaftsboom gründete sich unter anderem auf eine Euphoriewelle infolge der Globalisierung und neuer Technologien, in deren Sog viele junge Unternehmen aus der Informationstechnologie-Branche innerhalb kürzester Zeit enorme Kurssteigerungen ihrer Aktien erzielen konnten. Einige Fachleute glaubten während dieses Börsenbooms sogar, dass die Gesetze des Kapitalismus außer Kraft gesetzt wären und anstelle der Massenfertigung innovative Ideen und Informationsverarbeitung immer wichtiger werden würden. Demzufolge würde das Wirtschaftswachstum weiter steigen und eine konstant niedrige Arbeitslosigkeit sowie zunehmenden Wohlstand nach sich ziehen. An der Börse emittierten in dieser Zeit vor allem junge Unternehmen Aktien und die Computerbörse NASDAQ wurde zu einem gleichwertigen Rivalen des traditionellen Aktienmarktes New York Stock Exchange in der Wall Street.[152]

Doch bereits im Frühjahr 2000 brachen die weltweiten Aktienmärkte regelrecht zusammen. Zu den größten Verlierern zählten ebenjene High Technology-Werte, deren Kurse zuvor ins Unendliche zu steigen schienen. Bilanzierungsskandale bei einigen Unternehmen der New Economy wie Enron oder Worldcom kamen an die Öffentlichkeit und zeigten, in welchem Ausmaß manche Unternehmen Anleger und Medien über ihre tatsächliche finanzielle Situation getäuscht und belogen hatten.[153]
Zahlreiche Aktionäre verloren zu dieser Zeit fast ihr gesamtes Vermögen und besonders Kleinanleger, die als Folge der jahrelangen Euphorie ohne nähere Kenntnis der Marktmechanismen auf den vermeintlichen Erfolgszug aufgesprungen waren, wurden durch den Crash in arge finanzielle Nöte gebracht. In Deutschland und anderen europäischen Nationen, in geringerem Ausmaß auch in den Vereinigten

150 Ibid., S. 179.
151 Joseph E. Stiglitz, *The Roaring Nineties* (New York: W.W. Norton, 2003), S. 3-9.
152 Ibid., S. 4 f.
153 Ibid., S. 241-268.

Staaten, werden Aufstieg und Fall der "New Economy" als Hauptgrund dafür angesehen, dass sich seither viele Bürger nicht mehr an Wertpapiere heranwagen.[154]
Obwohl es den USA während Clintons Amtszeit als Präsident bis Januar 2001 fast durchgehend wirtschaftlich wie auch politisch sehr gut ging, deutete sich bereits ein Problem an, das erst unter Clintons Nachfolger George W. Bush zu einem gewichtigen Thema werden sollte: der internationale Terrorismus, ausgeübt vor allem von fanatischen Islamisten. Zunächst wurden Attentate wie die auf das World Trade Center 1993 oder auf das damals im Jemen stationierte amerikanische Kriegsschiff "USS Cole" im Jahr 2000 als Einzeltaten betrachtet.[155]
Erst am 11. September 2001 wurde offensichtlich, dass der Terrorismus die erste große Bedrohung der USA und der gesamten Welt im 21. Jahrhundert sein würde. An diesem Dienstagmorgen startete die islamistische Terrororganisation Al Kaida unter ihrem Führer Osama bin Laden einen gut koordinierten Angriff auf mehrere wichtige und vor allem symbolträchtige Gebäude in den Vereinigten Staaten. Dabei kaperten Gruppen von Selbstmordattentätern, einige davon mit Pilotenausbildung, mit Gewalt vier Passagierflugzeuge und lenkten zwei davon in die beiden Türme des World Trade Centers in New York, ein drittes in das Pentagon in Washington. Ein weiteres entführtes Flugzeug stürzte dank des beherzten Eingreifens der Passagiere über unbewohntem Gebiet ab, wobei alle Insassen ums Leben kamen.
Besonders die doppelte Attacke auf das World Trade Center, das als eine Art Zentrale des globalen Kapitalismus galt, bewies die perfide Perfektion dieses Angriffs. Dort hatten mehrere Tausend Menschen aus aller Welt ihren Arbeitsplatz vor allem bei Unternehmen aus der Finanzbranche. Nachdem das erste Flugzeug den Nordturm gerammt hatte, sandten sämtliche Fernsehstationen Kamerateams zum brennenden Gebäude, um live von dieser Katastrophe zu berichten, die viele anfänglich für einen tragischen Unfall hielten. Doch gut 20 Minuten später flog vor den Augen von Millionen entsetzter Zuschauer vor den Fernsehgeräten ein weiteres Flugzeug zielgenau in den südlichen der "Twin Towers" des World Trade Centers. Nun war klar, dass es sich keineswegs um einen Unfall handelte, sondern um den perfekt ausgeklügelten Plan, die USA – die einzig verbliebene Weltmacht – mitten ins Herz zu treffen.

---

154 Ibid., S. 140-169.
155 Effenberger/Löw, *Pax Americana*, S. 499.

Zum ersten Mal seit Pearl Harbor waren die Vereinigten Staaten von Amerika direkt angegriffen worden. Die Kriege in Korea, Vietnam oder Irak fanden weit entfernt statt, ohne konkrete Gefahr für die amerikanische Zivilbevölkerung. Doch die Anschlagsserie an jenem 11. September 2001 zeigte allen Amerikanern, dass sie selbst in ihrer Heimat vor den Gefahren des internationalen Terrorismus nicht mehr sicher waren. Insgesamt verloren an diesem Tag nach offiziellen Angaben 2986 Menschen im World Trade Center – dessen beide Türme noch am gleichen Tag einstürzten –, im Pentagon und in den entführten Flugzeugen ihr Leben und damit gut 500 mehr als 1941 beim japanischen Angriff auf Pearl Harbor.[156]

Die Folgen des 11. September für die amerikanische Gesellschaft und Politik waren ebenso gewaltig wie für den Rest der Welt. Als unmittelbare Reaktion auf die Anschläge startete Präsident Bush bereits im Oktober des gleichen Jahres die Invasion Afghanistans, wo die herrschenden Taliban bin Laden Unterschlupf gewährten. Obwohl die Militäraktion erfolgreich verlief und innerhalb kurzer Zeit das Land von der Schreckensherrschaft der Taliban befreite, konnte bin Laden entkommen und sich jahrelang vor seinen Häschern verstecken. Fast zehn Jahre nach "9/11" – wie die Terroranschläge seitdem im allgemeinen Sprachgebrauch heißen – gelang es schließlich einer amerikanischen Spezialeinheit bei einem geheimen nächtlichen Kommandoeinsatz, Osama bin Laden am 2. Mai 2011 in seinem Versteck im pakistanischen Abbottabad aufzuspüren und zu töten.[157]

Bei ihrem jahrelangen Feldzug gegen die Taliban im Rahmen der "Operation Enduring Freedom" standen den amerikanischen Truppen Soldaten aus vielen verbündeten Nationen zur Seite, die zudem seit der Niederlage der Taliban die afghanischen Sicherheitskräfte unterstützen, darunter auch Deutschland. Obwohl die Taliban ihren Kampf gegen die neue afghanische Regierung unter dem bis 2014 amtierenden Präsidenten Hamid Karsai und seinem Nachfolger Aschraf Ghani sowie gegen die ausländischen "Besatzer" weiterhin fortführen, wollen sich die amerikanischen Truppen bis voraussichtlich Ende 2016 aus Afghanistan zurückziehen und

---

156 Guggisberg, *Geschichte der USA*, S. 347 f.

157 O.V., "How Osama bin Laden Was Located and Killed", *The New York Times*, 8. Mai 2011, URL: http://www.nytimes.com/interactive/2011/05/02/world/asia/abbottabad-map-of-where-osama-bin-laden-was-killed.html?ref=asia&_r=0 [29. Juli 2013].

die Verantwortung der afghanischen Regierung übergeben. Diese soll aber weiterhin von den USA und der NATO unterstützt und beraten werden.[158]
Innerhalb der Vereinigten Staaten herrschte nach den Terroranschlägen ein Klima der Furcht und Verunsicherung, gleichzeitig wurden vielerorts arabisch aussehende Bürger oder bekennende Muslime misstrauisch beäugt. Die amerikanische Wirtschaft erlitt hohe Verluste, die Börsenkurse brachen ein und zahlreiche Versicherer und Fluglinien konnten sich über Jahre hinweg nicht vollständig von den finanziellen Auswirkungen erholen. Diese nationale Krise rief – ebenso wie 60 Jahre zuvor der Angriff auf Pearl Harbor – eine vorübergehende Einheit der Amerikaner hervor und verstärkte den Patriotismus. Amerikanische Flaggen wehten in vielen Gärten, die New Yorker Feuerwehrleute wurden ebenso wie der im Angesicht der Katastrophe besonnen reagierende Bürgermeister Rudolph Giuliani als Helden verehrt.
Eine weitreichende Folge des 11. Septembers 2001 war auch der Angriff auf den Irak, den George W. Bush gut eineinhalb Jahre später startete. Er begründete ihn vor allem damit, dass Saddam Hussein an den Vorbereitungen der Terroranschläge beteiligt gewesen sei. Zudem verfüge Hussein über Massenvernichtungswaffen, welche für die USA eine mittelbare Bedrohung darstellten. Monatelang hatten Bush und sein Außenminister Colin Powell mit Hilfe der Geheimdienste versucht, Verbindungen zwischen Saddam Hussein und Osama bin Laden sowie die Existenz von Massenvernichtungswaffen im Irak zu dokumentieren, um die Vereinten Nationen dazu zu bewegen, militärische Maßnahmen gegen den Irak zu ergreifen. Doch viele Staaten sprachen sich dagegen aus, allen voran die UN-Vetomächte Frankreich und Russland. Deshalb starteten die USA, Großbritannien und weitere Länder die Invasion des Irak schließlich ohne UN-Mandat und gegen erhebliche völkerrechtliche Bedenken. Die angeblichen Beweise gegen Saddam Hussein wurden von vielen Experten angezweifelt und waren, wie sich später herausstellte, teilweise tatsächlich falsch.[159]
Die infolge des 11. September 2001 erreichte nationale Einheit endete bereits nach rund einem Jahr, als sich der Feldzug gegen den Irak abzuzeichnen begann. Wie im

---

158 Guggisberg, *Geschichte der USA*, S. 349; Mark Landler, "U.S. Troops to Leave Afghanistan by End of 2016", *The New York Times*, 27. Mai 2014, URL: http://www.nytimes.com/2014/05/28/world/asia/us-to-complete-afghan-pullout-by-end-of-2016-obama-to-say.html?hp&_r=0 [7. September 2014].

159 Effenberger/Löw, *Pax Americana*, S. 585.

Vietnamkrieg gab es große Friedensdemonstrationen, da viele nicht an eine Beteiligung Saddam Husseins an den Terroranschlägen glaubten. Zugleich unterstützten zahlreiche Bürger ihren Präsidenten weiterhin bedingungslos. Der Riss in der nationalen Einheit wurde breiter, als der Irak zwar schnell besiegt war, die amerikanischen Truppen jedoch nach dem offiziellen Ende der Kampfhandlungen immer mehr Männer und Frauen durch Anschläge von Islamisten und Anhängern des gestürzten und später von der neuen irakischen Regierung hingerichteten Saddam Hussein verloren. Vor allem an der traditionell liberal geprägten Ostküste demonstrierten mitunter Hunderttausende gegen den Kurs ihrer Regierung.

Wie sehr die Nation gespalten war, zeigte sich auch im Wahlkampf des Jahres 2004, in dem sich Bush letztlich gegen seinen demokratischen Herausforderer John Kerry durchsetzen konnte – unter anderem mit der Strategie, sich besonders auf die "religiöse Rechte" zu konzentrieren. Bush verstand den Krieg gegen den Terrorismus als seine Mission als Christ und sprach in den ersten Monaten nach dem 11. September 2001 wiederholt unverblümt von einem "Kreuzzug", den er gegen die Terroristen führen werde.[160]

So ist unter dem gläubigen Christen George W. Bush ein neuer Konservativismus in den Vereinigten Staaten ausgebrochen, der auch nach seinem Amtsende und der Ablösung Anfang 2009 durch den demokratischen, afroamerikanischen Präsidenten Barack Obama keineswegs nachließ. Vielmehr verstärkte er sich in Teilen der Bevölkerung sogar noch und brachte unter anderem die ultrakonservative, aber einflussreiche "Tea Party"-Bewegung am rechten Rand der Republikanischen Partei hervor, die an den Aufstieg der "New Right" Ende der 1970er Jahre erinnerte. Während diese damals jedoch maßgeblich am deutlichen Sieg Ronald Reagans bei der Präsidentschaftswahl 1980 beteiligt war, vertiefte die "Tea Party" aufgrund ihrer Radikalität die bereits vorhandenen Spannungen innerhalb der Nation noch und erschwerte eine Aussöhnung oder auch nur Zusammenarbeit von Demokraten und Republikanern ganz erheblich. Beispielhaft dafür steht die Haushaltskrise in den Vereinigten Staaten von 2011, in der das Land angesichts der verbittert und unversöhnlich ausgetragenen Streitigkeiten vorübergehend wie gelähmt war.[161]

---

160 Guggisberg, *Geschichte der USA*, S. 348.

161 Stephanie Condon, "McCain blasts 'bizarro' Tea Party debt limit demands", CBSNews.com, 28. Juli 2011, URL: http://www.cbsnews.com/news/mccain-blasts-bizarro-tea-party-debt-limit-demands/ [29. Juli 2015].

Vor allem anhand der Zeit ab den 1980er Jahren lässt sich gut nachvollziehen, wie sehr der jeweilige Präsident die gesellschaftlichen Entwicklungen der USA repräsentiert. Reagan verstärkte einen konservativen und patriotischen Schub, der bereits Ende der 1970er Jahre begonnen hatte, während die Gesellschaft unter Präsident Clinton in den 1990er Jahren – auch dank des nationalen Wohlstands – liberaler und toleranter wurde. Unter Bush schlug die Waage wieder eindeutig in die andere Richtung aus, wofür die Terroranschläge und ihre Folgen natürlich mitverantwortlich gemacht werden müssen. Lediglich Obamas Amtszeit lässt sich nicht so eindeutig zuordnen, was primär der verstärkten politischen Zweiteilung der Nation sowie den immensen Nachwehen der weltweiten Finanz- und Wirtschaftskrise ab 2007 geschuldet sein dürfte.

Ungewöhnlich schwer fällt es in der Zeitspanne seit 1990, die neuen Filme mit Kriegsthematik in bestimmte Kategorien einzuteilen. Echte Kriegsfilme in Hollywood waren vor allem in den 1990er Jahren selten, scheinbar zu erkennende Trends verflüchtigten sich schnell wieder. Der gewonnene Golfkrieg schien als Kulisse für erfolgreiche Filme kaum geeignet, denn die irakische Wüste war weder so geheimnisvoll und exotisch wie die Dschungel Vietnams oder die Inselwelt im Pazifik während des Zweiten Weltkrieges noch so vertraut wie die europäischen Schlachtfelder des 20. Jahrhunderts. So wurden nur wenige Filme über diesen Krieg gedreht, von denen "Courage Under Fire" sowie die Satiren "Three Kings" – die zusätzlich Seitenhiebe gegen den Kapitalismus setzt – und "Jarhead" am bekanntesten sind. Der kommerzielle Erfolg hielt sich indes jeweils in überschaubaren Grenzen.

Auffällig ist, dass nun immer häufiger Frauen tragende Rollen in den Filmen spielten, die sich zu dieser Zeit direkt oder indirekt mit dem Krieg auseinandersetzten. Dabei reicht das Spektrum von "G.I. Jane", in dem Demi Moore in ihrer Rolle unbedingt Soldatin in einer Spezialeinheit werden will, über "Heaven & Earth", der das Schicksal einer Vietnamesin zeigt, die sich während des Krieges in einen US-Soldaten verliebt und mit ihm in die USA zieht, bis hin zu "Zero Dark Thirty", in dem eine CIA-Analytikerin die Jagd nach Terrorführer Osama bin Laden anführt.

Kommerziell wiederbelebt wurde das Genre des Kriegsfilms durch Steven Spielberg. Nach seiner frühen Komödie "1941" aus dem Jahr 1979, dem Japan-Epos "Empire of the Sun" (1987) und dem erschütternden Holocaust-Drama "Schindler's List" (die jeweils zur Kriegszeit spielen, jedoch abseits der eigentlichen Kämpfe) widmete sich der Erfolgsregisseur erneut dem Zweiten Weltkrieg und schaffte es mit "Saving Private Ryan", Anti-Kriegsfilm und Heldenepos in einem zu drehen.

Der große Erfolg des Films zog eine Reihe von Nachfolgern nach sich, von denen "The Thin Red Line" und "Black Hawk Down" qualitativ hervorzuheben sind. Beide setzen vor allem darauf, den Krieg möglichst authentisch zu zeigen, ohne die Geschehnisse zu kommentieren oder zu werten. Gleiches gilt für zwei Filme von Kathryn Bigelow, die sich nicht direkt als Kriegsfilme klassifizieren lassen, aber doch eindeutig mit der Thematik verbunden sind: Für "The Hurt Locker", in dem es um eine Bombenentschärfungseinheit im offiziell bereits befreiten Irak geht, erhielt die Regisseurin den OSCAR für den besten Film des Jahres 2009, drei Jahre später folgte der bereits erwähnte Thriller "Zero Dark Thirty" über die Jagd nach Osama bin Laden.

Die innere Zerrissenheit einiger Kriegsfilme zwischen Realismus und Objektivität auf der einen sowie Action und rasanter Spannung auf der anderen Seite war zugleich die Reaktion Hollywoods auf die "Spaßgesellschaft", die in den 1990er Jahren vielerorts propagiert wurde. Gerade die neue Generation von Teenagern und jungen Erwachsenen – die in einer technologisierten Welt mit Computern und Internet aufgewachsen waren und für die deren Verwendung auch in Filmen selbstverständlich war – schien ein Bedürfnis nach immer mehr spektakulären Spezialeffekten und immer größeren Abenteuern zu haben.

Die Studiobosse bedienten dieses Verlangen gerne. Resultat der Anstrengungen war beispielsweise das aufwendig produzierte Epos "Pearl Harbor", das im Sommer 2001 in die Kinos kam und eine revisionistische Handlung (selbst der japanische Angriff auf Pearl Harbor wird durch heroische Aktionen der Protagonisten noch andeutungsweise in einen moralischen Sieg der Amerikaner umgedeutet) mit einer tragischen Liebesgeschichte sowie Dutzenden von gewaltigen, computergenerierten Explosionen verbindet. Dabei machten sich die Filmstudios speziell die neuen technischen Möglichkeiten zunutze. Mittlerweile waren selbst die spektakulärsten Action-Sequenzen und Explosionen ohne besonderen Aufwand am Computer realisierbar, was Teile des im Zeitalter der Technologie aufgewachsenen jungen Publikums geradezu voraussetzten. Zwar fielen "Pearl Harbor" und einige stilistische Nachahmer bei den Kritikern wie auch bei großen Teilen des Publikums durch, doch der Erfolg vor allem bei Teenagern und jungen Erwachsenen machte diese Werke speziell in den USA zu einem ausgesprochen rentablen Geschäft für die Filmstudios.

Generell erlebte parallel zum wirtschaftlichen Boom in den Vereinigten Staaten das Kino ab den 1990er Jahren eine neue Blütezeit. Die Einnahmen stiegen enorm, woraufhin auch die Produktionskosten weiter erhöht wurden. Vielerorts wurden immer neue Kinos und dabei vor allem Multiplex-Zentren aus dem Boden gestampft.

Auf die Terroranschläge des 11. September 2001 reagierte Hollywood hingegen nicht mit der erwarteten (und von Präsident Bush ausdrücklich erwünschten) Welle von patriotischen Kriegsfilmen. Zwar kamen 2002 einige Filme wie John Woos "Windtalkers" oder Gregory Hoblits "Hart's War" in die Kinos, die wenig anspruchsvoll, dafür aber um so pathetischer ausfielen; doch wurden diese Werke fast ausnahmslos vor den Terroranschlägen gedreht und sind als Nachwehen des Erfolges von "Pearl Harbor" zu betrachten. Die meisten dieser Produktionen erwiesen sich zudem als kommerzielle Flops. Neue Filme setzten sich zwar häufig – wie Spike Lees poetisches New York-Porträt "25th Hour" oder Stephen Daldrys Drama "Extremely Loud & Incredibly Close" – mit den Folgen der Anschläge innerhalb der USA auseinander, weniger mit dem Kampf gegen den Terrorismus selbst. Sogar Altstar Sylvester Stallone, der 2008 für "Rambo" noch einmal seinen 1980er Jahre-Actionhelden John Rambo wiederbelebte sowie von 2010 bis 2014 mit drei "The Expendables"-Teilen weitere Genre-Altstars wie Dolph Lundgren oder Chuck Norris auf die Kinoleinwände zurückbrachte, verzichtete auf eine direkte Umsetzung der Terrorismus-Thematik. legte er sich lieber mit Militärdiktaturen in Burma respektive auf einer fiktiven karibischen Insel sowie mit skrupellosen Söldnern und Waffenhändlern an. Erst nach der Tötung bin Ladens im Jahr 2011 wandelte sich der Trend bei US-Kriegsfilmen wieder hin zu patriotischeren und deutlich weniger kritischen Werken, die sich nun – wie Clint Eastwoods großteils im Irak spielender "American Sniper" – auch vermehrt direkt mit dem Krieg gegen den Terrorismus beschäftigten.

6.2 Frauen im Krieg und neue Heldengeschichten – von "Heaven & Earth" bis "American Sniper"

6.2.1 Wachsender gesellschaftlicher Einfluss der Frauen

Wie bei der schwarzen Bürgerrechtsbewegung dauerte es auch bei der Frauenrechtsbewegung eine geraume Weile, bis sich echte Erfolge einstellten. Speziell in Wirtschaft und Politik arbeiteten Frauen lange Zeit kaum in gehobenen Positionen und sind auch im frühen 21. Jahrhundert noch unterrepräsentiert. Aber immerhin ist mit Hillary Rodham Clinton, der ehemaligen US-Außenministerin und Senatorin von New York sowie der Ehefrau des demokratischen Ex-Präsidenten Bill Clinton, für die Wahl im Jahr 2016 erstmals eine Frau als aussichtsreiche Präsidentschaftskandidatin im Rennen.

In amerikanischen Filmen rund um den Krieg wirkte sich die gestiegene gesellschaftliche Bedeutung der Frauen erstmals in den 1990er Jahren deutlicher aus. Vorher hielten die meisten Kriegsfilme für sie bestenfalls Nebenrollen parat (häufig als Prostituierte oder anderweitige – mal freiwillige, mal unfreiwillige – "Gespielinnen" der Soldaten), viele kamen komplett ohne weibliche Beteiligung aus. Nicht wenige waren sogar dezidiert chauvinistisch, wenn an der Front etwa kollektiv und ausgiebig über die untreuen Ehefrauen und Freundinnen in der Heimat geschimpft wurde. Lediglich die Komödien-Spezialistin Goldie Hawn bildete eine Ausnahme vom Testosteron-Überschuss der meisten Kriegsfilme, als sie 1980 die Hauptrolle in Howard Zieffs erfolgreicher Militärposse "Private Benjamin" übernahm.

Einmal mehr war es Oliver Stone, der gewissermaßen ein Tabu brach, als er 1993 in "Heaven & Earth" – dem letzten Teil seiner mit "Platoon" und "Born on the Fourth of July" begonnenen Vietnam-Trilogie – das Schicksal der Südvietnamesin Le Ly (Hiep Thi Le) thematisierte. Wie die beiden anderen vorherigen Filme basiert auch "Heaven & Earth" auf einer wahren Geschichte, die von der echten Le Ly Hayslip in zwei Büchern niedergeschrieben wurde. Zunächst zeigt Stone, wie die Protagonistin und ihre Familie, die sich mit Landwirtschaft über Wasser hält, im Krieg zwischen die Fronten geraten. Auf der einen Seite steht der Vietcong, der brutal selbst gegen die vietnamesische Zivilbevölkerung vorgeht. Auf der anderen Seite befinden sich die von Korruption geprägte südvietnamesische Regierung und die amerikanischen Streitkräfte, die die Zivilbevölkerung kaum besser behandeln und rücksichtslos die Reisfelder von Le Lys Familie, und damit ihre Lebensgrundlage, zerstören.

Le Ly, von Männern beider Seiten vergewaltigt und von ihrer Familie getrennt, landet schließlich mittellos in Saigon, wo sie nur als Prostituierte überleben kann. Eines Tages trifft sie auf den amerikanischen Soldaten Steve Butler (Tommy Lee Jones), der sie gut behandelt und sich in sie verliebt. Schließlich heiraten sie und ziehen zusammen in die USA. In den Vereinigten Staaten wird Le Ly von den Nachbarn jedoch eher als exotisches Haustier denn als Steves Ehefrau betrachtet; eine Form der Missachtung, unter der sie sichtlich leidet. Auch Steve hat große Probleme, sich wieder an das Zivilleben zu gewöhnen, seinen Frust lässt er wiederholt an seiner Frau aus. Am Ende erreicht Le Ly ihre Unabhängigkeit und trennt

sich von ihrem gewalttätigen Mann. Sie kehrt vorübergehend nach Vietnam zurück, später wird sie in den USA eine erfolgreiche Geschäftsfrau.[162]
Oliver Stone drehte mit "Heaven & Earth" nicht nur den bis heute einzigen US-amerikanischen Film, der den Vietnamkrieg komplett aus vietnamesischer Perspektive zeigt und die Kriegsführung beider Seiten anklagt. Vor allem schuf er einen Film über die Vietnamesin Le Ly und ihr Leben in den USA, das teilweise sehr unerfreulich ist, letztlich aber sogar mit der Erfüllung des berühmten "amerikanischen Traums" endet. Alleine die Tatsache, dass in diesem Vietnam-Film eine Frau die Hauptrolle spielt, bestätigt, wie sehr der Einfluss der Frauen in der amerikanischen Gesellschaft zu diesem Zeitpunkt gewachsen war – wenngleich fairerweise angemerkt werden muss, dass sich Oliver Stone in seinen Werken nie sonderlich um gesellschaftliche Konventionen gekümmert hat.
Ebenfalls mit dem Vietnamkrieg beschäftigt sich Randall Wallaces nur auf den ersten Blick übertrieben patriotisches Drama "We Were Soldiers" aus dem Jahr 2002. Dieser Film war insofern ein echtes Novum, als er den Vietnamkrieg gleich aus drei verschiedenen Sichtweisen beleuchtet: erstens, wie gewohnt, aus jener der amerikanischen Soldaten um Lieutenant Colonel Hal Moore (Mel Gibson), zweitens aus Sicht der Truppen des Vietcong und drittens aus der Perspektive der Frauen der amerikanischen Soldaten, die in der Heimat zwischen Hoffen und Bangen verharren. Bereits die nordvietnamesische Perspektive ist für einen US-Film ungewöhnlich, die Inklusion der Frauen in dieser Form sogar vollkommen neu.
Primär anhand von Lieutenant Colonel Moores Gattin Julie (Madeleine Stowe) zeigt Regisseur Wallace beispielhaft, wie sehr nicht nur die Soldaten im Vietnamkrieg gelitten haben, sondern auch ihre Familien. In zahlreichen bewegenden Szenen ist zu sehen, wie die Frauen – deren Häuser auf einem Militärgelände stehen – Tag für Tag mit der Furcht leben, dass ein Armeefahrzeug hält und eine der ihren die traurige Mitteilung vom Tod ihres Mannes überbracht bekommt. Sie schämen sich gar, weil sie jedes Mal, wenn der Wagen die Siedlung tatsächlich erreicht, inständig hoffen, dass nicht ihr Mann gefallen ist, sondern der einer ihrer Freundinnen. Obwohl "We Were Soldiers" rund 30 Jahre in der Vergangenheit spielt und die Protagonistinnen nur in einer zwar tapferen, aber passiven Rolle zeigt, ist er doch eine weitere Bestätigung des gestiegenen Einflusses der Frauen.

---

162 *Heaven & Earth* [Deutscher Titel: *Zwischen Himmel und Hölle*], Frankreich/USA, 1993, Regie: Oliver Stone.

Einige Jahre nach "Heaven & Earth" kamen zwei Kriegs- respektive Militärfilme in die Kinos, in denen Frauen nicht nur eine wichtige Rolle zugestanden wird, sondern die direkt von amerikanischen Soldatinnen handeln. 1996 startete "Courage Under Fire" von Regisseur Edward Zwick, der sieben Jahre zuvor mit "Glory" bereits sein Faible für eher unkonventionelle Kriegsfilme demonstriert hatte. Während es in "Glory" um das erste schwarze Regiment in der amerikanischen Geschichte ging, spielt "Courage Under Fire" als erste große Hollywood-Produktion im zweiten Golfkrieg, den die USA zu Beginn der 1990er Jahre gewonnen hatten.
Der Film erzählt in Rückblenden die Geschichte von Captain Karen Emma Walden (Meg Ryan), die mit ihren Männern mit einem Helikopter in der irakischen Wüste abgestürzt war und kurz vor der Rettung der Überlebenden zu Tode kam. Lieutenant Colonel Nathaniel Serling (Denzel Washington), der selbst im Irak im Einsatz war, untersucht, ob Captain Walden posthum als erste Frau die Tapferkeitsmedaille "Medal of Honor" erhalten soll. Doch seine Nachforschungen bei den Männern aus Waldens Helikopter-Crew liefern kein einheitliches Bild; zunächst bleibt unklar, ob Captain Walden mit heroischem Einsatz ihrer Truppe das Leben gerettet hat oder vor Angst den Kopf verlor und deshalb vom Feind erschossen werden konnte. Zusätzlich gerät Serling unter politischen Druck aus dem Weißen Haus.
Dass es die Regierung im Film als imagefördernd betrachtet, endlich einer Frau die "Medal of Honor" zu verleihen und sie deshalb entsprechenden Druck ausübt, zeigt deutlich den gestiegenen Stellenwert der Frauen in Politik und Gesellschaft. Dafür würden es die Politiker sogar in Kauf nehmen, eine Frau auszuzeichnen, die diese Ehrung womöglich gar nicht verdient hat. Gleichzeitig demonstriert die Tatsache, dass die verstorbene Captain Walden noch immer durch die Missgunst einzelner Männer ihrer Truppe belastet wird, den steinigen Weg, den die Frauen bis zur endgültigen Gleichberechtigung in allen Bereichen der Gesellschaft weiterhin zurückzulegen haben. Am Ende des Films wird Captain Walden nach Serlings Recherchen zu Recht posthum die "Medal of Honor" verliehen.[163]
In die gleiche Richtung zielt Sir Ridley Scotts 1997 gedrehtes Militärdrama "G.I. Jane", in dem Lieutenant Jordan O'Neil (Demi Moore) dank politischer Fürsprache – auch hier wollen Politiker aus Imagegründen absolute Gleichberechtigung in der Armee erreichen – zum Mitglied der Elitetruppe Navy Seals wird. Niemand rechnet

---

163 *Courage Under Fire* [Deutscher Titel: *Mut zur Wahrheit*], USA, 1996, Regie: Edward Zwick.

damit, dass sie die extrem harte Ausbildung übersteht, doch O'Neil beißt sich durch und lässt sich auch von sexistischen Anfeindungen nicht von ihrem Ziel abbringen. Paul Verhoevens satirischer Science-Fiction-Kriegsfilm "Starship Troopers" aus dem gleichen Jahr zeigt schließlich das Endstadium in der Entwicklung der Gleichberechtigung: In seiner (allerdings faschistoiden) Zukunftsgesellschaft sind weibliche Soldaten so normal, dass es nicht einmal mehr getrennte Duschen in den Kasernen gibt.

Vielleicht noch wichtiger als ihre verstärkte Einbeziehung vor der Kamera muss jedoch gewertet werden, dass selbst der Regieposten bei Kriegsfilmen kein männliches Monopol mehr darstellt. Dies ist vor allem Kathryn Bigelow zu verdanken, die 2008 mit "The Hurt Locker" einen beklemmenden, dokumentarisch wirkenden Spielfilm über eine Bombenräum-Einheit im Nachkriegs-Irak drehte und dafür als erste Frau in der Geschichte des Kinos den OSCAR für die beste Regie erhielt. Zwar ist "The Hurt Locker" streng genommen ebenso wenig ein klassischer Kriegsfilm wie ihr vier Jahre später veröffentlichtes Folgewerk "Zero Dark Thirty", da beide nicht während eines "offiziellen" Krieges spielen. Doch die von Begegnungen mit terroristischen Bombenlegern und Scharfschützen geprägten Erlebnisse der Bombenräumer in Bagdad in "The Hurt Locker" unterscheiden sich in der Praxis nicht wirklich von denen vor der Erklärung des US-Präsidenten George W. Bush, der Krieg im Irak sei gewonnen. Und auch in "Zero Dark Thirty", in dem die Jagd nach Terrorführer Osama bin Laden akribisch geschildert wird, dominieren vor allem gegen Ende – als die Kommandoaktion, die zu bin Ladens Tötung in seinem pakistanischen Versteck führt, stattfindet – typische Kriegsbilder. Dass diese von einer Frau inszeniert werden und das auch noch auf allerhöchstem qualitativen Niveau, wäre nur ein oder zwei Jahrzehnte zuvor nahezu unvorstellbar gewesen. Und auch wenn in "Zero Dark Thirty" die Spezialeinheit, die bin Laden letzten Endes tötet, ausschließlich mit männlichen Soldaten besetzt ist, so ist es doch die rothaarige CIA-Analystin Maya (ausdrucksstark gespielt von der für einen OSCAR nominierten Jessica Chastain), die den Film als starke Hauptfigur eindeutig trägt und die Männer in der Geschichte, inklusive ihrer Vorgesetzten, unermüdlich vorantreibt. Dabei wird Maya von Regisseurin Bigelow jedoch keineswegs glorifiziert, sondern – was den Eindruck verstärkt, dass die Geschlechtergrenzen im Kriegsfilm zunehmend verschwimmen – glaubwürdig als eine Person gezeichnet, die in ihrer beruflichen Leidenschaft auch nicht davor zurückschreckt, eigenhändig zu Foltermethoden zu greifen, um bin Ladens Versteck aufzuspüren.

Dass Bigelow keine bloße Ausnahme als Frau auf dem Regiestuhl eines Werks mit kriegsbezogener Thematik ist, zeigen ihre Kolleginnen Kimberly Peirce und Angelina Jolie. Peirce brachte mit "Stop-Loss" ebenfalls 2008 ein Drama über einen US-Soldaten (Ryan Phillippe) in die Kinos, der den Einsatz im Irakkrieg überlebt und zurück in der Heimat dagegen ankämpft, erneut für den Kriegseinsatz eingezogen zu werden. Die als Schauspielerin berühmt gewordene Jolie ließ Ende 2014 mit dem im Zweiten Weltkrieg spielenden "Unbroken" eine Mischung aus abenteuerlichem Überlebenskampf und pathosgetränktem Kriegsgefangenendrama folgen, die an den Kinokassen sogar noch erfolgreicher war als Bigelows Werke.

6.2.2 Neue Objektivität und Realitätsnähe nach dem Ende des Kalten Krieges

Da die Vereinigten Staaten nach dem Ende des Kommunismus zunächst unumstritten die einzige verbliebene Weltmacht waren und keine ernsthaften Feinde mehr zu haben schienen, mussten nicht mehr – wie noch in den vom Kalten Krieg dominierten 1980er Jahren – Vorurteile anderen Staaten oder Regierungsformen gegenüber geschürt beziehungsweise verstärkt werden. Vor allem dank des wirtschaftlichen Aufschwungs ging es der Nation sehr gut, was unter anderem eine gestiegene Toleranz und Gelassenheit begünstigte. Nicht nur zu einstigen Tabu-Themen wie der Homosexualität änderte sich die Einstellung vieler Amerikaner, auch die Sicht auf frühere Gegner wandelte sich zum Positiven. Mittlerweile wurden neben den Europäern auch die Japaner als politische Freunde betrachtet. Selbst mit den ehemaligen kommunistischen Feinden aus Russland und dem restlichen Osteuropa nahm eine politische und vor allem wirtschaftliche Annäherung ihren Lauf.

Diese Entwicklungen lassen sich teilweise in einigen Kriegsfilmen jener Zeit nachvollziehen, in der es weder nötig war, Stimmung gegen den Feind zu machen – wie etwa im Zweiten Weltkrieg oder zur Zeit des Kalten Krieges –, noch, wie während des Vietnamkonflikts, Verfehlungen des eigenen Militärs anzuprangern. So gab es in den 1990er Jahren generell nur wenige Filme, die den Krieg behandelten, doch einige der bekanntesten zeichnen sich durch eine betonte Objektivität aus.

Neben Ronald F. Maxwells knapp vierstündigem Epos "Gettysburg" von 1993 – dessen weitgehende Neutralität schon durch den Schauplatz, nämlich den amerikanischen Bürgerkrieg, gewährleistet war – fällt speziell bei Terrence Malicks "The

Thin Red Line" aus dem Jahr 1998 und Sir Ridley Scotts 2001 veröffentlichtem "Black Hawk Down" ins Auge, dass sie die Geschehnisse einfach nur abbilden, ungeschönt und vor allem ungewertet. Gerade aufgrund dieser fehlenden Wertung lösten beide Filme unter Zuschauern und Experten heftige Diskussionen aus. Während beispielsweise einige Kritiker "Black Hawk Down" auch aufgrund kleinerer dramaturgischer Freiheiten und der vollen Konzentration auf die US-Soldaten gar als kriegsverherrlichend bezeichnen, wird er von anderen ob der ungeschönten Darstellung eines brutalen Konflikts als waschechter Anti-Kriegsfilm betrachtet.[164]

"The Thin Red Line" des exzentrischen Regisseurs Terrence Malick hingegen führte eher zu Diskussionen über die Qualität des Films. Malick erzählt von den Erlebnissen amerikanischer Soldaten in der Schlacht von Guadalcanal gegen die Japaner im Zweiten Weltkrieg. Knapp 20 Jahre nach Samuel Fullers "The Big Red One" – bei dem es vergleichbare Szenen aus kommerziellen Erwägungen nicht in die vom Studio ins Kino gebrachte Filmfassung schafften – scheut Malick nicht davor zurück, neben drastischen Bildern des Krieges auch ausführlich die Langeweile und die ständige nervenzehrende Anspannung zu zeigen, welche die Soldaten während des Wartens zwischen den Kampfhandlungen plagen. Entsprechend fällt erst nach etwa 45 Minuten der erste Schuss.

Malick stellt immer wieder den Kontrast zwischen der unberührten, lebendigen Natur und den zerstörerischen, todbringenden Soldaten beider Seiten heraus. Überhaupt ist das ein Leitmotiv, das der studierte Philosoph Malick in all seinen Filmen – insbesondere auch in "The New World" aus dem Jahr 2005, der sich der "Eroberung" Amerikas durch europäische Siedler widmet – pflegt: Der Mensch, der aus eigenem Verschulden aus dem Paradies (hier: der dem Publikum zu Beginn des Films präsentierten wunderschönen, scheinbar friedlichen Insel im Pazifik) vertrieben wird.[165]

"The Thin Red Line" präsentiert keine stringente Handlung und folgt keinem traditionellen Spannungsbogen, denn Malick geht es vor allem darum, den Krieg realistisch zu zeigen. Daher wirkt der Film episodenhaft, oft verwirrend und nicht immer für den Zuschauer nachvollziehbar – ganz wie der reale Krieg. Malick versucht

---

164 Rotten Tomatoes, "Black Hawk Down (2001)", Rotten Tomatoes, URL: http://www.rottentomatoes.com/m/black_hawk_down/ [15. September 2014].

165 Heiko Rosner, "Terrence Malick – Der Mann, der verschwunden war ...", in: *Cinema*, Heft Nr. 334, 03/06 (16. Februar 2006), S. 38.

nicht, seinem Publikum irgendetwas zu erklären, er überlässt es vielmehr ganz den eindrucksvollen, exotischen Bildern, die immer wieder durch blutige Gefechte unterbrochen werden.
Der Regisseur geht noch einen Schritt weiter, indem er seine zahlreichen Stars wie George Clooney, Nick Nolte, John Cusack oder Sean Penn teilweise nur kurze Zeit auf der Leinwand auftauchen lässt, manche (allen voran Mickey Rourke) wurden komplett aus der fertigen Fassung gestrichen. In dieser Geschichte – und das ist nun wirklich nicht alltäglich – sind selbst die größten Hollywood-Stars nicht vor einem raschen und wenig heldenhaften Leinwandtod gefeit. Einige Figuren werden gar länger in ihrer Sterbeszene gezeigt als im gesamten restlichen Film.
Einen schnellen Tod stirbt sowieso kaum einer der Soldaten. Die meisten kommen qualvoll und unter starken Schmerzen ums Leben, ihr Tod hat nichts Heldenhaftes an sich, ebenso wenig die Kampfszenen. Sie werden in aller Regel nicht von heroischer oder pathetischer Musik untermalt wie beispielsweise in "Saving Private Ryan" oder auch in "Black Hawk Down"; stattdessen kreierte der deutsche Komponist Hans Zimmer (der kurioserweise ebenfalls für besagten "Black Hawk Down"-Score verantwortlich zeichnet) einen minimalistischen, monotonen Klangteppich, der sonor die Bilder von Tod und Zerstörung überlagert. Malick verzichtet sogar weitgehend auf die genreübliche Methode, die Soldaten durch persönliche Gespräche während der Kampfpausen näher zu charakterisieren und somit eine stärkere emotionale Bindung zum Publikum aufzubauen. Die Soldaten – amerikanische wie japanische – bleiben dem Zuschauer weitgehend fremd, sie scheinen fast komplett austauschbar. Daran ändern auch die philosophischen Voice-overs nichts, die sich mit ethischen und moralischen Aspekten des Krieges befassen, aber nicht direkt mit den Protagonisten zu tun haben.
Mit "The Thin Red Line" kommt Terrence Malick vielleicht dem eigentlichen Sinn eines "Anti-Kriegsfilms" am nächsten: Er zeigt nicht – wie "Apocalypse Now" oder "MASH" – in übersteigerter Form die Absurdität des Krieges und auch nicht primär dessen Grausamkeit. Da gibt es nichts, was für den Zuschauer nachahmenswert erscheint, es wird nichts glorifiziert oder verharmlost. Malick zeigt einfach nur die vollkommene Sinnlosigkeit und das Chaos des Krieges. Amerikaner, Japaner, einfache Soldaten, Offiziere, gewonnene Gefechte, verlorene Gefechte ... all das wirkt vollkommen unerheblich und austauschbar. Der Gefreite Robert Witt (James Caviezel) sinniert darüber: "Maybe all men got one big soul everybody's a part of, all faces are the same man." Und als die Einheit am Ende des Films mit Captain

Charles Bosche (George Clooney) zum wiederholten Mal einen neuen Kommandanten erhält, hört das Publikum die Gedanken von First Sergeant Edward Welsh (Sean Penn): "They just keep coming, one after another." Konsequenterweise hat "The Thin Red Line" kein richtiges Ende im üblichen Sinne. Er hört einfach auf.[166]

Auch der Kalte Krieg wurde im Jahr 2000 schließlich betont authentisch in einem Film gezeigt, als Roger Donaldson auf Grundlage der "Kennedy Tapes" (John F. Kennedy zeichnete während seiner Präsidentschaft fast alle Gespräche und Diskussionen im Weißen Haus heimlich auf) mit "Thirteen Days" einen Film drehte, der die Kubakrise 1962 detailliert beschreibt. Dies geschieht aus amerikanischer Sicht, dennoch ist der Film frei von Propagandastreben und zeigt realistisch, wie dicht die Welt damals – auch aufgrund des Bestrebens einiger hoher Militärs nach einem Erstschlag gegen die Sowjetunion – vor einem verheerenden Atomkrieg stand.

Realitätsnähe und relative Objektivität prägen ebenfalls Sir Ridley Scotts bereits angesprochenes Werk "Black Hawk Down". Die Produktion aus dem Jahr 2001 zeichnet die dramatischen Geschehnisse rund um den realen Abschuss zweier amerikanischer "Black Hawk"-Hubschrauber in der somalischen Hauptstadt Mogadischu 1993 durch einheimische Rebellen nach. Zu Beginn wird ein Text eingeblendet, der die Situation in Somalia zusammenfasst: In dem bürgerkriegsgeplagten Land hatten bereits hunderttausende Menschen ihr Leben verloren, als die Vereinten Nationen endlich eingriffen.

Nachdem einige Mitglieder der UN-Friedenstruppen (auch als "Blauhelme" bekannt) erschossen worden waren, sollten amerikanische Elitesoldaten den mächtigsten Clanführer Mohammed Farah Aidid entmachten. Aidids Milizen stahlen die Hilfslieferungen von Nahrungsmitteln, die für die hungernde Bevölkerung bestimmt waren und wurden zudem für den Tod von 23 pakistanischen Blauhelmsoldaten verantwortlich gemacht. Hier setzt die eigentliche Filmhandlung ein: Bei einer Aktion in der Hauptstadt Mogadischu, die zur Ergreifung zweier wichtiger Berater Aidids führen soll, geraten die US-Soldaten in einen Hinterhalt und zwei Helikopter des Typs "Black Hawk", die den Bodentruppen Rückendeckung geben sollen, werden mittels eines Raketenwerfers abgeschossen. Die Soldaten am Boden

166 *The Thin Red Line* [Deutscher Titel: *Der schmale Grat*], Kanada/USA, 1998, Regie: Terrence Malick.

versuchen, die Besatzungen der Hubschrauber zu bergen, geraten dabei jedoch selbst unter schweren Beschuss durch die Rebellen.[167]

Im Vergleich zu "The Thin Red Line" ist "Black Hawk Down" deutlich rasanter und actionbetonter in Szene gesetzt und somit von größerem Interesse für das Mainstream-Publikum. Es findet keine eindeutige Wertung der Vorkommnisse statt. Da die Handlung jedoch aus der Perspektive der amerikanischen Soldaten erzählt wird und die Kämpfe – die an die Häusergefechte im zerstörten Frankreich des Zweiten Weltkrieges erinnern – trotz einer weitgehend realistischen Inszenierung eher aufregend als abstoßend wirken, werten einige Fachleute wie "Platoon"-Regisseur Oliver Stone (dessen Urteil sich allerdings ebenso auf zahlreiche andere Filme wie "Saving Private Ryan" oder "Zero Dark Thirty" erstreckt) den Film als gewalt- und militärverherrlichend.[168] Diese Einstufung erweist sich jedoch bei genauer Betrachtung als kaum haltbar.

Denn wenngleich "Black Hawk Down" sicherlich kein klassischer Anti-Kriegsfilm ist – dafür bemüht er sich zu wenig, die Grausamkeit und Sinnlosigkeit des Krieges anzuprangern –, erfüllt er gleichzeitig auch keine der Voraussetzungen, die einen Propagandafilm oder ein kriegsverherrlichendes Werk kennzeichnen. Weder wird der Feind übermäßig dämonisiert noch Heldentum der US-Soldaten propagiert, vielmehr wird das amerikanische Vorgehen in Somalia sogar in Frage gestellt: Als die ursprünglich nur auf drei Wochen angelegte Mission zur Ergreifung Aidids auch nach sechs Wochen noch keinen Erfolg gezeitigt hat, wächst der Druck aus Washington auf das Militär vor Ort – die Regierung will Ergebnisse sehen. Und als der kommandierende Major General Garrison (Sam Shepard) als Unterstützung mehrere Panzer anfordert, werden diese ihm verweigert, weil ein solches Vorgehen zu spektakulär wäre. Somit bleiben nur die Hubschrauber als Rückendeckung und das Unheil nimmt seinen Lauf.

Zwar zeigen im Fortgang der Handlung wiederholt Soldaten heldenhaftes Verhalten – vor allem beim Versuch, verwundete oder vom Feind umzingelte Kameraden zu retten –, doch bleibt dies meist erfolglos und fast immer bezahlen die Soldaten für ihren selbstlosen Einsatz mit dem Leben. Als Glorifizierung des Krieges kann dies wohl kaum gewertet werden. Eine besonders symbolträchtige Szene baute der

---

167 *Black Hawk Down* [Film], USA, 2001, Regie: Ridley Scott.

168 Melinda Newman, "Oliver Stone – Re: History.", *MONTECRISTO magazine*, 16. Juni 2014, URL: http://montecristomagazine.com/magazine/summer-2014/oliver-stone [15. September 2014].

Regisseur Ridley Scott kurz vor Ende des Films ein. Nachdem sie mit knapper Not aus dem von Aidid kontrollierten Stadtteil entkommen sind, läuft eine Gruppe von US-Soldaten erschöpft durch die Randbezirke von Mogadischu zu ihrem Basislager, umringt von unbewaffneten, aber mutmaßlich über die Niederlage der Amerikaner jubelnden Somalis. Für die Soldaten ist das ein regelrechter Spießrutenlauf. Die Botschaft der Szene ist klar: Die Amerikaner haben keinesfalls gesiegt – sie sind lediglich mit Müh und Not entkommen. Am Ende des Films informiert eine Texttafel die Zuschauer folgerichtig, dass Präsident Clinton die US-Soldaten nur zwei Wochen später komplett aus Somalia abzog.
Ähnlich gegensätzliche Beurteilungen löste Steven Spielbergs "Saving Private Ryan" aus, dessen enormer Erfolg bei Zuschauern wie auch vielen Experten 1998 nach knapp zehnjähriger Pause eine neue Welle von Kriegsfilmen einleitete. Der Film erzählt die Geschichte einer kleinen Truppe, angeführt von Captain Miller (Tom Hanks), die unmittelbar nach der alliierten Landung in der Normandie auf die Suche nach dem Soldaten James Ryan (Matt Damon) geschickt wird, dessen sämtliche Brüder bereits im Krieg gefallen sind. Deshalb soll Ryan, dessen genauer Aufenthaltsort nach der Invasion nicht bekannt ist, in die Vereinigten Staaten zu seiner trauernden Mutter zurückgeschickt werden.
Vor allem aufgrund der ersten rund 20 Minuten erhielt "Saving Private Ryan" viele Schlagzeilen und großes Lob, denn hier zeigt Spielberg in einer vorher nicht gekannten Intensität die Landung der alliierten Soldaten an den Stränden der Normandie unter dem fortwährenden Beschuss zahlloser deutscher Geschütze. Noch ehe sie an Land kommen, sterben viele Soldaten, als ihre Boote getroffen werden; doch die wahre Hölle beginnt erst, als die Überlebenden den Strand erreichen und im Sperrfeuer der Deutschen versuchen müssen, deren Stellungen und Bunker zu erobern.[169]
Spielberg hat für diese Sequenz viele Kunstgriffe angewandt: So entzog er den Bildern 60 Prozent ihrer Farbe, um einen kühlen Farbton zu kreieren, der an die realen Bilder der damaligen Wochenschauen erinnert. Zudem ließ er die Szenen von einem Kameramann mit Handkamera filmen und verstärkte in der Postproduktion die

---

169 *Saving Private Ryan* [Deutscher Titel: *Der Soldat James Ryan*], USA, 1998, Regie: Steven Spielberg.

Einschlaggeräusche der Kugeln. Somit hat das Publikum das beunruhigende Gefühl, selbst ein Teil dieses ungeheuren, mörderischen Infernos zu sein.[170]

Die alptraumhaften Szenen der Landung in der Normandie bleiben dem Zuschauer im Gedächtnis und sind – wie Veteranen bestätigten – so realitätsnah wie in keinem vorherigen Kriegsfilm. Dennoch ist es gerade diese Eingangssequenz, die letztlich zu einem Problem für "Saving Private Ryan" wird. Denn weder hält der Film diese hohe Intensität durch noch die unprätentiöse Erzählweise der alliierten Landung. Stattdessen entspinnt sich im weiteren Verlauf ein klassischer Kommandofilm.

Captain Miller und seine Männer erhalten den Auftrag, tief im Feindesland nach James Ryan zu suchen, wofür sie sich durch Scharen deutscher Soldaten kämpfen müssen. Im Gegensatz zum Beginn des Films lässt sich der Rest kaum als Anti-Kriegsfilm bezeichnen, denn unter anderem werden die Deutschen in einem bemerkenswert schlechten Licht gezeigt: Ein deutscher Gefangener, den die Männer zunächst verschonen und laufen lassen, tötet am Ende gar Captain Miller und wird dafür nach seiner erneuten Gefangennahme mit einem Kopfschuss "belohnt" – das ist so klischeehaft, dass beispielsweise der deutsche Schauspieler Til Schweiger diese ihm angebotene Rolle ablehnte.[171]

Zudem hinterfragt Spielberg weder den Sinn des Krieges noch die Handlungen des Militärs. Er zeigt zwar die banale Wahrheit, dass Krieg grundsätzlich schrecklich ist, lässt aber implizit seine Überzeugung durchscheinen, dass Krieg als letzter Ausweg manchmal unumgänglich sei. Das ist gerade angesichts der Ära, in der "Saving Private Ryan" spielt, eine legitime Haltung, die sich aber kaum mit einem echten Anti-Kriegsfilm vereinbaren lässt. Dennoch passt Spielbergs Werk auch insofern in die Reihe der realitätsnahen Filme, als es dem Regisseur besonders am Herzen lag, alles so wahrheitsgetreu wie möglich zu inszenieren, von der korrekten Aussprache bis hin zur authentischen Ausrüstung der handelnden Figuren.[172]

13 Jahre nach "Saving Private Ryan" widmete sich Spielberg erneut der Kriegsthematik, und auch mit "War Horse" wagte er die Gratwanderung zwischen realistisch inszeniertem Anti-Kriegsfilm und mitreißendem Abenteuerkino. Dabei könnten die Filme ansonsten nicht viel unterschiedlicher sein. "War Horse" ist die Adaption eines auf einem Kinderbuch von Michael Morpurgo basierenden Theaterstücks,

---

170 Schäfli, *Hollywood führt Krieg*, S. 136.

171 IMDb, "Til Schweiger: Biography", The Internet Movie Database, URL: http://www.imdb.com/name/nm0001709/bio [20. Januar 2015].

172 Schäfli, *Hollywood führt Krieg*, S. 136.

dessen Hauptfigur ungewöhnlicherweise ein Pferd namens Joey ist. Das Publikum begleitet Joey bei seinen Erlebnissen während des Ersten Weltkrieges, die es nacheinander zu Briten, Franzosen und Deutschen führt. Angelegt ist diese episodenhafte Geschichte als Märchen für Erwachsene, was sich in einem Inszenierungsstil niederschlägt, der deutlich an die großen Hollywood-Epen eines John Ford ("The Searchers", "Rio Grande") oder William Wyler ("Friendly Persuasion", "The Big Country") in den 1950er Jahren angelehnt ist. Im Gegensatz zu den gewollt kühlen, entsättigten Farben von "Saving Private Ryan" zeigt sich "War Horse" betont farbenfroh, was wiederum an die Technicolor-Filme der "Goldenen Ära" Hollywoods erinnert und den märchenhaften Charakter des Werks unterstreicht. Das bedeutet aber nicht, dass Spielberg auf eine Anti-Kriegsbotschaft verzichtet. Ganz im Gegenteil sind die eigentlichen Kampfhandlungen an der Front zwar (entsprechend der an ein junges Publikum gerichteten Vorlage) unblutig in Szene gesetzt, aber nichtsdestoweniger abschreckend: So wollen etwa zu Beginn des Krieges die Briten den deutschen Feind mit einem morgendlichen Kavallerieangriff überraschen – wie es jahrhundertelang ein höchst effektives taktisches Manöver war –, werden stattdessen aber von den modernen deutschen Maschinengewehren scharenweise niedergemäht, sodass am Ende fast nur reiterlose Pferde die deutschen Reihen erreichen. Das ist eine beeindruckend ausdrucksstarke Symbolik für die Gräuel, die diese neue Art von Kriegsführung für die Soldaten bereithält. Dass ein deutscher Offizier den überlebenden Major Stewart (Benedict Cumberbatch) wütend ob der Naivität der veralteten britischen Strategie schilt, die das von niemandem gewollte Massaker verschuldet habe, ist ähnlich bezeichnend und zeigt zudem, dass Spielberg nicht daran gelegen ist, eine Nation als die "Bösen" dieses Krieges und dieser Geschichte zu präsentieren.

Vielmehr sorgt der durch Joeys Odyssee bedingte ständige Perspektivwechsel zwischen Briten, Deutschen und Franzosen dafür, dass eher die Gemeinsamkeiten als die Unterschiede hervorgehoben werden. Das führt dazu, dass deutsche und britische Soldaten, die noch kurz zuvor auf beiden Seiten unzählige Opfer durch Giftgasangriffe in den Schützengräben erleiden mussten, zusammenarbeiten, um den im Niemandsland kläglich im Stacheldraht festhängenden Joey zu befreien. Letztlich, diese Botschaft ist auch angesichts des (realistisch) tragischen Endes der meisten Handlungsstränge klar, geht es für die kämpfenden Soldaten wie auch für die zwischen die Fronten geratenen Zivilisten und sogar für ein tapferes Pferd nur um eines: das nackte Überleben. Und genau das zeichnet einen Anti-Kriegsfilm aus.[173]

In David O. Russells actionreicher Golfkriegs-Satire "Three Kings" von 1999 wird die objektive Sichtweise so weit getrieben, dass dem Zuschauer selbst ein Iraker, der den US-Soldaten Troy Barlow (Mark Wahlberg) foltert, nicht völlig unsympathisch ist. Der Iraker erzählt, sein Sohn sei durch eine amerikanische Bombe im Schlaf getötet worden, während seine Frau bei dem Angriff beide Beine verloren habe. Das verursacht beim Publikum Betroffenheit und sogar ein gewisses Verständnis. Außerdem betont der Iraker, dass die Amerikaner es waren, die ihn in den 1980er Jahren militärisch ausbildeten, als es zum ersten Golfkrieg zwischen Irak und Iran kam.

Thematisch verwandt mit "Three Kings", aber doch deutlich ernsthafter ist "Jarhead", eine Kriegssatire des OSCAR-gekrönten britischen Regisseurs Sam Mendes aus dem Jahr 2005, die inmitten der "Operation Desert Storm" spielt und eine Verfilmung des gleichnamigen Bestsellers von Anthony Swofford ist. Darin berichtet der ehemalige Marine detailgetreu und ungeschminkt von seinen Erlebnissen während des Irakkrieges zu Beginn der 1990er Jahre.

Wie so viele andere Kriegsfilme beginnt auch "Jarhead" ("Topfkopf" - ein Ausdruck, mit dem sich die Marines aufgrund ihrer markanten Frisur selbst bezeichnen) in einem Ausbildungslager der US-Armee, in dem die neuen Rekruten gnadenlos gedrillt werden. Dieser Teil des Films erinnert an Kubricks "Full Metal Jacket", nur dass Mendes wesentlich mehr Humor – oder treffender: Sarkasmus – verwendet, ohne dabei den ernsten Hintergrund aus den Augen zu verlieren. So ist es bezeichnend, dass im Film mehr amerikanische Soldaten im Ausbildungslager sterben (genau einer) als im Krieg selbst. Den bekommen Private Swofford (Jake Gyllenhaal) und seine Einheit nämlich fast nur aus der Ferne mit. Obwohl sie gleich nach Saddam Husseins Überfall auf Kuwait an den Golf verlegt werden und bis zum Ende in der Wüste bleiben, geben die meisten Soldaten dieser Einheit während des gesamten Krieges keinen einzigen Schuss auf den Feind ab.

In dem in der Wüste spielenden Hauptteil der Story gemahnt "Jarhead" in gewisser Weise an Terrence Malicks "The Thin Red Line", denn hier wie dort scheut sich

---

[173] *War Horse* [Deutscher Titel: *Gefährten*], USA/Großbritannien, 2011, Regie: Steven Spielberg.

der jeweilige Regisseur nicht, in quälender Ausführlichkeit die Langeweile der Soldaten zu zeigen. Doch während die zum Zerreißen gespannten Nerven der Soldaten in "The Thin Red Line" in immer neuen, heftigen Schusswechseln mit dem Feind "besänftigt" werden, bekommen die Männer in "Jarhead" keine Gelegenheit dazu. Zu Beginn nehmen sie die Situation noch mit Humor, feiern ständig Partys mit lauter Musik und spielen Football; doch mit der Zeit schlägt ihnen das wochen-, schließlich sogar monatelange Nichtstun immer stärker auf den Magen. Die Soldaten verlieren zunehmend die Nerven und gehen vermehrt gegenseitig aufeinander los. Es entsteht eine ständig größer werdende "Wall of Shame", an der die Soldaten Fotos ihrer Frauen oder Freundinnen aufhängen, die sie in der Zwischenzeit verlassen haben. Organisationsmängel und sonstige Fehler der Armeeführung tragen auch nicht zur Entspannung der Situation bei: So gerät Swoffords Einheit einmal in sogenanntes "friendly fire", also Beschuss durch die eigenen Leute. Außerdem ist die Hälfte der Gasmasken und -anzüge defekt und Ersatzteile werden auch auf wiederholte Anfrage hin nicht geliefert.
Die visuelle Entsprechung der Hölle, in der sich die Soldaten in der Wüste trotz oder sogar gerade wegen der Absenz eines echten Feindes befinden, wird gegen Ende von "Jarhead" geliefert, als Saddam Husseins Leute Ölquellen in Brand setzen und die amerikanischen Soldaten selbst in kilometerweiter Entfernung vom herabregnenden "schwarzen Gold" getroffen werden. Regisseur Mendes und sein Kameramann Roger Deakins haben hier intensive, apokalyptische, beinahe irreal wirkende Bilder geschaffen, die die Stimmung der US-Soldaten kongenial widerspiegeln.
Die konsequente Verweigerung von echten Kriegsbildern in "Jarhead" ist eine wirkliche Novität im Genre. Teilweise gerät man gar in Versuchung, dem Regisseur vorzuwerfen, er porträtiere die amerikanischen Soldaten allzu negativ. Eine Szene, in der die gesamte Einheit gemeinsam "Apocalypse Now" anschaut und beim Helikopterangriff auf ein vietnamesisches Dorf hemmungslos jubelt und bei jedem Treffer applaudiert (also genau die gegenteilige Reaktion zeigt wie ein "normales" Publikum bei Francis Ford Coppolas Anti-Kriegs-Klassiker), ist ebenso wenig schmeichelhaft wie der derbe Umgang der Soldaten untereinander oder die gelegentlichen rassistischen Bemerkungen über die Iraker. Doch es handelt sich nun mal um die Verfilmung des Buchs eines Beteiligten an diesem Krieg und zahlreiche Marines haben die Realitätsnähe von "Jarhead" vorbehaltlos bestätigt. Insgesamt hat Sam Mendes somit auf satirische Art und Weise einen authentischen

Bericht eines im wahrsten Sinne des Wortes schmutzigen Krieges abgeliefert, der den Soldaten physisch und vor allem psychisch alles abverlangt hat, ganz gleich, ob mit oder ohne direkten Feindkontakt. Oder wie es Swofford am Ende des Films formuliert: "[W]hatever else he may do with his life – build a house, love a woman, change his son's diaper – he will always be a jarhead. And all the jarheads killing and dying, they will always be me. We are still in the desert."[174]

Einer der jüngeren Beiträge zu den vergleichsweise objektiven Kriegsfilmen ist Sir Ridley Scotts monumentaler Kreuzritter-Film "Kingdom of Heaven" aus dem Jahr 2005. Obwohl es sich wie bei anderen historischen oder fantastischen Epen jener Zeit – etwa "Gladiator", "The Lord of the Rings" oder "Troy" – nicht direkt um einen Kriegsfilm handelt, passt er doch zum Thema. Denn Regisseur Scott sieht sein Werk als Allegorie auf die heutige Situation zwischen Christen und Muslimen: "Wir brauchen uns nichts vorzumachen, unser Film reflektiert auch die Gegenwart. Die Menschen haben sich offenbar nicht wirklich geändert. Die Waffen sind inzwischen andere, aber die Menschen selbst scheinen sich erschreckenderweise überhaupt nicht zu entwickeln, und das ist eine enttäuschende Erkenntnis."[175]

Um mit seinem Film nicht weitere negative Gefühle zu schüren, habe er bewusst einen speziellen Teil der Kreuzzüge ausgesucht, in dem die Anführer beider Seiten zwar Krieg gegeneinander führten, "aber fair geblieben sind und nichts mit den Gräueltaten und Massakern der früheren Schlachten zu tun haben."[176] In der Tat präsentiert "Kingdom of Heaven" in für das Genre bemerkenswerter Neutralität beide Parteien gleichwertig. Auf jeder Seite gibt es gute und böse Charaktere, vernünftige und fanatische. Letztlich wirken die Muslime um ihren Anführer Saladin (Ghassan Massoud) sogar ein bisschen sympathischer als die Christen, von denen einige immer wieder mit brutalen Überfällen ihre Feinde provozieren. Dabei ist der eigentliche Filmheld mit dem jungen Schmied Balian (Orlando Bloom), der sich innerhalb kurzer Zeit zu einem ehrenhaften Ritter entwickelt, ein Christ. Er verkörpert die positive Seite des Christentums, während vor allem die fanatischen Templer um Guy de Lusignan (Marton Csokas) für die negative stehen.

---

174 *Jarhead* [Deutscher Titel: *Jarhead – Willkommen im Dreck]*, USA, 2005, Regie: Sam Mendes.

175 Artur Jung, "Zwischen Himmel & Hölle", in: *Cinema*, Heft Nr. 324, 05/05 (21. April 2005), S. 35.

176 Ibid.

Kurioserweise hat Scott mit seinem ausgewogenen Werk Anhänger beider Religionen gleichermaßen verärgert. Dennoch wurde "Kingdom of Heaven" in vielen muslimischen Ländern aufgeführt, in denen US-Filme sonst häufig nur in zensierter Form oder gar nicht gezeigt werden. Selbst in Malaysia, wo normalerweise jeder Film verboten wird, der aus Sicht der Regierung auch nur ansatzweise antimuslimisch ist, startete der Film zeitgleich mit den USA und Deutschland – und zwar erfolgreich. Das belegt, dass Sir Ridley Scott mit seinem Werk eine erstaunlich objektive Addition zum Genre gelungen ist.[177]

Neben solchen aufwendigen Produktionen gab es immer wieder kleinere Projekte, die mit vergleichsweise bescheidenen finanziellen Möglichkeiten verwirklicht werden. Zumindest in der ersten Zeit nach der Veröffentlichung erreichen sie meist nur wenige Zuschauer, unterstrichen aber ebenfalls den Realismus-Trend. Beispielhaft dafür sei an dieser Stelle Predrag Antonijevic' "Savior" aus dem Jahr 1998 erwähnt, koproduziert von Oliver Stone. In diesem Film geht es um einen US-Amerikaner, dessen Frau und Kind bei einem islamistischen Bombenanschlag getötet wurden. Aus Verbitterung über den sinnlosen gewaltsamen Verlust seiner Familie verdingt er sich im Jugoslawien-Krieg in den 1990er Jahren als Fremdenlegionär auf Seiten der Serben, wo er vorwiegend gegen Bosnier muslimischen Glaubens kämpft. Dabei erlebt er aus nächster Nähe die unaussprechlichen Grausamkeiten und den Hass, der beide Seiten davon abhält, endlich Frieden zu schließen. Das Drehbuch von Robert Orr fiel derart überzeugend und authentisch aus, dass trotz des vergleichsweise geringen Budgets von nur etwa $ 10 Millionen bekannte Schauspieler wie Dennis Quaid, Stellan Skarsgård und Nastassja Kinski verpflichtet werden konnten, die "Savior" wenigstens auf dem Heimkinomarkt zu einer gewissen internationalen Aufmerksamkeit verhalfen.

Die neue Objektivität im amerikanischen Film wurde – neben den bereits im vorherigen Kapitel erwähnten, von Kathryn Bigelow betont sachlich und nüchtern inszenierten "The Hurt Locker" und "Zero Dark Thirty" – durch einen Hollywood-Altmeister auf die Spitze getrieben: Ende 2006 brachte der mehrfache OSCAR-Gewinner Clint Eastwood gleich zwei von der Kritik gefeierte Filme über die Schlacht um Iwo Jima kurz vor Ende des Zweiten Weltkrieges in die US-Kinos:

---

[177] Conor Bresnan, "Around the World Roundup: 'Kingdom' Reaps $55 Bow", Box Office Mojo, 10. Mai 2015, URL: http://boxofficemojo.com/news/?id=1817&p=.htm [10. Mai 2005].

"Flags of Our Fathers" präsentiert die Geschehnisse aus amerikanischer Sicht und geht neben einer in Rückblenden eingebauten, schonungslos realistischen Darstellung der Kriegshandlungen ungewöhnlich kritisch auf die Vorführung vermeintlicher Kriegshelden in der Heimat zu Propagandazwecken ein; der auf Japanisch gedrehte "Letters from Iwo Jima" widmet sich in beeindruckender Art und Weise der japanischen Sichtweise der Geschehnisse.

Der Ausgangspunkt von "Flags of Our Fathers" ist eine der berühmtesten Kriegs-Photographien überhaupt, die zeigt, wie sechs Soldaten einen riesigen Fahnenmast mit der amerikanischen Flagge in die Erde des Mount Suribachi, der höchsten Erhebung der kleinen, aber heftig umkämpften japanischen Insel Iwo Jima pflanzen. "Flags of Our Fathers" erzählt die wahre Geschichte dieser Soldaten, von denen drei wenig später im Kampf fielen, während das verbliebene Trio in die Vereinigten Staaten zurückgebracht wurde. Dort sollten die dank des in allen Zeitungen veröffentlichten Fotos als "Helden von Iwo Jima" gefeierten Soldaten für amerikanische Kriegsanleihen werben.

In mancher Hinsicht wirkt "Flags of Our Fathers" beinahe wie eine Weiterführung der Tradition von Kriegssatiren wie "MASH" oder "Catch-22". Zwar ist er wesentlich weniger humorvoll, dafür wirken viele Szenen an der "Heimatfront" dermaßen absurd, dass der Zuschauer oft nicht weiß, ob er lachen oder weinen soll. So kommt es – neben noch relativ normalen Auftritten vor regelrecht enthusiasmierten Mengen jubelnder Bürger in den verschiedensten Städten der USA – zu geschmacklosen Situationen wie einer nachgestellten Erstürmung eines Pappmaché-Mount Suribachi in einem Footballstadion durch die drei Soldaten, die dem Spektakel mit sehr unterschiedlichen Gefühlen gegenüberstehen. Oder den "Helden" wird bei einem Bankett ein Dessert serviert, das jenes Foto, durch das sie berühmt wurden, imitiert – garniert mit blutroter Erdbeer-Soße …

Im Kontrast zu dieser Heldenverehrung stehen kleine, von Regisseur Eastwood wie beiläufig eingestreute Szenen, in denen etwa der Indianer Ira Hayes (Adam Beach) zunächst noch als einer der drei Überlebenden von den Menschenmassen gefeiert und bejubelt wird, wenig später jedoch – unerkannt – aus einer Bar geworfen wird mit der Begründung, dass man nun mal keine Indianer bediene.[178]

Doch "Flags of Our Fathers" zeigt nur eine Seite der Schlacht um Iwo Jima – die andere porträtiert Eastwood in dem für insgesamt vier OSCARs (auch als Bester

---

178 *Flags of Our Fathers* [Film], USA, 2006, Regie: Clint Eastwood.

Film) nominierten "Letters from Iwo Jima", der sich komplett den japanischen Verteidigern der kargen Insel widmet. Der Titel bezieht sich auf reale, von Soldaten und Offizieren verfasste Briefe, die vor Jahren vergraben auf Iwo Jima gefunden wurden und auf denen das Drehbuch von Iris Yamashita beruht. Selbst die Namen der Protagonisten entsprechen denen der vor über 60 Jahren auf dem umkämpften Eiland gefallenen Soldaten. Auch diesen Film (der wie schon die Kampfszenen von "Flags of Our Fathers" der Authentizität wegen in extrem verwaschenen Farben gedreht wurde, um optisch an Schwarz-Weiß-Kriegsfilme aus den 1940er Jahren zu erinnern) hat Eastwood als engagiertes und ergreifendes Anti-Kriegs-Plädoyer inszeniert. Besonders ungewöhnlich für einen Hollywood-Film ist, wie ausführlich und einfühlsam er dem Publikum zunächst die japanische Kultur nahebringt. Dabei herrscht eine melancholische Atmosphäre vor: Die japanischen Soldaten wissen ganz genau, dass sie keine reelle Siegchance haben und kaum einer von ihnen die Insel lebend verlassen wird.

Unterdessen muss der weltoffene befehlshabende General Kuribayashi (Ken Watanabe), der einige Jahre in den USA verbracht hat, nicht nur den aussichtslosen Kampf gegen die zahlenmäßig weit überlegenen und besser ausgerüsteten amerikanischen Invasoren führen, sondern auch gegen etliche seiner eigenen Offiziere, die wenig mit den modernen Kampf-Strategien des "Amerikaner-Freundes" anfangen können. Schließlich verweigern sie sogar direkte Befehle des Generals, da sich der angeordnete Rückzug vom verlorenen Mount Suribachi nicht mit ihrem Ehrgefühl vereinbaren lässt. Flucht ist für sie keine Option, Seppuku (ritueller Selbstmord) der einzige Ausweg.

General Kuribayashi selbst befindet sich – ebenso wie sein Freund Baron Nishi (Tsuyoshi Ihara), der 1932 in Los Angeles die olympische Goldmedaille im Springreiten gewann und später zum Ehrenbürger der Stadt ernannt wurde – ständig in einem inneren Konflikt zwischen seiner traditionellen Erziehung auf der einen sowie seinen eigenen Erfahrungen (speziell in den Vereinigten Staaten, wo er viele Freunde gefunden hat) und seinem scharfen Verstand auf der anderen Seite.

Die zweite Hauptfigur des Films ist der einfache Soldat Saigo (gespielt vom japanischen Popstar Kazunari Ninomiya), dessen Wege sich mit denen des Generals immer wieder schicksalhaft kreuzen. Saigo dient als zentrale Identifikationsfigur des Zuschauers; das Publikum kann seine Angst und seine Verunsicherung angesichts eines aussichtslosen Kampfes ebenso nachvollziehen wie die Sehnsucht nach seiner Frau und der Tochter, die er noch nie gesehen hat. Dabei verhehlt der Regisseur wie schon in "Flags of Our Fathers" nie seine Sympathie für jene einfachen Soldaten, die gerade in der Schlacht um Iwo Jima – eine eigentlich völlig unbedeutende kleine Insel irgendwo im Nirgendwo – sinnlos verheizt werden, ohne zu wissen, wofür genau sie eigentlich kämpfen. Beide Filme präsentieren keine klassischen Helden; vielmehr geht es um ganz normale Menschen, die sich im Grunde genommen nur in ihren Gesichtszügen und in ihrer Sprache unterscheiden. Auf beiden Seiten kommt es zu Gräueltaten, auf beiden Seiten gibt es jedoch auch Gesten des Mitgefühls und des Verständnisses für den Feind.[179]

So fügen sich "Flags of Our Fathers" und vor allem "Letters from Iwo Jima" (bei denen Regielegende Steven Spielberg jeweils als Produzent fungierte) in die Reihe jener beeindruckenden, anti-heroischen, kritischen und dabei ausgesprochen realistisch inszenierten Anti-Kriegsfilme ein, die in den 10 bis 15 Jahren nach der Veröffentlichung von "Saving Private Ryan" 1998 von den großen Filmemachern in Hollywood geschaffen wurden. Bemerkenswert und ein Beleg für die Qualität von Eastwoods Arbeit ist, dass "Letters from Iwo Jima" – also ein US-Film über eine vernichtende japanische Niederlage gegen die Amerikaner – in Japan hervorragende Rezensionen erhielt und auch an den Kinokassen ausgesprochen erfolgreich war.

6.2.3 Die Auswirkungen der "Spaßgesellschaft"

In den 1990er Jahren wurde die junge Generation in Europa und Amerika oft als "Spaßgesellschaft" bezeichnet. Anders als beispielsweise in den 1960er Jahren setzte sich diese Jugend kaum für Bürgerrechte oder andere soziale Zwecke ein, stattdessen stand häufig – auch wegen des relativen Wohlstands breiter Bevölkerungsschichten, der in den Boomjahren noch zunahm – der Spaß im Vordergrund. Hollywood wurde auf dieses zahlungskräftige und -willige neue Publikum schnell aufmerksam und bediente es vor allem mit aufwendigen Action- und Horrorfilmen sowie überdrehten Komödien. Aber auch Kriegsfilme schienen nach "Saving Private Ryan" Erfolg versprechend, und so wurden mehrere derartige Filme gedreht, die kaum noch kritisch, sondern vor allem spektakulär ausfielen. Teilweise wurden die Genres auch vermengt: In Jim Abrahams' respektlosen "Hot Shots!"-Komödien von 1991 und 1993 werden unzählige Kriegs- und Militärfilme wie "First Blood",

---

179 *Letters from Iwo Jima* [Film], USA, 2006, Regie: Clint Eastwood.

"Platoon" oder der Kampfpilotenfilm "Top Gun" hemmungslos veralbert, während Joe Johnstons während des Zweiten Weltkrieges spielende Comicadaption "Captain America: The First Avenger" Kriegsfilm und Superhelden-Abenteuer in einem ist.
Im Gegensatz zu diesen reinen Unterhaltungswerken stehen zahlreiche Action-Kriegsfilme, die man zum Teil durchaus als kriegsverherrlichend bezeichnen kann. Anders als die Propagandafilme während des Zweiten Weltkrieges versuchen sie allerdings nicht, die Zuschauer zu animieren, sich der Armee anzuschließen, auch der Feind wird meist nicht übermäßig dämonisiert. Im Vordergrund steht nicht der Kampf gegen irgendjemanden, sondern ein actionreiches Abenteuer.
Der Prototyp dieser Art von Kriegsfilmen ist Michael Bays "Pearl Harbor" aus dem Jahr 2001. Der japanische Angriff auf die amerikanische Militärbasis auf Hawaii wird hier aus der Sicht der beiden Kampfpiloten Captain Rafe McCawley (Ben Affleck) und Captain Danny Walker (Josh Hartnett) sowie der Krankenschwester Evelyn Johnson (Kate Beckinsale) gezeigt, zwischen denen sich eine tragische Dreiecksbeziehung entwickelt. Regisseur Bay und sein Produzent Jerry Bruckheimer kümmerten sich wenig um historische Genauigkeit oder Objektivität; im Gegensatz zu fast allen anderen Kriegsfilmen der jüngeren Vergangenheit werden die Japaner sogar als ähnlich verachtenswert dargestellt wie in jenen Filmen, die während des Zweiten Weltkrieges gedreht wurden.
Außerdem wird die historisch unbestreitbare Niederlage der Vereinigten Staaten in Pearl Harbor gleich auf zweierlei Art und Weise nachträglich in einen vermeintlichen Sieg der Amerikaner umgedeutet. Zunächst geschieht dies im kleinen Rahmen, indem McCawley und Walker einen moralischen Erfolg erringen, als sie mit ihren Flugzeugen mehrere japanische Flieger abschießen; später ist es noch eindeutiger, als die Vergeltungsaktion der Amerikaner – ein Flugzeugangriff auf japanisches Territorium – in den Film integriert wird. Somit wird die vorherige Niederlage durch diesen Militärschlag scheinbar mehr als wettgemacht. Doch obgleich dieser Geschichtsrevisionismus für viele Zuschauer sehr ärgerlich ist, bleibt er ein Detail am Rande. Hauptsächlich besteht "Pearl Harbor" aus – handwerklich gut gemachten – Actionsequenzen, Patriotismus, computergenerierten Explosionen wie am Fließband sowie jeder Menge Pathos und Kitsch (durch die klischeehafte Liebesgeschichte). Obwohl "Pearl Harbor" aus künstlerischer Sicht als ein ziemliches Desaster gilt, spielte diese mit einem Budget von rund $ 135 Millionen ihrerzeit zu den teuersten Filmen aller Zeiten gehörende Produktion alleine in Nordamerika rund $ 200 Millionen ein. Selbst in Europa erreichte der Film ein erstaunlich großes

Publikum, allein in deutschen Kinos wurden mehr als 4,5 Millionen Tickets gelöst. Kritiker, Historiker und viele – vor allem ältere – Zuschauer zeigten sich entsetzt, doch traf der Film den Nerv der Spaßgesellschaft und zog konsequenterweise eine Reihe ähnlicher Werke nach sich.[180]

In eine vergleichbare Richtung zielt David O. Russells Golfkriegs-Satire "Three Kings" von 1999, allerdings auf erheblich höherem Niveau – was in den USA zu einem Einspielergebnis führte, das nicht einmal ein Drittel dessen von "Pearl Harbor" erreichte. Die vier Soldaten Major Archie Gates (George Clooney), Troy Barlow (Mark Wahlberg), Conrad Vig (Spike Jonze) und Chief Elgin (Ice Cube) machen sich im März 1991, kurz nach dem offiziellen Ende von "Operation Desert Storm", heimlich auf, um einen Goldschatz Saddam Husseins zu stehlen, von dem sie durch einen Gefangenen erfahren haben und den die Iraker ihrerseits aus Kuwait geraubt hatten. Während die Männer das Gold suchen, werden sie Zeugen der brutalen Willkür der irakischen Soldaten gegenüber der Zivilbevölkerung und versuchen am Ende alles, um eine große Flüchtlingsschar über die Grenze zum Iran und somit in Sicherheit zu bringen. Im Grunde ist dies eine klassische Hollywood-Geschichte über eine Gruppe goldgieriger Männer, die sich im Laufe des Films zu besseren Menschen wandeln. Allerdings hat Regisseur Russell sein Werk an den Zeitgeist angepasst, indem er es an stilisierter Action, frechen Sprüchen und satirischen Seitenhieben auf die Gesellschaft und das Militär nicht mangeln lässt und letztlich unter der Abenteuerfilm-Oberfläche eine klare Botschaft gegen den Krieg sendet.

Bereits der Beginn mit dem schriftlichen Hinweis, die Filmemacher hätten in einigen Szenen absichtlich visuelle Verfremdungen und ungewöhnliche Farben eingesetzt, um die emotionale Intensität der Handlung zu unterstreichen, ist symbolträchtig für den bewusst mangelnden Willen zur Authentizität. Direkt im Anschluss sieht man, wie einige US-Soldaten durch die Wüste marschieren, bis Barlow in einiger Entfernung einen Iraker auf einer Erderhebung entdeckt, der ihnen zuwinkt. Daraufhin entwickelt sich der folgende, in seiner Skurrilität an "Catch-22" erinnernde Dialog mit einem zweiten Soldaten:

> BARLOW: "Are we shooting?"
>
> SOLDAT: "What?"
>
> BARLOW: "Are we shootin' people or what?"

---

[180] *Pearl Harbor* [Film], USA, 2001, Regie: Michael Bay.

SOLDAT: "Are we shooting?"

BARLOW: "That's what I'm asking you!"

SOLDAT: "What's the answer?"

BARLOW: "I don't know the answer! That's what I'm trying to find out!"[181]

Als Barlow schließlich durch das Zielfernrohr erkennt, dass der Iraker in der einen Hand eine Art weißes Tuch, in der anderen jedoch ein Gewehr hält, erschießt er ihn kurzerhand. Beim Untersuchen der Leiche wird der vom Anblick des Toten leicht geschockte Barlow von seinen Kameraden unverblümt dafür beglückwünscht, dass er einen "camel jockey" ("Kameltreiber") erwischt habe. Daraufhin blendet die Kamera abrupt in das Lager der amerikanischen Armee um, in dem Partystimmung herrscht und sich die Soldaten wie in einer Disco zu lauter Musik vergnügen.

Den bereits in der Eingangssequenz von "Three Kings" angedeuteten latenten Rassismus zeigt Regisseur Russell auch in anderen Szenen – ohne erhobenen Zeigefinger, doch mit absurder Ironie. Wenn etwa der Soldat Walter Wogaman (Jamie Kennedy) über die Iraker unter anderem als "sand nigger" (in der deutschen Synchronfassung als "Wüstenbimbo" übersetzt) spricht, weist ihn der schwarze Chief Elgin zurecht, da er sich durch solche Ausdrücke verständlicherweise an den Rassismus gegenüber Schwarzen erinnert fühlt. Der hilfsbereite Barlow empfiehlt Wogaman, doch lieber Bezeichnungen wie "towelhead" ("Windelschädel") oder "camel jockey" zu verwenden – worauf Wogaman erwidert: "I apologize. It's confusing with all this pro-Saudi, anti-Iraqi type language and all that."

Mit Szenen wie diesen und ähnlich forschen Dialogen gelingt es Russell immer wieder, Kritik zu üben und gleichzeitig sein überwiegend junges Publikum zu unterhalten, das sich zudem über die unkonventionell inszenierten Actionszenen freut. Dabei wird der Film mit zunehmender Spieldauer im Grundton immer ernster und die Missbilligung auch der realen Politik von George Bush im zweiten Golfkrieg deutlicher. Beim Erreichen der irakischen Siedlung, in der sie das Gold vermuten, werden die Männer beispielsweise zwar von den irakischen Soldaten ignoriert, beobachten aber deren brutalen Umgang mit der Zivilbevölkerung. Als Barlow später Gates danach fragt, erklärt dieser lakonisch: "They surrendered to us. They're after civilians now." Und weiter: "Bush told the people to rise up against Saddam. They thought they'd have our support. They don't. Now they're getting slaughtered."

181 *Three Kings* [Film], USA, 1999, Regie: David O. Russell.

Selbst im dramatischen Finale behält Regisseur Russell seinen ausgeprägten Sinn für Ironie bei: Die Protagonisten wollen zusammen mit ein paar weiteren Soldaten die irakischen Flüchtlinge über die Grenze zum Iran bringen, doch werden sie von ihren Vorgesetzten daran gehindert und stattdessen unter Arrest gestellt. Nur aufgrund der Anwesenheit der Kriegsberichterstatterin Adriana Cruz (Judy Greer) in Kombination mit Major Gates' Versprechen, seine Vorgesetzten zum geraubten irakischen Gold zu führen, lässt Colonel Horn (Mykelti Williamson) die Flüchtlinge die Grenze passieren. Er tut es wohlgemerkt nicht etwa, weil es richtig ist; sondern weil er sich davon und von der Wiederbeschaffung des kuwaitischen Goldes Ruhm und Orden verspricht. Letztlich müssen Gates und seine Freunde die Rettung der Flüchtlinge also erkaufen.
Die Ära der vorrangig spaß- und actionorientierten Kriegsfilme mit anspruchslosen Werken wie "Pearl Harbor" oder John Moores in Bosnien spielendem "Behind Enemy Lines" (2001) sowie kritischeren Produktionen wie "Three Kings" währte allerdings nur etwa fünf Jahre lang, also jene Zeitspanne, in der mit keinem Krieg zu rechnen war und die Abrüstung forciert wurde. Nach den Terroranschlägen des 11. September 2001 waren derartige Filme in den USA nicht mehr gefragt – zumindest bis Hollywoods berühmtester Querkopf Quentin Tarantino 2009 mit seinem Zweiter Weltkriegs-Abenteuer "Inglourious Basterds" einen spektakulären Kriegsfilm vorlegte. Dank seines Gespürs für denkwürdige Figuren und grandiose Dialoge gelang es Tarantino, einen geradezu unverschämt unterhaltsamen und sogar ganz offen eine revisionistische jüdische Rachephantasie auslebenden Film zu präsentieren, ohne dabei jemals kriegsverherrlichend oder -verharmlosend zu wirken. In "Inglourious Basterds" – beide Wörter des Titels sind übrigens bewusst falsch geschrieben, richtig müsste es "Inglorious Bastards" heißen – geht es um eine von Lieutenant Aldo Raine (Brad Pitt) angeführte inoffizielle Truppe, die aus jüdischen US-Soldaten und deutschen Überläufern besteht. Einziges Ziel der ungewöhnlichen Einheit: hinter den feindlichen Linien mit brutalen Übergriffen Angst und Schrecken bei den Nazis zu verbreiten.
Schließlich ergibt sich jedoch die Möglichkeit, mit Hilfe der für die Alliierten spionierenden deutschen Schauspielstars Bridget von Hammersmarck (Diane Kruger) Adolf Hitler höchstpersönlich samt zahlreicher weiterer hochrangiger Nazis zu töten, da sich diese in einem kleinen Pariser Kino zur Premiere eines deutschen Propagandafilms versammeln. Der fanatische und hochintelligente Judenjäger Hans Landa (Christoph Waltz erhielt für seine diabolische Performance einen OSCAR

als bester Nebendarsteller) versucht, den geplanten Anschlag zu vereiteln. Tarantino erzählt diese wilde, von ihm selbst verfasste Geschichte mit viel Gewalt und noch mehr Dialogwitz. Damit schuf er wider alle Wahrscheinlichkeit noch während des andauernden "Krieges gegen den Terrorismus" einen altmodisch anmutenden Kriegsfilm für die "Spaßgesellschaft", der zum Blockbuster wurde und von Kritikern und zahlendem Publikum gleichermaßen großes Lob einheimste.
Hierfür sorgten auch Details wie eine Wiederverwendung des alten Uniform- und Sprachtricks aus Kommandofilmen der 1960er Jahre wie "The Guns of Navarone": In einer erstklassig in Szene gesetzten Schlüsselsequenz des Films erscheinen die "Inglourious Basterds" als deutsche Soldaten und Offiziere verkleidet in einer französischen Taverne, in der sich die Spionin von Hammersmarck mit ihnen treffen will. Dummerweise feiern dort auch einige echte Wehrmachtssoldaten ausgiebig, dass einer von ihnen erstmals Vater wurde. Da die für das Treffen ausgesuchten "Basterds" allesamt die deutsche Sprache beherrschen, scheint die Maskerade – wie fast immer in den alten Kommandofilmen – zu funktionieren. Doch der zufällig ebenfalls anwesende SS-Sturmbannerführer Hellstrom (August Diehl) erkennt sofort, dass Lieutenant Archie Hicox mit einem seltsamen Akzent spricht (weil der vom Deutsch-Iren Michael Fassbender verkörperte britische Soldat kein Muttersprachler ist, sondern lediglich ein auf den deutschen Film spezialisierter Filmkritiker). Nach einem raffinierten verbalen Katz-und-Maus-Spiel kann Hellstrom Hicox als Hochstapler überführen, was zu einer bleihaltigen Lösung des Konflikts führt. Diese brillant ausgeführte Variation eines alten Kriegsfilm-Klischees ist beispielhaft für Tarantinos penible Herangehensweise, die die meisten Klassiker des Genres in Sachen Detailtreue und Glaubwürdigkeit gerade der deutschen Soldaten buchstäblich alt aussehen lässt.[182]

6.2.4 Krieg gegen den Terrorismus und die Re-Politisierung des amerikanischen Kinos

Etwa ab dem Jahr 2005 begann in Hollywood (wie auch in Europa und hier speziell in Großbritannien) ein Trend, den manche schnell als eine Art Neuauflage des politisch aktiven "New Hollywood" der 1970er Jahre bezeichneten. Gesellschaftliche wie politische Themen wurden in der Folge in Filmen präsentiert, die teilweise so

---

182 *Inglourious Basterds* [Film], USA/Deutschland, 2009, Regie: Quentin Tarantino.

kritisch und kontrovers sind, dass sie nur mit zusätzlichem Geld risikofreudigerer europäischer Investoren produziert werden konnten. Die OSCAR-Verleihung 2006 spiegelte diese Richtungsänderung in Hollywood hervorragend wider: Unter den fünf nominierten Werken in der prestigeträchtigen Hauptkategorie "Bester Film" befanden sich eine epische Liebesgeschichte um zwei homosexuelle Cowboys (Ang Lees "Brokeback Mountain"), ein Schwarz-Weiß-Drama über die McCarthy-Ära, das laut Aussage des Regisseurs eindeutige Parallelen zur heutigen Zeit aufweist ("Good Night, and Good Luck." von George Clooney), ein Film über den homosexuellen Schriftsteller Truman Capote (Bennett Millers "Capote") sowie ein Politthriller über die Folgen des Olympia-Attentats von 1972 (Steven Spielbergs "Munich"), das angesichts des weiterhin schwärenden Nahostkonflikts noch immer von erschreckender Aktualität war. Gewonnen hat das Ensemble-Drama "Crash" von Paul Haggis, das sich mit den unzähligen Facetten des Rassismus im gegenwärtigen Los Angeles auseinandersetzt. Dazu wurden in weiteren Kategorien Produktionen wie der britische Politthriller "The Constant Gardener" von Fernando Meirelles oder Stephen Gaghans "Syriana" ausgezeichnet, die einen schonungslosen Blick auf die Machenschaften von Teilen der Pharma- beziehungsweise der Ölindustrie werfen.

Im folgenden Jahr setzte sich der Trend mit etlichen mit OSCAR-Nominierungen bedachten politischen Filmen fort: Clint Eastwoods Anti-Kriegs-Doppel "Flags of Our Fathers" und "Letters from Iwo Jima"; Edward Zwicks "Blood Diamond" (über Diamantenschmuggel, moderne Sklaverei und Kindersoldaten in den Krisengebieten Afrikas); Kevin Macdonalds "The Last King of Scotland" (über den früheren, lange vom Westen geduldeten ugandischen Diktator Idi Amin); das multinationale Episodendrama "Babel" von Alejandro González Iñarritu (bei dem sich ein Haupthandlungsstrang um einen vermeintlichen Terroranschlag auf amerikanische Touristen in Marokko dreht); Alfonso Cuaróns beklemmende Zukunftsvision "Children of Men"; Robert De Niros kritischer Blick auf die Machenschaften der Geheimdienste in "The Good Shepherd", einem Epos über die Anfänge der CIA. Nicht zu vergessen: Mit dem ebenfalls vielfach ausgezeichneten "United 93" des britischen Regisseurs Paul Greengrass sowie Oliver Stones recht pathetisch geratenem "World Trade Center" kamen die ersten beiden Filme, die sich direkt mit den Terroranschlägen des 11. September 2001 befassten, in die amerikanischen Kinos. Zwar stehen darin nicht die weltpolitischen Zusammenhänge im Fokus; vielmehr geht es einerseits um den erstaunlich unprätentiös dargestellten verzweifelten Kampf der

Passagiere des letztlich abseits bewohnter Gebiete zum Absturz gebrachten Fluges "United 93" gegen Terroristen, die das Flugzeug als Waffe benutzen wollen – und andererseits um die wahre Geschichte zweier unter den Trümmern des World Trade Center eingeklemmter Feuerwehrmänner, die als Letzte lebendig gerettet werden können. Dennoch zeigen auch diese Filme, dass Hollywood den Terrorismus und seine Folgen endgültig nicht mehr ignorierte.
In den folgenden Jahren wurde die Thematik in Werken wie dem bereits angesprochenen "Zero Dark Thirty" oder Sir Ridley Scotts im Nahen Osten spielendem Spionage-Thriller "Body of Lies" immer wieder aufgegriffen. Auch "United 93"-Regisseur Paul Greengrass widmete sich einige Jahre später zumindest im weiteren Sinne erneut diesem Sujet und verfilmte 2013 mit "Captain Phillips" auf hohem qualitativen Niveau die wahre Geschichte eines von Tom Hanks verkörperten amerikanischen Frachterkapitäns, der mit seinem Schiff von somalischen Piraten als Geisel genommen wurde.

Nicht alle, aber einige der kritischen Werke aus dieser Ära der 9/11-Aufarbeitung beschäftigen sich zumindest indirekt auch mit dem Krieg – speziell eben mit dem "Krieg gegen den Terrorismus" – und sind deshalb einer genaueren Betrachtung wert. Allen voran sind in diesem Zusammenhang Andrew Niccols tiefschwarze Satire "Lord of War" mit Nicolas Cage als amoralischem Waffenhändler und "Syriana", der sich unter anderem mit den Ursachen des islamistischen Terrors beschäftigt, zu nennen.
Der 2005 veröffentlichte "Lord of War" handelt vom ukrainischstämmigen Yuri Orlov (Nicolas Cage), der in den 1980er Jahren mit seiner Familie in dem ärmlichen, russisch geprägten New Yorker Vorort "Little Odessa" ein karges Leben fristet und alles versucht, um seine Situation zu verbessern. In "Little Odessa" sind Verbrechen an der Tagesordnung und so kommt Yuri auf die Idee, gemeinsam mit seinem jüngeren Bruder Vitaly (Jared Leto) mit Waffen zu handeln – zunächst in kleinen Mengen, dann aufgrund der Nachfrage und der damit verbundenen Profite in immer größerem Stil. Wie Yuri zu Beginn des Films aus dem Off zynisch kommentiert: "There are over 550 million firearms in worldwide calculation. That's one

firearm for every twelve people on the planet. The only question is: How do we arm the other eleven?"[183]

An größere Warenmengen gelangt Yuri zunächst vor allem in Form von der US-Armee in Afrika (zum Beispiel im Libanon) zurückgelassener Waffen: "When the United States leaves a war zone", erläutert Yuri, "they generally don't take their munitions. It costs more to bring it back than to buy new stock." Allerdings ist der Gewinn aus diesen Geschäften für Yuri vergleichsweise gering, da er immer wieder amerikanische Offiziere bestechen muss, um Nachschub zu erhalten. Nach dem Zusammenbruch der Sowjetunion ist es für die Waffenhändler dagegen ein Kinderspiel, billig an jedwede Militärausrüstung zu kommen, die in Russland und anderen osteuropäischen Staaten in gewaltiger Anzahl und dabei mehr oder weniger unbewacht herumliegt. Angesichts des schieren Angebots muss Yuri nun auch wesentlich weniger Schmiergeld bezahlen als zuvor in Afrika. Selbst Panzer und Kampfhubschrauber kann er für gutes Geld vor allem an afrikanische Diktatoren verkaufen: "The primary market was Africa. Eleven major conflicts involving thirty-two countries in less than a decade. A gunrunner's wet dream. At the time, the West couldn't care less. They had a white war in what was left of Yugoslavia."

Am Ende des Films wird ein Text eingeblendet, wonach der Film auf realen Ereignissen basiere. Tatsächlich orientiert sich die Rolle des Waffenschiebers Yuri Orlov bewusst an echten Personen – allen voran dem russischen Waffenhändler Viktor Bout, der seit 2012 in den USA inhaftiert ist.[184] Die im Film von ihm mit Waffen belieferten Länder (darunter Libanon, Liberia und Sierra Leone) sind oder waren reale Krisengebiete, deren damalige Situation jeweils akkurat in Szene gesetzt ist. Generell ist das meiste, was "Lord of War" zeigt, nach Einschätzung von Experten zwar satirisch überhöht, aber sehr wohl realistisch. Weiterhin wird am Filmende darauf hingewiesen, dass die fünf ständigen Mitglieder des UN-Sicherheitsrates – die USA, Großbritannien, Frankreich, China und Russland – zum Zeitpunkt der Dreharbeiten die größten Waffenhändler der Welt gewesen seien; auch diese Tatsache thematisiert Regisseur Niccol in seinem Werk. Bezeichnend ist dabei die Situation von Yuri Orlovs Hauptgegner, dem integren Interpol-Agenten Jack Valentine

---

183 *Lord of War* [Deutscher Titel: *Lord of War – Händler des Todes*], Frankreich/USA/Deutschland, 2005, Regie: Andrew Niccol.

184 O.V., "Russian arms dealer Viktor Bout handed 25-year federal sentence", CNN, 6. April 2012, URL: http://edition.cnn.com/2012/04/05/justice/new-york-viktor-bout-case/ [13. Mai 2015].

(Ethan Hawke), der jahrzehntelang versucht, dem Waffenschieber das Handwerk zu legen. Er scheitert jedoch immer wieder an den starren Regeln, zu deren Einhaltung er verpflichtet ist und die ihn ins Hintertreffen bringen. Diese Darstellung der Konstellation von Waffenhändler und Interpol-Agent ist ein deutlicher Hinweis des Regisseurs (der auch das Drehbuch verfasste) auf die realen Verhältnisse: Die Waffenhändler sind ihren Häschern stets um einen oder mehrere Schritte voraus. Interpol wie auch nationale Behörden mögen immer wieder kleinere Erfolge vorweisen können, doch letztlich scheinen sie mit ihren beschränkten Möglichkeiten nahezu hilflos zu sein gegenüber der geballten kriminellen Energie jenes (auch dank des internationalen Terrorismus) Multi-Milliarden-Dollar-Geschäfts namens "Waffenhandel".

Im Film wird diese Hilflosigkeit auf die Spitze getrieben, als es Valentine eines Tages endlich gelingt, Yuri Orlov zu überführen und hinter Gitter zu bringen – was diesen allerdings nicht im Mindesten zu beunruhigen scheint. Auf Valentines Nachfrage erläutert Orlov ihm als Grund für seine Gelassenheit, er werde sowieso in Kürze freigelassen werden und es gebe nichts, was der Interpol-Agent dagegen tun könne:

> "The reason I'll be released is the same reason you think I'll be convicted. I do rub shoulders with some of the most vile, sadistic men calling themselves leaders today. But some of those men are the enemies of <u>your</u> enemies. And while the biggest arms dealer in the world is <u>your</u> boss – the President of the United States, who ships more merchandise in a day than I do in a year – sometimes it's embarrassing to have his fingerprints on the guns. Sometimes he needs a freelancer like me to supply forces he can't be seen supplying. So. You call me evil, but unfortunately for you, I'm a necessary evil."

Tatsächlich wird Yuri Orlov einen Tag später in die Freiheit entlassen. Er verabschiedet sich vom Publikum mit den Worten: "You know who's going to inherit the Earth? Arms dealers. Because everyone else is too busy killing each other."

Regisseur Andrew Niccol, ein gebürtiger Neuseeländer, der sich bereits in seinem intelligenten Science-Fiction-Thriller "Gattaca" (1997) kritisch an gesellschaftlich relevante Themen heranwagte, hat mit "Lord of War" einen bemerkenswerten Film geschaffen, der in seiner unnachgiebigen Offenheit und seiner unverblümten Gesellschaftskritik typisch ist für die Befindlichkeiten eines gewichtigen Teils der amerikanischen Nation nach dem kollektiven Trauma des 11. September 2001: Ein Waffenhändler als (Anti-)"Held", dessen zynische Kommentare die Realitäten des Waffenhandels beinahe beiläufig offen legen (weitere Beispiele: "I never sold to Osama bin Laden. Not on any moral grounds: back then, he was always bouncing checks." – "I supplied everyone but the Salvation Army"), dazu ein machtloser Interpol-Agent als Gegenspieler sowie reale Bürgerkriegsgebiete als Schauplätze – "Lord of War" weiß den politisch interessierten Zuschauer zu beeindrucken. Und das nicht zuletzt aufgrund der beunruhigenden Realitätsnähe des Gezeigten. Selbst Geschehnisse am Rande der Produktion sind bezeichnend: So wollte Niccol für die Inszenierung einer Waffenlieferung 3000 Kalaschnikow-Attrappen kaufen, bezog stattdessen aber echte Gewehre, da diese schlichtweg billiger zu besorgen waren.[185] Einen solch schonungslosen Blick auf die realen weltpolitischen Verhältnisse wie "Lord of War" hat die amerikanische Filmindustrie selten zuvor in die Lichtspielhäuser gebracht.

Während sich "Lord of War" vor allem auf den internationalen Waffenhandel und dessen Rolle in Krieg und Terrorismus konzentriert, geht Stephen Gaghans im gleichen Jahr gestarteter Politthriller "Syriana" noch wesentlich tiefer. Gaghan selbst hat das Drehbuch geschrieben, das auf den in Deutschland unter dem Titel "Der Niedergang der CIA" veröffentlichten Memoiren des ehemaligen CIA-Agenten Robert Baer basiert (der im Film einen kleinen Gastauftritt hat). Um möglichst viele Aspekte der ausgesprochen komplexen Thematik abzudecken, ist der Film episodisch aufgebaut. "Syriana" zeigt auf, wie sich zunächst scheinbar unzusammenhängende Handlungsstränge verbinden, die den islamistischen Terrorismus direkt oder indirekt fördern und die ohnehin fragile Lage im Nahen Osten immer weiter destabilisieren.

Da wäre zunächst der junge amerikanische Finanzexperte Bryan Woodman (Matt Damon), der nur infolge des tragischen Unfalltodes seines Sohns auf einer Party des Emirs eines ölreichen arabischen Kleinstaates zum Wirtschaftsberater des aufgeschlossenen und reformbereiten Prinzen Nasir (Alexander Siddig) wird. In dieser Stellung muss er miterleben, wie der Westen alles unternimmt, um dem Prinzen zu schaden, da dieser sich nicht von außen beeinflussen oder gar lenken lässt, sondern zuallererst seinem Volk helfen will.

Als Woodman dem Prinzen vorhält, wie wenig sein Land in der Vergangenheit aus seinem Ölreichtum gemacht habe, erwidert dieser:

---

185 Andrew Niccol, "Audiokommentar", in: *Lord of War* [Deutscher Titel: *Lord of War – Händler des Todes*], Frankreich/USA/Deutschland, 2005, Regie: Andrew Niccol.

"I'll put all of our energy up for competitive bidding. I'll run pipe through Iran to Europe, like you proposed. I'll ship to China. Anything that achieves efficiency and maximizes profit. Profit which I will then use to rebuild my country."

WOODMAN: "That's exactly what you should do!"

NASIR: "Exactly. Except your president rings my father and says: 'I've got unemployment in Texas, Kansas, Washington State.' A phone call later, we're stealing out of our social programs in order to buy overpriced airplanes. We owed the Americans, but we've repaid that debt. I accepted a Chinese bid – the highest bid –, and suddenly I'm a terrorist, I'm a godless communist!"[186]

Dieser Dialog (wie die gesamte Episode um Prinz Nasir und Bryan Woodman) soll verdeutlichen, dass die Vereinigten Staaten aus Eigennutz eine instabile und für die dortige Bevölkerung nachteilige Situation im Nahen Osten billigend in Kauf nehmen. Insbesondere in Hinblick auf die wiederholten Beteuerungen des amerikanischen Präsidenten George W. Bush vor der Invasion des Irak im Jahr 2003, man wolle dem Land Demokratie bringen und die Lebensverhältnisse der irakischen Bevölkerung dramatisch verbessern, wird die makabre Bedeutung dieses Handlungsstrangs offenbar. Da des Emirs jüngerer Sohn, der verwöhnte Prinz Meshal (Akbar Kurtha), sich für die Amerikaner im Gegensatz zu Nasir als willige Marionette entpuppt, die nicht nur amerikanische Ölgesellschaften bevorzugen würde, sondern auch militärische Präsenz der US-Armee in seinem Land gutheißt, verhilft der amerikanische Auslandsgeheimdienst CIA schließlich ihm zur Macht im Emirat. Der angebliche Terrorist Prinz Nasir wird durch einen ferngelenkten Drohnenangriff beseitigt.

Unterdessen soll in den USA der Anwalt Bennett Holiday (Jeffrey Wright) im Auftrag des Justizministeriums einen bestehenden Korruptionsverdacht bei der Fusion zweier großer Ölgesellschaften überprüfen – wobei ihm aber sogleich klargemacht wird, er habe dafür zu sorgen, dass die für die Vereinigten Staaten sehr vorteilhafte Fusion dennoch zustande kommt. Bei seinen Nachforschungen stößt Holiday auf ein ungeahntes Ausmaß an krimineller Energie. Danny Dalton (Tim Blake Nelson), ein hochrangiger Angestellter einer der Ölfirmen, erklärt dem Anwalt als Antwort auf dessen Korruptionsvorwürfe: "We have laws against it precisely so we can get away with it. Corruption is our protection! Corruption keeps us safe and warm. Corruption is why you and I are prancing around in here instead of fighting over scraps of meat out in the streets. Corruption is why we win!"

---

186 *Syriana* [Film], USA, 2005, Regie: Stephen Gaghan.

Regisseur Gaghan lässt scheinbar zynische Aussagen wie diese unkommentiert stehen, lässt sie für sich selbst sprechen. Er verurteilt nicht direkt, er teilt nicht in bewährter Hollywood-Manier in "Gut" und "Böse" ein, weil die Welt eben nicht so einfach ist. Gaghan zeigt, wie die Realität seinen Recherchen zufolge aussieht und er überlässt es seinem Publikum, das Gezeigte zu beurteilen. Fairerweise lässt er die Charaktere dabei auch wiederholt die wahrscheinlichen (und teilweise durchaus beunruhigenden) Folgen skizzieren, die eine Vorgehensweise allen Gesetzen und Regeln entsprechend nach sich zöge. Beispielhaft für diese Ambivalenz ist eine Szene, in der Jimmy Pope (Chris Cooper) – Inhaber eines der beiden von der Fusion betroffenen Unternehmen – Holiday klarmacht, dass die chinesische Wirtschaft nur deshalb nicht noch schneller wachse, weil sie aufgrund der Bemühungen der amerikanischen Ölindustrie dafür nicht genügend Öl zur Verfügung hätte: "Now, I'm damn proud of that fact!" Jimmy Pope handelt als Patriot in der Überzeugung, zum Besten seiner Nation zu wirken. In seinen eigenen Augen ist er ganz eindeutig einer von den Guten. Und er ist nur einer von vielen mit dieser Sichtweise. Holiday gibt sich schließlich – auf Anweisung seiner Vorgesetzten – mit der Überführung zweier Sündenböcke zufrieden: "We're looking for the illusion of due diligence, Mr. Pope", erläutert er später. "Two criminal acts successfully prosecuted, it gives us that illusion."

Im arabischen Raum wiederum ist der CIA-Veteran Bob Barnes (George Clooney wurde für seine Darstellung mit dem OSCAR für den besten Nebendarsteller geehrt) damit beschäftigt, Aufträge der US-Regierung auszuführen – von deren Richtigkeit er jedoch immer weniger überzeugt ist. Schließlich fällt er bei seinem Arbeitgeber in Ungnade und versucht auf eigene Faust, Prinz Nasir vor dem geplanten Attentat zu warnen. Aber er kommt zu spät und stirbt ebenfalls beim Raketeneinschlag in Nasirs Wagen. Offensichtlich bezieht sich diese Episode von "Syriana" auf die starke Kritik, die nach den Terroranschlägen des 11. September 2001 an den amerikanischen Geheimdiensten geübt wurde. Erneut erliegt Stephen Gaghan nicht der Versuchung, die CIA einfach nur als unfähig oder gar "böse" darzustellen: Auch die CIA handelt hier aus gut gemeintem Patriotismus zum vermeintlich Besten der USA. Selbst die drastischen Budgetkürzungen beim Auslandsgeheimdienst nach dem Ende der Sowjetunion werden thematisiert. Dadurch wurde die Handlungsfreiheit der CIA drastisch eingeschränkt, was als eine von vielen Ursachen dafür gilt, dass der vom Terroristen-Führer Osama bin Laden initiierte Angriff auf World Trade Center und Pentagon nicht verhindert werden konnte.

Im vielleicht bewegendsten, auf jeden Fall aber unkonventionellsten Erzählstrang von "Syriana" zeigt der Regisseur das Los einiger einfacher pakistanischer Arbeiter, die ihre Anstellung bei einer Ölfirma in Arabien verlieren, als diese von einem chinesischen Unternehmen übernommen wird. Die Männer sind zunehmend verzweifelt: Sie sind arbeitslos – wodurch ihnen die Ausweisung droht –, werden schlecht behandelt und wohnen auf engstem Raum in provisorischen Baracken. Die einzigen, die sich um sie kümmern, sind die Geistlichen der örtlichen Koranschule, bei der es zudem stets kostenlos gutes Essen gibt. Gaghan zeigt, wie die an sich wenig religiösen Männer, die sich die Zeit mit Fußball und Diskussionen über Hollywood-Filme vertreiben, durch äußere Umstände geradewegs in die bereitwillig ausgestreckten Arme islamistischer Fundamentalisten getrieben werden. Diese beeinflussen einige von ihnen langsam, aber beharrlich dahingehend, selbst extreme Ansichten zu übernehmen und letztendlich zu Selbstmordattentätern zu werden. Gerade dieser Handlungsstrang wirkt zwar aufgrund der begrenzten Laufzeit des Films etwas simplifiziert, ist aber dennoch eindrucksvoll in Szene gesetzt und zeigt im Zusammenspiel mit den übrigen Episoden, dass der Westen – womit sowohl Regierungen als auch große Konzerne gemeint sind – eine nicht unerhebliche Mitverantwortung am Erstarken des islamistischen Terrors trägt, ohne diesen auch nur ansatzweise zu billigen oder gar zu rechtfertigen.
Obwohl man "Syriana" sicherlich als US-kritischen Film bezeichnen kann, schiebt Regisseur Stephen Gaghan keineswegs alle Schuld den Vereinigten Staaten zu. Die Korruption in der Ölbranche ist schließlich nicht auf die amerikanischen Unternehmen beschränkt – was im Film ebenfalls angedeutet wird –, die Geheimdienste anderer Staaten handeln erwiesenermaßen auch nicht immer den Gesetzen entsprechend. Und wenngleich die pakistanischen Ölarbeiter in "Syriana" zwar indirekt durch das Handeln des Westens fanatisiert werden, sind es doch letztlich eindeutig die Islamisten selbst, welche die einfachen Männer zum Terrorismus verführen. Dies geschieht unter anderem durch das Versprechen, sich um das Wohlergehen der Familien der angehenden Selbstmordattentäter zu kümmern. Dennoch werden im Film realistischerweise auch viele Ölarbeiter gezeigt, die allen Widrigkeiten zum Trotz eben nicht den Verlockungen der Fanatiker erliegen.
In gewisser Weise zeigt "Syriana" dem aufmerksamen Publikum sogar dessen persönlichen kleinen Anteil an der Situation auf. Denn die Bevölkerung – und dabei speziell die US-Bevölkerung, deren Ölverbrauch sowohl in absoluten als auch in

relativen Zahlen seit Jahrzehnten zur Weltspitze zählt –[187] sanktioniert die moralisch häufig fragwürdigen Methoden der Ölindustrie letztlich durch ihr alltägliches Verhalten, durch ihre Abhängigkeit vom Öl allen existierenden Alternativen zum Trotz. George Clooney, der bei "Syriana" auch als ausführender Produzent tätig war, erläutert im der deutschen DVD-Ausgabe beiliegenden Booklet eindeutig die Zielsetzung der Filmemacher: "Wir stellten fest, dass man 'Syriana' als Film so ähnlich drehen konnte wie die Filme Mitte der 60er und Anfang der 70er Jahre, in denen das Versagen des Staates als Versagen von uns allen angeprangert wurde und nicht nur als Versagen einer bestimmten Kaste oder Gruppe."

Mit "Syriana" hat Stephen Gaghan einen komplexen, hochintelligenten Politthriller geschaffen, der beispielhaft die Re-Politisierung des amerikanischen Kinos widerspiegelt. Dass ihm (ebenso wie "Lord of War") sogar ein für Genreverhältnisse beachtlicher kommerzieller Erfolg beschieden war, belegt, dass zumindest Teile der amerikanischen Bevölkerung keineswegs gewillt sind, alles unkritisch zu glauben, was ihnen von ihrer Regierung und von großen Teilen der Medien erzählt wird.

Kein einziger der bislang in diesem Kapitel genannten Filme war ein großer Blockbuster, doch alle erreichten sowohl in den USA als auch weltweit ein beachtliches Publikum. Ein gesellschaftliches Interesse an politischen Themen und der kritischen Auseinandersetzung damit war also offensichtlich und bewegte die Produktionsstudios in Hollywood dazu, zahlreiche weitere Filme dieser Art auf den Weg zu bringen. Doch das Kinojahr 2007 bewies, dass der Markt für kritische politische Filme in den Vereinigten Staaten zwar durchaus existiert, ihm jedoch Grenzen gesetzt zu sein scheinen. Die beiden einzigen halbwegs erfolgreichen "Terrorismus-Filme" des Jahres 2007 waren der Action-Film "The Kingdom" und die Politsatire "Charlie Wilson's War".

In "The Kingdom" dient ein verheerender Terroranschlag auf amerikanische Ölarbeiter und ihre Familien in Saudi-Arabien letztlich nur als Hintergrund für einen handwerklich gut gemachten, aber weitgehend unpolitischen Actionthriller. Klischeehafte Charaktere und weitgehende Schwarz-Weiß-Malerei werden durch eine dennoch recht seriöse Handlungsentwicklung samt positiver Darstellung etlicher

187 Harald Andruleit et. al., "Energiestudie 2014: Reserven, Ressourcen und Verfügbarkeit von Energierohstoffen". Bundesanstalt für Geowissenschaften und Rohstoffe (BGR), URL: http://www.deutsche-rohstoffagentur.de/DE/Themen/Energie/Downloads/Energiestudie_2014.pdf?__blob=publicationFile&v=7 [8. Juni 2015], S. 77.

Saudis kompensiert. Außerdem verzichtet Regisseur Peter Berg auf allzu banale proamerikanische Botschaften. Die ausgesprochen gelungene allerletzte Sequenz verdeutlicht sogar hervorragend, dass die Filmemacher sich doch ihre Gedanken über die reale Weltlage gemacht haben. Denn nach dem bleihaltigen Showdown mit Happy End für die Guten (ein FBI-Ermittlungsteam, das von der saudischen Polizei unterstützt wird) zeigt Berg mittels wiederholter Umschnitte und damit gewissermaßen parallel zwei sehr ähnliche Sequenzen. Auf der amerikanischen Seite fragt der FBI-Agent Adam Leavitt (Jason Bateman) den Leiter des Teams, Ronald Fleury (Jamie Foxx), was dieser ihrer Kollegin Janet Mayes (Jennifer Garner) zugeflüstert habe, nachdem sie vom Tod ihres Mentors bei dem Terroranschlag erfuhr. Auf arabischer Seite fragt eine Mutter ihr Kind, was ihm der Terroristenführer kurz vor seinem Tod zugeflüstert habe. Die Antwort ist in beiden Fällen fast identisch und sehr bezeichnend für die gesamte, scheinbar endlose politische Problematik: "I told her we were gonna kill 'em all", sagt Fleury; "Don't fear them, my child, we are going to kill them all" waren die letzten Worte des Islamisten.[188]

"Charlie Wilson's War" von Altmeister und "Catch-22"-Regisseur Mike Nichols erzählt dagegen auf satirisch-komödiantische Art und Weise die auf wahren Ereignissen beruhende Geschichte des titelgebenden texanischen Kongress-Abgeordneten. Dieser unterstützt in den 1980er Jahren mit Hilfe eines CIA-Agenten die Rebellen in Afghanistan im Kampf gegen die kommunistische Sowjetunion. Seine mit der Niederlage der Sowjetunion kurzfristig betrachtet sehr erfolgreichen Handlungen haben jedoch unbeabsichtigte, dafür sehr weitreichende Folgen – wie die weitere Geschichte des Landes mit der Machtübernahme der Taliban bis hin zur immer noch höchst instabilen Lage im Afghanistan des Jahres 2015 beweist. Oder wie es ein Zitat des echten Charlie Wilson nach der letzten Filmszene recht deftig formuliert: "These things happened. They were glorious and they changed the world ... and then we fucked up the endgame."[189]

Der relative Erfolg von "Charlie Wilson's War" an den US-Kinokassen wie auch bei vielen Kritikern zeigt einmal mehr, wie gut es funktionieren kann, dem Publikum ernste Themen auf satirischem Wege nahe zu bringen – wobei die gewitzten Dialoge der Feder des ausgesprochen politikerfahrenen Aaron Sorkin, Schöpfer der

---

188 *The Kingdom* [Deutscher Titel: *Operation: Kingdom*], USA/Deutschland, 2007, Regie: Peter Berg.

189 *Charlie Wilson's War* [Deutscher Titel: *Der Krieg des Charlie Wilson*]. USA, 2007. Regie: Mike Nichols.

langlebigen und mit Auszeichnungen geradezu überhäuften Polit-TV-Serie "The West Wing", entsprangen. Zudem war es sicherlich hilfreich, dass mit Tom Hanks, Julia Roberts und Philip Seymour Hoffman drei OSCAR-Gewinner in den Hauptrollen zu sehen waren, von denen Hanks und Roberts zu den beliebtesten Schauspielern überhaupt zählen.

Zwei andere Afghanistan-Filme des Jahres 2007 fanden dagegen trotz guter Kritiken nur ein vergleichsweise kleines Publikum: Sowohl Michael Winterbottoms "A Mighty Heart" mit Angelina Jolie als Witwe des von den Taliban entführten und später enthaupteten Journalisten Daniel S. Pearl als auch Marc Forsters Romanverfilmung "The Kite Runner" über die Lebenswege zweier afghanischer Jungen während und nach dem Taliban-Regime ereilte an den Kinokassen das gleiche Schicksal wie fast alle anderen Werke mit Terrorismus-Thematik. Denn es gab viele politische Filme des Jahres 2007, die sich trotz Starbesetzung als kommerzielle Flops erwiesen, allen voran Gavin Hoods Politthriller "Rendition" und Robert Redfords engagiertes Drama "Lions for Lambs". Obwohl dessen dialoglastige, nüchterne Reflexion der damals aktuellen Lage im "Krieg gegen den Terrorismus" mit Stars wie Tom Cruise, Meryl Streep oder Redford selbst aufwarten konnte, geriet er zu einem kommerziellen Desaster. Die Ablehnung des Films durch das Publikum mag sich dadurch erklären lassen, dass viele Amerikaner wenig Lust verspürten, auch noch im Kino einen allzu ernsten, trockenen Blick auf das (bis zu bin Ladens Tötung 2011) frustrierende Ausbleiben von Erfolgen im Kampf gegen den Terrorismus zu werfen. Schließlich berichteten TV und Printmedien im Lande ausführlich darüber und die Thematik wurde und wird in den Wahlkämpfen – ob um die Präsidentschaft oder für die Kongresswahlen – erbittert und kontrovers diskutiert, ohne dass wirklich Erfolg versprechende Lösungsmöglichkeiten dargelegt würden. Die negativen Rezensionen der beiden Filme durch die meisten US-Kritiker sind jedoch erstaunlich – vor allem angesichts der Tatsache, dass die Besprechungen in Deutschland und dem restlichen Europa durchaus wohlwollend ausfielen.

Einen Erklärungsansatz für diese ungewöhnliche Diskrepanz könnte die Tatsache liefern, dass Robert Redford keineswegs – wie viele seiner Hollywood-Kollegen zu dieser Zeit – auf den Zug derjenigen aufgesprungen ist, die die Kriegseinsätze der US-Soldaten entweder eindeutig verurteilen oder (seltener) vorbehaltlos unterstützen. Stattdessen gibt er in seinem in drei Episoden aufgeteilten Werk – das er auf der Pressetour zum Filmstart als "Pro-Amerika" und "Anti-Bush" bezeichnete – beiden Seiten die Chance zur Rechtfertigung und zur Darlegung ihrer Argumente:

den Kriegsbefürwortern in Person von Tom Cruise als eloquenter Senator Irving, der die kritische und einflussreiche Reporterin Janine Roth (Meryl Streep) von einer neuen Strategie für Afghanistan überzeugen will; den Kriegsgegnern mittels des idealistischen Politikwissenschafts-Professors Malley (Robert Redford), dessen klare Anti-Kriegshaltung im Gespräch mit einem politikverdrossenen Studenten (Andrew Garfield) offenbar wird. Während diese beiden Episoden den Kampf gegen den Terrorismus aus einer theoretischen Sicht beleuchten, zeigt der dritte Handlungsstrang um zwei US-Soldaten (gespielt von Derek Luke und Michael Peña), die in Afghanistan um das nackte Überleben kämpfen, wie die vielen großen Worte der Politiker, Journalisten und Intellektuellen ganz konkret das Leben des sprichwörtlichen "kleinen Mannes" beeinflussen können. "Lions for Lambs" ist kein Film, der vorgibt, Antworten zu haben. Er zeigt schlicht die verfahrene Situation auf, in der sich die amerikanische Gesellschaft in der Post-9/11-Ära befindet. Statt Antworten gibt es immer neue Fragen. So ist es auch nur konsequent, dass der Film kein wirkliches Ende hat, sondern unvermittelt aufhört – ein Stilmittel, das ähnlich bereits Robert Altman in seinem bitter-sarkastischen Vietnam-Kommentar "MASH" angewandt hatte. Redford macht auf diese Weise treffend deutlich, dass der Krieg gegen den Terrorismus zu einem Krieg ohne Ende zu werden droht.[190]

Ähnlich erfolglos schnitt an den Kinokassen "Rendition" ab. Das Hollywood-Debüt des südafrikanischen Regisseurs Gavin Hood schildert die Entführung eines ägyptischstämmigen Amerikaners durch die CIA infolge eines vagen Terrorverdachts – eine Thematik, die gerade in Deutschland aufgrund des Falls des von der CIA entführten und jahrelang in Afghanistan gefangen gehaltenen deutschen Staatsbürgers Khaled el-Masri bereits im Zentrum der öffentlichen Berichterstattung stand.[191] In den USA wurde dagegen vergleichsweise wenig über solche illegalen Entführungsfälle berichtet, was ein Grund für die tendenziell negative Aufnahme von "Rendition" bei vielen Kritikern und Kino-Zuschauern (welchen die Handlung teilweise zu unrealistisch vorkam ...) sein mag. So verhalf auch hier die prominente Besetzung mit den drei OSCAR-Gewinnern Reese Witherspoon, Meryl Streep und Alan

---

190 *Lions for Lambs* [Deutscher Titel: *Von Löwen und Lämmern*]. USA, 2007. Regie: Robert Redford.

191 Matthias Gebauer/John Goetz, "CIA-Entführung von Khaled el-Masri: Deutschland beugte sich Druck aus Washington", *Spiegel Online*, 9. Dezember 2010, URL: http://www.spiegel.de/politik/ausland/cia-entfuehrung-von-khaled-el-masri-deutschland-beugte-sich-druck-aus-washington-a-733748.html [8. Juli 2015].

Arkin sowie dem ebenfalls bereits für den berühmtesten aller Filmpreise nominierten Jake Gyllenhaal der Produktion nicht über den Status eines kommerziellen Misserfolges hinaus. Insgesamt spielte "Rendition" in den USA lediglich knapp $ 10 Mio. ein ("Lions for Lambs" kam auf $ 15 Mio.). Wie bereits bei "Lions for Lambs" war die Rezeption von "Rendition" außerhalb der USA eine ganz andere, wenngleich die wesentlich besseren Kritiken dem Film auch nicht zu großen Zuschauermassen verhalfen.

Selbst dem zweifachen OSCAR-Gewinner Paul Haggis erging es an der Kinokasse nicht besser. Seinem Drama "In the Valley of Elah" über einen jungen Soldaten (Jonathan Tucker), der kurz nach seiner Rückkehr aus dem Irak spurlos verschwindet, gelang es nicht, das Interesse des Publikums nachhaltig zu wecken. Haggis zeigt, wie der Vater des Vermissten (gespielt von Tommy Lee Jones, der für diese Rolle seine dritte OSCAR-Nominierung erhielt) sich auf die Suche nach seinem Sohn macht und dabei auf immer beunruhigendere Hinweise auf mannigfaltiges Fehlverhalten der amerikanischen Soldaten im Irak – wie Drogenmissbrauch oder die Misshandlung von Gefangenen – stößt, die sein christlich-konservatives Weltbild zunehmend erschüttern. Dass es somit ausgerechnet ein zunächst überzeugter Patriot ist, dessen relativ heile Welt durch seine Nachforschungen regelrecht auf den Kopf gestellt wird, ist der besondere, provokative Clou dieses Films. Haggis thematisiert außerdem eindringlich, wie die häufig traumatisierten Soldaten nach ihrer Rückkehr aus dem Krieg noch immer genau so stark von Staat und Armee vernachlässigt werden wie es bereits zu Zeiten des Vietnamkrieges der Fall war.

Sogar noch erfolgloser als die oben genannten Filme war James C. Strouses auf einer ähnlichen Ausgangssituation aufbauendes Drama "Grace Is Gone"; John Cusack verkörpert darin einen Familienvater, der nach einem Weg sucht, um seinen beiden Töchtern möglichst schonend die Nachricht vom Tod ihrer Mutter als Soldatin im Irak beizubringen. Am schlechtesten von allen Filmen über den Krieg gegen den Terrorismus schnitt 2007 eine Produktion ab, die auf eine außergewöhnliche Entstehungsgeschichte zurückblickt: "Redacted" des Regie-Veteranen Brian De Palma erzielte in den US-Kinos ein gesammeltes Einspielergebnis von gerade einmal $ 65.388 – und das, obwohl De Palma beim Filmfestival in Cannes mit dem Preis für die Beste Regie ausgezeichnet wurde und sein Film ob seiner unkonventionellen, betont subjektiven Machart viel Aufmerksamkeit in der Fachpresse erhielt. Denn De Palma, der auch das Drehbuch verfasste, zeigt die (übrigens stark an seinen Vietnamkriegsfilm "Casualties of War" von 1989 erinnernden) Erlebnisse einer

Truppe von US-Soldaten im Irak überwiegend aus der Perspektive eines von ihnen, der die Geschehnisse mit einer Videokamera filmt. Dazu zählen die Vergewaltigung eines 15-jährigen irakischen Mädchens und ihre anschließende Ermordung sowie die ihrer gesamten Familie. Obwohl diese Handlung auf einer wahren Begebenheit im Irak beruht, die 2006 weltweit für Schlagzeilen sorgte (aber aus rechtlichen Gründen nicht als direkte Vorlage für den Film dienen durfte),[192] wurde De Palma in den USA für seine schonungslose, nach Ansicht seiner Gegner antiamerikanische und die Sicherheit der US-Truppen im Auslandseinsatz gefährdende Darstellung der schockierenden Ereignisse von konservativen Kreisen aufs Übelste beschimpft und als Landesverräter verunglimpft. Dennoch ist zu vermuten, dass der keineswegs auf die Vereinigten Staaten beschränkte kommerzielle Misserfolg von "Redacted" weniger mit den unvermeidlichen Boykottaufrufen zusammenhing als mit De Palmas nur bedingt zuschauerfreundlicher, pseudo-dokumentarischer Art der Inszenierung mittels Handkamera sowie seinem Verzicht auf bekannte Darsteller. Auch die zunehmende Anti-Terrorkriegsmüdigkeit der Kino-Besucher mutet offensichtlich an – zumindest solange es sich um eine ernsthafte und ausgesprochen kritische Aufarbeitung der aktuellen Weltlage ohne Humor oder große Action-Einlagen handelt. Vielen Zuschauern gerade in den USA scheint eine solche Vorgehensweise zu deprimierend und schmerzhaft zu sein.

Angesichts der zahlreichen kommerziell wenig ergiebigen kritischen Kriegsfilme kann man das Jahr 2007 rückblickend als Wendepunkt betrachten. Zwar gab es auch in den folgenden Jahren noch (meist von kleineren, unabhängigen Studios produzierte) Werke wie die bereits erwähnten "The Hurt Locker", "Body of Lies" oder "Zero Dark Thirty"; Paul Greengrass' "Green Zone", der sich 2010 mit einer Verschwörung rund um den vermeintlichen Besitz von Massenvernichtungswaffen des Irak unter Saddam Hussein beschäftigte, der den USA als Rechtfertigung für die Invasion des Landes diente, zählt ebenso dazu wie Andrew Niccols 2014 veröffentlichter "Good Kill" oder Cary Fukunagas drastisches, in Westafrika spielendes Kindersoldatendrama "Beasts of No Nation" (2015). Doch bereits bei diesen Filmen war mit Ausnahme des sorgfältig recherchierten "Good Kill" – der sich, obwohl fair Pro- und Kontra-Argumente präsentierend, ziemlich eindeutig gegen das

192 Ewen MacAskill/ Michael Howard, "US soldier sentenced to 100 years for Iraq rape and murder", *The Guardian*, 23. Februar 2007, URL: http://www.theguardian.com/world/2007/feb/23/usa.iraq [12. September 2015].

umstrittene und nicht selten auch zivile Opfer fordernde US-Vorgehen gegen mutmaßliche Terroristen mittels ferngesteuerter Drohnen positioniert – die inhaltliche Verschiebung hin zu einem stärkeren Action-Schwerpunkt unverkennbar. Im zweiten Jahrzehnt des 21. Jahrhunderts setzte sich dieser Trend fort, noch deutlich verstärkt durch ein historisches Ereignis: den Tod Osama bin Ladens.

6.2.5 Die Rückkehr des amerikanischen Selbstverständnisses

Nachdem in den Jahren nach 9/11 die meisten Kriegsfilme an der Kinokasse scheiterten, war knapp zehn Jahre später ein Stimmungsumschwung zu bemerken. Zunächst ging dieser noch gemächlich vonstatten und dürfte vorwiegend vom beschriebenen Misserfolg der kritischen, dramaturgisch oft anspruchsvollen Filme geprägt worden sein, der Hollywood inhaltlich und tonal umdenken ließ. Doch im Anschluss an die symbolbeladene Tötung des Terroristenführers Osama bin Laden am 2. Mai 2011 in Pakistan durch eine US-Spezialeinheit wurde der Trend fürs Erste unumkehrbar. Der gewaltsame Tod des Mannes, der öffentlich die Verantwortung für die Terroranschläge von New York und Washington mit fast 3000 Toten übernahm und sich sogar damit brüstete, ermöglichte es der amerikanischen Gesellschaft, gleichsam mit dieser traumatischen Erfahrung abzuschließen und sich mit neuem Selbstbewusstsein wieder nach vorn zu wenden.

So ist es nur konsequent, dass lediglich ein Jahr später neben dem Navy Seals-Film "Act of Valor" vor allem Kathryn Bigelows Action-Thriller "Zero Dark Thirty", der das Aufspüren bin Ladens durch die CIA sowie seine Tötung detailliert schildert, den Auftakt einer Welle populärer Kriegsfilme bildete. Dabei musste Autor Mark Boal sein Drehbuch großflächig umschreiben, da es ursprünglich um die erfolglose Jagd auf bin Laden gehen sollte – den Einspielergebnissen schadeten die zwangsweisen Änderungen natürlich nicht. Dennoch stellt "Zero Dark Thirty" keineswegs eine Rückkehr zum stereotypen Hurrapatriotismus der 1980er Jahre dar. Vielmehr setzt sich der Film sachlich und ohne ausdrückliche Wertung, aber dennoch unübersehbar kritisch vor allem mit den von der Regierung unter Präsident George W. Bush nach dem 11. September 2011 gebilligten Verhör- respektive Foltermethoden der Amerikaner auseinander. Genau deshalb wurde Bigelows Werk in den US-Medien und auch unter Politikern kontrovers diskutiert und interpretiert. Beispielsweise warf der republikanische Senator und frühere Präsidentschaftskandidat John McCain der Regisseurin eine Glorifizierung der dargestellten Folter dar, weil diese im Film entgegen der Realität tatsächlich brauchbare Informationen liefere.[193] Aber wenngleich McCain in diesem konkreten Fall damit richtig liegen mag, ist doch unbestreitbar, dass Folter sehr wohl Ergebnisse zeitigen kann – sonst würde sie ja nicht angewandt. Für Bigelow war das offensichtlich Ansporn, sich besonders ausführlich mit der schwierigen Thematik auseinanderzusetzen. Sie widmet ihr nahezu das komplette erste Filmdrittel, und das so quälend detailliert und ausführlich, dass man kaum auf den Gedanken kommen kann, "Zero Dark Thirty" würde Folter (oder diejenigen, die sie ausüben) auch nur ansatzweise gutheißen, geschweige denn verherrlichen. Dennoch setzte die Regisseurin in gewisser Weise auch mit dieser öffentlich ausgetragenen Kontroverse indirekt einen Trend, denn die Kriegsfilme, die in den Jahren darauf folgen sollten, teilen sich mit "Zero Dark Thirty" nicht nur den finanziellen Erfolg in den Kinos, sondern auch die zwiespältige Aufnahme bei Zuschauern und Kritikern.[194]

Generell ließ nach bin Ladens Tod die Selbstkritik in amerikanischen Kriegsfilmen rapide nach; die Akzeptanz der Notwendigkeit, Kriege zu führen, nahm dagegen zu. Ein Extrembeispiel in dieser Hinsicht stellt "Act of Valor" des Regieduos Mike McCoy und Scott Waugh dar. Kommerziell entwickelte sich der von explosiven Actionsequenzen geprägte, aber günstig produzierte Film mit echten Navy SEALs in den Hauptrollen überraschend zu einem großen Erfolg, der in den USA fast das Sechsfache seiner Produktionskosten von $ 12 Mio. einspielte (im Rest der Welt kam allerdings kaum etwas hinzu). Gleichzeitig mussten sich Waugh und McCoy vielfach vorwerfen lassen, einen überteuerten Werbefilm für das US-Militär mit schlichter Dramaturgie und Figurenzeichnung (sowie beinahe zwangsläufig schwachen schauspielerischen Leistungen der Laiendarsteller) geschaffen zu haben.

Thematisch vergleichbar, aber deutlich hochwertiger produziert und inszeniert ist der 2013 veröffentlichte Kriegsfilm "Lone Survivor" von Peter Berg, der sich sechs Jahre zuvor mit "The Kingdom" bereits einmal mit dem Krieg gegen den Terrorismus beschäftigt hatte. Basierend auf realen Begebenheiten wird die Geschichte des Navy SEALs Marcus Luttrell (im Film verkörpert von Mark Wahlberg) erzählt, der im Jahr 2005 als Teil eines vierköpfigen Spähtrupps auf der Jagd nach einem den Taliban nahe stehenden Kommandeur unter feindlichen Beschuss geriet. Während

---

193 Tina Daunt, "McCain: 'Zero Dark Thirty' Gives Ammunition to Islamic Extremists", *The Hollywood Reporter*, 20. Dezember 2012, URL: http://www.hollywoodreporter.com/news/mccain-zero-dark-thirty-torture-ammunition-islam-extremists-406026 [28. Juni 2015].

194 *Zero Dark Thirty* [Film], USA, 2012, Regie: Kathryn Bigelow.

die Taliban einen US-Hubschrauber abschossen, der zur Unterstützung der Soldaten entsandt wurde, konnte sich nur Luttrell mit schweren Verwundungen retten und bei Einheimischen vorübergehend Unterschlupf finden. Angesichts der klassischen "Einer gegen alle"-Prämisse war bei der Verfilmung eine Heroisierung des titelgebenden einzigen Überlebenden wohl unvermeidlich; auch an Pathos und Patriotismus lässt es Berg in dem bei der US-Kritik überwiegend positiv aufgenommenen "Lone Survivor" – mehr noch als zuvor bereits bei "The Kingdom" – nicht mangeln. Doch insgesamt setzt der Film auf einen vergleichsweise nüchternen, mit "Black Hawk Down" vergleichbaren Stil. Von Propaganda, wie sie "Act of Valor" oder auch Clint Eastwoods "American Sniper" vielfach vorgeworfen wurde, kann jedenfalls kaum gesprochen werden. Vielmehr schildert Berg primär einen verzweifelten, packend, actionreich und in den Kampfszenen schonungslos realistisch inszenierten Überlebenskampf, bei dem die Gegner letztlich nur Mittel zum erzählerischen Zweck und somit austauschbar sind. Bei den vier Protagonisten verzichtet Berg wohltuenderweise auf eine übermäßige Verherrlichung und setzt stattdessen auf Grautöne, wenn er sie ausführlich und sehr kontrovers darüber diskutieren lässt, ob sie einige Zivilisten – darunter Kinder –, mit denen sie in der Wildnis unverhofft zusammenstoßen und die sie an die Taliban verraten könnten, freilassen oder töten sollen.

In seiner unzweideutigen Glorifizierung amerikanischer Soldaten sucht "Act of Valor" seinesgleichen, doch steht er in Sachen unkritischer Darstellung kriegerischer Aktivitäten keineswegs allein da. Bereits vier Jahre zuvor hatte mit Sylvester Stallone bezeichnenderweise ausgerechnet eine Action-Ikone der 1980er Jahre ein zu dieser Zeit noch seltenes Gegenbeispiel zu den zahlreichen ernsthaften Versuchen der filmischen Aufarbeitung des Krieges gegen den Terrorismus und seiner Folgen geschaffen – und somit ein feines Gespür für die sich verändernden Zuschauerinteressen bewiesen. Genau 20 Jahre nach "Rambo III" brachte Stallone einen vierten Teil der Reihe in die Lichtspielhäuser, schlicht "Rambo" betitelt. Nachdem die vorherigen Filme in den USA, in Vietnam und in Afghanistan spielten, stand diesmal das bürgerkriegsgeplagte Burma im Mittelpunkt der kargen Handlung. Inhaltlich und qualitativ schließt "Rambo" nahtlos an die beiden testosterongetränkten direkten Vorgänger an, die mit dem gesellschaftskritischen ersten Teil "First Blood" bis auf die Titelfigur kaum etwas gemein haben. So ist es kein Wunder, dass die Rezeption des Films in der Fachpresse im Allgemeinen nicht gerade vorteilhaft ausfiel.[195] Doch selbst die schärfsten Kritiker konnten nicht umhin anzuerkennen, wie kompromisslos und konsequent Stallone als Regisseur, Produzent, Co-Autor und Hauptdarsteller sich den gängigen Genre-Konventionen des Actionkinos des 21. Jahrhunderts entzog und im Jahr 2008 einen klassischen 1980er Jahre-Actionfilm schuf, der aus jeder Pore den Zeitgeist der konservativen und von Hurrapatriotismus geprägten Reagan-Ära atmet. Was er übrigens mit Dan Bradleys 2012 veröffentlichtem Remake von John Milius' antisowjetischem 1980er Jahre-Machwerk "Red Dawn" gemeinsam hat, das eigentlich nur für seine kuriose Hintergrundgeschichte erwähnenswert ist: Laut Drehbuch sollten die Chinesen eine Invasion der USA starten, doch da der chinesische Markt für Hollywood just zu dieser Zeit immer größere Bedeutung gewann, wurden in der Postproduktion aus den Chinesen kurzerhand Nordkoreaner gemacht ...[196]

Zurück zu "Rambo": Stallone selbst betonte auf der Promotiontour für sein Werk hartnäckig, welch großes Anliegen es ihm sei, auf den realen, vom Rest der Welt beinahe vergessenen Bürgerkrieg in Burma aufmerksam zu machen, unter dem die Bevölkerung jahrzehntelang litt (drei Jahre nach dem Erscheinen von "Rambo" endete die Militärdiktatur schließlich). Doch es lässt sich darüber streiten, ob in den betont realistischen und extrem brutalen Gewaltdarstellungen des Films (die dazu führten, dass er in Deutschland und etlichen anderen Ländern nur in leicht geschnittener Form in den Kinos gezeigt werden durfte) tatsächlich eine Anti-Kriegsbotschaft zu erkennen ist oder ob es sich nicht einfach nur um einen widerlichen "Gewalt-Porno" handelt, wie es etliche Kritiker sehen. Fakt ist, dass "Rambo" zwar bei weitem nicht an den großen Erfolg seiner Vorgänger anknüpfen konnte, aber mit einem Einspielergebnis von über $ 40 Mio. in Nordamerika immerhin erheblich populärer war als die meisten der im vorangegangenen Unterkapitel thematisierten kriegskritischen Hollywood-Produktionen. Für einen wandelnden Anachronismus wie den einzelgängerischen Macho-Berserker John Rambo durchaus eine bemerkenswerte Leistung. Und für Sylvester Stallone allemal Grund genug, das Konzept der altmodischen Over the Top-Action im Stil der 1980er Jahre mit seiner bis zum Jahr 2015 dreiteiligen "The Expendables"-Reihe fortzuführen, in der eine Truppe

---

195 Rotten Tomatoes, "Rambo (Rambo IV) (2008)", Rotten Tomatoes, URL: http://www.rottentomatoes.com/m/john_rambo/?search=Rambo [16. November 2014].

196 Ben Fritz/John Horn, "Reel China: Hollywood tries to stay on China's good side", *Los Angeles Times*, 16. März 2011, URL: www.latimes.com/entertainment/la-et-china-red-dawn-20110316-story.html [1. August 2015].

altgedienter Söldner brachial und in der Gewissheit moralischer Überlegenheit gegen Diktatoren, Terroristen und Waffenhändler vorgeht.

Neben primär dem Actiongenre zurechenbaren Filmen wie "Rambo", "Lone Survivor" oder auch "Olympus Has Fallen" von Antoine Fuqua und "White House Down" von Roland Emmerich – die beide 2013 in die Kinos kamen und von terroristischen Anschlägen auf den Sitz des US-Präsidenten in Washington handeln – wurden nach bin Osama Ladens Tod ebenfalls wieder vermehrt Kriegsfilme nach klassischem Muster gedreht. Doch selbst bei guten Absichten der Filmemacher ist unverkennbar, dass der Erzählton insgesamt unkritischer und patriotischer wurde. Sogar George Clooney, mit gesellschaftskritischen, von ihm geschriebenen und inszenierten Werken wie dem McCarthy-Ära-Drama "Good Night, and Good Luck." (2005) oder dem Polit-Thriller "The Ides of March" (2011) sowie dem von ihm koproduzierten "Syriana" einer der gesellschaftlich engagiertesten Filmemacher in Hollywood, griff mit seinem im Zweiten Weltkrieg spielenden Abenteuerfilm "The Monuments Men" nostalgisch auf vergangene Handlungsschemata zurück. Zwar verzichtet seine von wahren Geschehnissen inspirierte Erzählung über einige alliierte Kunstexperten, die gegen Ende des Zweiten Weltkrieges unter Einsatz ihres Lebens wertvolle Kunstwerke vor dem Zugriff oder der Zerstörung durch die Nazis bewahrten, auf übermäßigen Patriotismus oder gar Propaganda; dennoch ist es bezeichnend für die Trendwende Hollywoods in Sachen Kriegsfilmen, wie stark sich Clooney ganz bewusst an den eher naiven und die grausame Kriegsrealität tendenziell verklärenden Produktionen der 1950er und 1960er Jahre wie "The Guns of Navarone" oder "The Great Escape" orientiert.
Wesentlich weniger nostalgisch ist David Ayers "Fury" aus dem Jahr 2014 geraten, in dem die Geschichte einer US-Panzerbesatzung im April 1945 in Deutschland erzählt wird; aber auch hier sind tonale und inhaltliche Gemeinsamkeiten mit früheren Werken, allen voran "Saving Private Ryan", unübersehbar. Wie Spielbergs Klassiker beginnt "Fury" betont grimmig: Die von Brad Pitt als Sergeant Collier, genannt "Wardaddy", angeführte Panzercrew hat nur knapp und als einzige ihres Platoons eine brutale Schlacht überstanden, auch im Anschluss wird die Grausamkeit eines Krieges, in dem die Nazis ihre Niederlage nicht eingestehen wollen und als letzte Maßnahme reihenweise Kinder zwangsrekrutieren, ausführlich beleuchtet. Dabei prägen sich subtile, auf den ersten Blick unbedeutende Details wie eine in

einem Hochzeitskleid flüchtende Zivilistin besonders gut ein, die die Folgen des Krieges für alle Beteiligten unprätentiös illustrieren.

Dass "Fury" kein Heldenepos sein will, wird spätestens dann klar, als dem Zuschauer die einzelnen Mitglieder der Panzerbesatzung näher gebracht werden. Im Grunde genommen sind sie allesamt Psychopathen, die schon mal unbewaffnete Kriegsgefangene zu Trainingszwecken erschießen und im Zweifelsfall erklärtermaßen auch keine Skrupel hätten, Zivilisten zu töten, sollten diese ihnen im Weg stehen. Einzige Identifikationsfigur für das Publikum ist der blutjunge Norman (Logan Lerman), der erst seit acht Wochen als Schreibkraft bei der Armee ist und nun zu seinem Entsetzen den Platz des getöteten Bordschützen von Colliers Panzer einnehmen muss. Somit wird wie so oft in Filmen über den Zweiten Weltkrieg auch Kritik an der damaligen Armeeführung geübt – was ebenso für die Tatsache gilt, dass die erfahrenen Soldaten in diesen letzten Kriegsmonaten kaum Respekt vor ihren Offizieren haben, die teilweise nicht halb so alt sind wie sie selbst. Doch Regisseur Ayer, der auch das Drehbuch verfasste, verdeutlicht schnell, dass die eiskalte, zynische Haltung der Männer sehr wohl ihren Grund hat, schließlich sind sie bereits seit zwei oder drei Jahren zusammen und haben dank Colliers Führung Gefechte in Nordafrika sowie in Frankreich und Belgien überstanden. Kämpfe, die auf Dauer offensichtlich – daran lässt Ayer keinen Zweifel – eine ausgesprochen verrohende und abstumpfende Wirkung auf die Überlebenden hatten. Zwei Drittel des Films über skizziert Ayer seine Protagonisten konsequent als einen Haufen von Unsympathen und sogar Kriegsverbrechern; doch wie Steven Spielberg in "Saving Private Ryan" hält er seine klare Anti-Kriegshaltung nicht bis zum Schluss durch. Im letzten Akt stellt sich die Crew mit ihrem bereits fahruntüchtigen Panzer heroisch einem ganzen SS-Bataillon entgegen, was nicht nur ein inhaltlich enttäuschend einfallsloses Action-Finale darstellt, sondern die vorherigen Bemühungen, den Krieg an sich als grausam, sinnlos und verrohend darzustellen, sogar ein Stück weit konterkariert – und das wesentlich stärker als es bei "Saving Private Ryan" der Fall war. "Fury" illustriert somit hervorragend, dass über zehn Jahre nach den Terroranschlägen auf New York und Washington selbst ein Film, der mit einer überdeutlichen und über weite Strecken überzeugend vorgebrachten kriegskritischen Botschaft beginnt, nicht auf ein übertrieben patriotisches und unglaubwürdiges Finale verzichten zu können glaubt, will er an der Kinokasse Erfolg zeitigen.[197]

---

[197] *Fury* [Deutscher Titel: *Herz aus Stahl*], USA/China, 2014, Regie: David Ayer.

Dennoch zählt "Fury" noch zu den ausgewogensten Kriegsfilmen der Jahre 2011 bis 2015; erheblich einseitiger präsentieren zwei weitere hochkarätige und kommerziell noch ertragreichere Werke des Kinoherbstes 2014 ihre jeweilige Geschichte: "Unbroken" und "American Sniper". Im Besonderen der Triumphzug des Letztgenannten ist mehr als bemerkenswert, denn trotz gemischt ausgefallener Kritiken und einer Nebenrolle in den Preisverleihungen der Saison (so gab es nur einen OSCAR für den besten Tonschnitt) avancierte die Adaption der Memoiren des Scharfschützen Chris Kyle in den USA mit einem Einspielergebnis von rund $ 350 Mio. zum erfolgreichsten im Jahr 2014 gestarteten Film. Für zusätzlichen Diskussionsstoff sorgte, dass ausgerechnet Clint Eastwood, der wenige Jahre zuvor noch mit seinem beklemmenden Anti-Kriegs-Doppel "Flags of Our Fathers" und "Letters from Iwo Jima" beeindruckt hatte, die Regie bei "American Sniper" führte und sich nun plötzlich ausgiebig vergessen geglaubter Propaganda-Mechanismen des Zweiten Weltkrieges bediente. Zwar besteht Eastwood darauf, dass "American Sniper" sich klar gegen den Krieg ausspreche, da er ausführlich auf die posttraumatische Belastungsstörung des im Irakkrieg eingesetzten Protagonisten Chris Kyle eingehe. Doch wirkt dieser letztlich nur kleine Nebenhandlungsstrang – gerade im Vergleich zu Kathryn Bigelows "The Hurt Locker" über einen Bombenentschärfer oder auch Andrew Niccols "Good Kill" über Kampfdrohnenpiloten – ziemlich alibihaft. Zu unverkennbar sind zudem die propagandistischen Elemente der Inszenierung: Die Feinde werden von den Soldaten etwa durchgängig als "Wilde" abgewertet und sämtliche Iraker sind entweder auf den ersten Blick unzweifelhaft als "böse" zu erkennen oder sie erweisen sich wenig später als gierig und hinterhältig. So oder so – diese implizite Botschaft ist unmissverständlich – haben sie den Tod verdient. Zusätzlich wird der Besitz von Waffen und deren Anwendung propagiert, wenn Chris etwa bereits als Kind von seinem Vater beim Jagdausflug lernt, dass es drei Arten von Menschen gebe: Schafe (zu denen der Vater Waffengegner und Pazifisten zählt), Hütehunde (die selbstlos mit Waffen das Gute in der Welt beschützen) und bösartige Wölfe. Man muss nicht lange nachdenken, wozu nach dieser Allegorie die USA zählen – und Chris Kyle hält sich konsequent an diese schlichte, imperialistisch geprägte Weltanschauung.[198]

Zu Eastwoods Gunsten mag man argumentieren, dass "American Sniper" nun mal seine Geschichte klar aus der Perspektive von Chris Kyle erzählt und entsprechend

---

198 *American Sniper* [Film], USA, 2014, Regie: Clint Eastwood.

dessen Ansichten gerecht werden muss. Doch wenn es Eastwood und Drehbuchautor Jason Hall tatsächlich um größtmögliche Authentizität gegangen wäre, hätten sie sich wohl kaum so viele dramaturgische Freiheiten genommen. Die frei erfundene Etablierung zweier Duell-Situationen mit besonders gefährlichen und bösartigen Feinden – von denen eine ganz und gar nicht glorifizierend durch einen in Zeitlupe zelebrierten Schuss aus großer Entfernung beendet wird – ist nur ein Beispiel dafür. Generell geht die unreflektierte und von Chris' inhaltsarmen Plattitüden begleitete Kritiklosigkeit von "American Sniper" so weit, dass man sich mitunter an den fiktiven Nazi-Propagandafilm "Stolz der Nation" über einen von Daniel Brühl verkörperten Scharfschützen in Quentin Tarantinos "Inglourious Basterds" erinnert fühlt. Dass "American Sniper" trotz oder gerade wegen dieser fragwürdigen Art der Inszenierung offensichtlich einen Nerv in der Bevölkerung traf, belegt besonders eindrücklich die deutliche Verschiebung des Publikumsgeschmacks in Richtung unkritisch patriotischer, ja sogar reaktionärer Stoffe.

Schematisch durchaus mit "American Sniper" vergleichbar ist Angelina Jolies Überlebenskampf-Drama "Unbroken", mit einem US-Einspielergebnis von mehr als $ 115 Mio. ebenso ein Publikumsrenner. Auch hier steht das Schicksal eines klassischen "amerikanischen Helden" im Mittelpunkt. In diesem Fall geht es um den Langstreckenläufer Louis Zamperini, der 1936 bei den Olympischen Spielen in Berlin antrat und wenige Jahre später im Zweiten Weltkrieg als Crewmitglied eines Bombers nach dem Absturz des Flugzeugs im Pazifik in japanische Kriegsgefangenschaft geriet. Die erste Filmhälfte präsentiert Regisseurin Jolie als unterhaltsames, wenn auch sehr konventionell in Szene gesetztes Abenteuerepos, indem sie den Überlebenskampf Zamperinis und zweier Kameraden in einem kleinen Rettungsboot auf hoher See mit Rückblenden in seine Kindheit und seine Zeit als Sportler kombiniert. Doch sobald Zamperini in Kriegsgefangenschaft gerät, greift Angelina Jolie wie Clint Eastwood in "American Sniper" auf unverhohlen propagandistische Elemente zurück. So existiert in "Unbroken" gleichfalls eine starke Schwarz-Weiß-Zeichnung, wobei die japanischen Wärter größtenteils gesichts- und namenlos bleiben. Einzige echte Ausnahme ist der sadistische Lagerleiter Watanabe (verkörpert vom japanischen Musiker Miyavi), der es gezielt auf den unbeugsamen Zamperini abgesehen hat und versucht, ihn mit aller Gewalt zu brechen.[199]

---

[199] *Unbroken* [Film], USA, 2014, Regie: Angelina Jolie.

Eine solche Konstellation ist in Kriegsgefangenenfilmen nicht ungewöhnlich, doch während Klassiker dieses Subgenres wie David Leans "The Bridge on the River Kwai", John Sturges' "The Great Escape" oder auch die britisch-japanische Koproduktion "Merry Christmas, Mr. Lawrence" (1983) von Regisseur Nagisa Ōshima entsprechende Konfrontationen sehr abwechslungsreich und ambivalent gestalten, beschränkt sich Jolie auf ein banales "Gut gegen Böse"-Szenario ohne nennenswerte Zwischentöne. Wie bei "American Sniper" kann man einwenden, dass dies der Rekonstruktion realer Geschehnisse geschuldet sein könnte (wobei Zamperini anders als "American Sniper"-Protagonist Chris Kyle keine Memoiren veröffentlichte, weshalb "Unbroken" auf einem Sachbuch von Laura Hillenbrand basiert); doch wenn ein Film, der sich das Motto "Vergebung" groß auf die Fahnen schreibt, seine zentralen Figuren so einseitig und simplifiziert ausgestaltet, dann ist das auf jeden Fall weit entfernt von jenem kritischen Hollywood-Kriegskino der ersten Jahre nach dem 11. September 2001. Und angesichts der spätestens seit dem Beginn der Ukraine-Krise im Jahr 2014 wieder verstärkt aufflammenden Spannungen zwischen den USA und Russland ist nicht damit zu rechnen, dass diese Trendwende zurück zum Patriotismus nur von kurzer Dauer sein wird.

7. Fazit und Ausblick

Die Entwicklung der US-amerikanischen Gesellschaft übte stets einen großen Einfluss auf die Filmproduktion in Hollywood aus. Gesellschaftlicher Wandel zog, wie in dieser Studie umfassend dargelegt wurde, unweigerlich Veränderungen in den Sehgewohnheiten und den filmischen Vorlieben des Publikums nach sich. Da die Produzenten in erster Linie daran interessiert sind, möglichst hohe Gewinne zu erwirtschaften, ging der Anpassungsprozess der Filme an gesellschaftliche Trends und Tendenzen meist erstaunlich schnell vonstatten, wenn auch bei manchen Entwicklungen, wie der Rolle von Frauen und Schwarzen, verzögert.

Gerade Filme über den Krieg – ob es sich nun um ernsthafte Kriegsfilme, ambitionierte Anti-Kriegsfilme, Propagandawerke, kritische Satiren, anspruchslose Actionfilme oder Komödien handelt – spiegeln die gesellschaftlichen Veränderungen sehr gut wider. Zwar stehen erwartungsgemäß meist jene Aspekte im Vordergrund, die mehr oder weniger direkt die eigentlichen Kampfhandlungen betreffen: die sich in stetem Wandel befindliche Haltung der Bevölkerung zum Krieg an sich, die im Lauf der Zeit immer positiver werdende Sichtweise auf frühere Feinde oder auch die wachsende Bedeutung von schwarzen oder weiblichen Soldaten. Doch etlichen Werken von bedeutenden Regisseuren wie Oliver Stone, Francis Ford Coppola, Robert Altman, Martin Scorsese, Kathryn Bigelow oder Stanley Kubrick gelingt es, gesellschaftliche Entwicklungen aufzuzeigen, die vordergründig nur sehr wenig mit dem Krieg zu tun haben. Dazu zählen die jeweilige Wirtschaftslage, die politische Situation in den USA, die Befindlichkeiten der Jugend und selbst der Einfluss von Musik und Drogen.

Umgekehrt wird einigen Kriegsfilmen zugeschrieben, ihrerseits die Gesellschaft beeinflusst zu haben. Vor allem die Propagandafilme während des Zweiten Weltkrieges müssen an dieser Stelle genannt werden, die gezielt die Unterstützung der Bevölkerung für einen Krieg schürten, der zu Beginn von vielen Amerikanern als ein rein europäischer Konflikt wahrgenommen wurde, in den sich die USA nicht einmischen sollten. Filme wie "Coming Home" oder "The Deer Hunter" halfen hingegen mit, eine öffentliche Diskussion über das amerikanische Vietnam-Trauma und seine Folgen für Staat und Gesellschaft in Gang zu setzen. Dass sich manche Filmemacher ganz bewusst zum Ziel setzen, einen solchen offenen Diskurs in Gang zu bringen, bestätigte etwa im Oktober 2014 der preisgekrönte deutsch-türkische Regisseur Fatih Akin anlässlich des Kinostarts seines Films "The Cut", der sich mit dem türkischen Völkermord an den Armeniern zur Zeit des Ersten Weltkrieges befasst: "Kino soll nicht nur unterhalten, sondern muss auch Impulse zur kritischen Auseinandersetzung mit dunklen Kapiteln der Vergangenheit liefern. Das ist ein gesunder Prozess, damit sich die Schrecken der Vergangenheit nicht wiederholen."[200] Insgesamt lassen nicht nur, aber angesichts der sehr dominanten Rolle der Vereinigten Staaten in der Weltpolitik ganz besonders amerikanische Filme über den Krieg häufig treffende Rückschlusse auf die sozialen Verhältnisse während ihrer Entstehungszeit zu.

Selbstverständlich gab es Ausnahmen: Filme wurden gedreht, weil der Regisseur dies unbedingt wollte und dabei keine Rücksicht auf die Gewohnheiten des Publikums nahm (beispielsweise Steven Spielbergs Holocaust-Drama "Schindler's List" oder Quentin Tarantinos Rachephantasie "Inglourious Basterds"). Ebenso kam es zu Fehleinschätzungen darüber, welche Art von Filmen die Zuschauer zur jeweiligen Zeit sehen wollten, wie man etwa anhand Joseph Sargents "MacArthur" gut beobachten konnte, der 1976 und damit unmittelbar nach dem Ende des Vietnamkonflikts in die amerikanischen Kinos kam und schnell wieder abgesetzt wurde. Viele Filme repräsentieren auch nur bestimmte Aspekte der gesellschaftlichen Entwicklung. Doch in der Regel lassen sich, wie die vorliegende Studie aufgezeigt hat, anhand von Kriegsfilmen die gesellschaftlichen Veränderungen in den Vereinigten Staaten von Amerika überzeugend nachvollziehen.

So wurden nach den Terroranschlägen des 11. September 2001 die einflussreichsten Filmproduzenten von Präsident Bush zu einer Art Propagandafeldzug gegen den Terrorismus aufgerufen, ähnlich wie rund 60 Jahre zuvor nach dem japanischen Angriff auf Pearl Harbor Präsident Roosevelt die Filmmogule dazu aufgefordert hatte. Allerdings hat sich in diesen 60 Jahren in Hollywood viel verändert. Das System in der damaligen Form existiert schon lange nicht mehr, und aufgrund der erheblich gestiegenen Produktionskosten sind die heutigen Produzenten und Studiobosse deutlich vorsichtiger geworden. Zudem war den meisten Kriegsfilmen, die um die Jahrtausendwende herum den kommerziellen Erfolg von Werken wie "Saving Private Ryan" oder "Pearl Harbor" wiederholen sollten, kein großer Erfolg beschieden. Ob Gregory Hoblits "Hart's War" mit Bruce Willis, John Woos "Windtalkers" oder John Maddens Romanze "Captain Corelli's Mandolin", beide mit

200 Heiko Rosner, "'Das Kino ist meine Religion' – Interview mit Fatih Akin", in: *Cinema*, Heft Nr. 438, 11/14 (16. Oktober 2014), S. 35.

Nicolas Cage in der Hauptrolle: All diese Filme waren in den USA nur mäßig erfolgreich – und im Rest der Welt noch weniger. Kurz gesagt: Präsident Bushs Aufruf verhallte weitgehend ungehört.

Stattdessen nahm sich das amerikanische Fernsehen verstärkt der Thematik an, wobei sich zahlreiche Serien vor allem mit dem Krieg gegen den Terrorismus beschäftigen: "Over There" (2005) und "Generation Kill" (2008) spielen im Golfkrieg; "24" (2001 bis 2010 sowie 2014) erzählt actionbetonte Echtzeit-Storys; das von dem deutschen Hollywood-Regisseur Wolfgang Petersen koproduzierte und auf Authentizität setzende "The Agency" (2001-2003) und "Alias" (2001-2006) befassen sich mit den Geheimdiensten; "The Unit" (2006-2009) setzt auf brachiale Militär-Action; "Sleeper Cell" (2005-2006), "Homeland" (seit 2011) und "The Americans" (seit 2013) zeigen Undercover-Missionen aus gegensätzlichen Perspektiven (in "Sleeper Cell" werden islamistische Terrorzellen unterwandert, in den beiden anderen Serien sind die USA das Ziel); selbst die gefeierte Politserie "The West Wing" (1999-2006) beschäftigte sich nach den Anschlägen vom 11. September 2001 wiederholt mit dem Terrorismus. Diverse kürzere Produktionen decken weitere mit dem Krieg verbundene Themen ab: So zeigt Mick Jacksons TV-Film "Live from Baghdad" (2002) Michael Keaton als Kriegsberichterstatter im zweiten Golfkrieg, während die von Steven Spielberg und Tom Hanks koproduzierten Miniserien "Band of Brothers" (2001) und "The Pacific" (2010) schonungslos realistische Darstellungen des Zweiten Weltkrieges präsentieren.

Für das Kino wurde der Kriegsfilm erst ab dem Jahr 2005 wieder nachhaltig entdeckt, wenngleich das Interesse des Publikums sich zunächst in überschaubaren Grenzen hielt. Dennoch nannte das American Film Institute die Reaktionen der Filmemacher auf den "Krieg gegen den Terrorismus" in seinen "Moments of Significance 2007" und lobte dabei ausdrücklich die mutige, rasche und gesellschaftsprägende Aufarbeitung der Geschehnisse: "No other American war has inspired this deep a cinematic expression while the conflict is still taking place. Films released during World War II were supportive of the war effort, but movies dealing with the emotional, psychological and societal impact of that war, and also Korea and Vietnam, weren't produced until years after they had ended."[201]

---

201 AFI, "AFI Awards 2007 – AFI Moments of Significance", American Film Institute, URL: http://www.afi.com/Docs/about/press/2007/moments07.pdf [11. September 2015].

Nicht zuletzt aufgrund des nicht voraussagbaren Endes des "Krieges gegen den Terrorismus" sowie der im Zuge des Ukraine-Konflikts ab 2014 wieder verstärkt zutage tretenden Spannungen zwischen den USA und Russland wird der Kriegsfilm in absehbarer Zeit genauso wenig aussterben wie der Krieg selbst; und solange ambitionierte Regisseure und Drehbuchautoren sowie mutige Produzenten existieren, werden positive wie negative gesellschaftliche Entwicklungen nicht nur ihren Platz in dieser Gattung von Filmen finden, sondern sogar ein essenzieller Bestandteil davon sein.

Quellen- und Literaturverzeichnis

I. Monographien / Beiträge aus Sammelwerken / Zeitschriften / Zeitungen

Adams, Willi Paul. *Die USA im 20. Jahrhundert*. München: R. Oldenbourg, 2000.

Auster, Albert/Quart, Leonard. *How the War was Remembered – Hollywood & Vietnam*. New York: Praeger, 1988.

Banner, Lois W. *Women in Modern America – A Brief History*. New York: Harcourt Brace Jovanovich, 1974.

Blight, James G./Lang, Janet M. *The Fog of War – Lessons from the Life of Robert S. McNamara*. Lanham: Rowman & Littlefield, 2005.

Bowyer, Justin. "The Horror, The Horror: Apocalypse Now Redux". In: Jack Hunter, Hg. *Search and Destroy – An Illustrated Guide to Vietnam War Movies*. Creation Books, 2002. S. 37-56.

Britton, Andrew. "Blissing Out: The Politics of Reaganite Entertainment". In: *Movie*. Winter 1986, Nr. 31/32. S. 1-42.

Brottman, Mikita. "Urban Psychosis: Taxi Driver". In: Jack Hunter, Hg. *Search and Destroy – An Illustrated Guide to Vietnam War Movies*. Creation Books, 2002. S. 139-152.

Davidson, Phillip B. *Vietnam at War – The History 1946-1975*. Oxford: Oxford University Press, 1988.

Dombrowski, Lisa. *The Films of Samuel Fuller – If You Die, I'll Kill You!* Middletown: Wesleyan University Press, 2008.

Effenberger, Wolfgang/Löw, Konrad. *Pax Americana – Die Geschichte einer Weltmacht von ihren angelsächsischen Wurzeln bis heute*. München: Herbig, 2004.

Fisk, Robert. "Free to Report What We're Told". In: Micah L. Sifry/Christopher Cerf, Hg. *The Gulf War Reader – History, Documents, Opinions*. New York: Times Books, 1991. S. 376-380.

Goldman, Peter. "Malcolm X: Witness for the Prosecution". In: John Hope Franklin/August Meier, Hg. *Black Leaders of the Twentieth Century*. Chicago: University of Illinois Press, 1982. S. 305-330.

Guggisberg, Hans R. *Geschichte der USA*. 4. Auflage, fortgeführt von Hermann Wellenreuther. Stuttgart: W. Kohlhammer, 2002.

Heinecke, Herbert. "Die Debatte um *The Deer Hunter* – politische und künstlerische Dimensionen". In: Michael Strübel, Hg. *Film und Krieg – Die Inszenierung von Politik zwischen Apologetik und Apokalypse*. Opladen: Leske + Budrich, 2002. S. 109-126.

Hofstadter, Richard/Miller, William/Aaron, Daniel. *The Structure of American History*. Englewood Cliffs, New Jersey: Prentice-Hall, 1973.

Jackson, Neil. "Nothing Is Over!: Rambo's Rampage". In: Jack Hunter, Hg. *Search and Destroy – An Illustrated Guide to Vietnam War Movies*. Creation Books, 2002. S. 161-176.

Jackson, Neil. "War Is Hell: Full Metal Jacket". In: Jack Hunter, Hg. *Search and Destroy – An Illustrated Guide to Vietnam War Movies*. Creation Books, 2002. S. 75-88.

Jung, Artur. "Zwischen Himmel & Hölle". In: *Cinema*. Heft Nr. 324. 05/05 (21. April 2005). S. 24-35.

Koppes, Clayton R./Black, Gregory D. *Hollywood Goes To War: Patriotism, Movies and the Second World War – From 'Ninotchka' to 'Mrs Miniver'*. London: Tauris Parke, 2000.

Krause, Peter/Schwelling, Birgit. "Filme als Orte kollektiver Erinnerung – Aspekte der Auseinandersetzung mit der Erfahrung des Vietnamkrieges in *Apocalypse Now*". In: Michael Strübel, Hg. *Film und Krieg – Die Inszenierung von Politik zwischen Apologetik und Apokalypse*. Opladen: Leske + Budrich, 2002. S. 93-108.

Lewis, David Levering. "Martin Luther King, Jr., and the Promise of Nonviolent Populism". In: John Hope Franklin/August Meier, Hg. *Black Leaders of the Twentieth Century*. Chicago: University of Illinois Press, 1982. S. 277-303.

Miller, Timothy. *The Hippies and American Values*. Knoxville: The University of Tennessee Press, 1991.

OECD. *OECD Economic Outlook – Volume 2004/2, Nr. 76, December*. Paris: OECD, 2004.

Rider, Dan. "Stoned, Crucified: Platoon". In: Jack Hunter, Hg. *Search and Destroy – An Illustrated Guide to Vietnam War Movies*. Creation Books, 2002. S. 65-74.

Rider, Dan. "This is This: The Deer Hunter". In: Jack Hunter, Hg. *Search and Destroy – An Illustrated Guide to Vietnam War Movies*. Creation Books, 2002. S. 29-36.

Rosner, Heiko. "'Das Kino ist meine Religion' – Interview mit Fatih Akin". In: *Cinema*. Heft Nr. 438. 11/14. 16. Oktober 2014. S. 34-35.

Rosner, Heiko. "Terrence Malick – Der Mann, der verschwunden war ...". In: *Cinema*. Heft Nr. 334. 03/06. 16. Februar 2006. S. 38-41.

Rothermel, Dennis. "Anti-War War Films". In: Andrew Fitz-Gibbon, Hg. *Positive Peace – Reflections on Peace Education, Nonviolence, and Social Change*. Amsterdam/New York: Rodopi, 2010. S. 75-105.

Russell, Jamie. *Vietnam War Movies*. North Pomfret: Trafalgar Square Publishing, 2002.

Sargeant, Jack. "Sticks and Bones: Weapons Training". In: Jack Hunter, Hg. *Search and Destroy – An Illustrated Guide to Vietnam War Movies*. Creation Books, 2002. S. 217-232.

Schäfli, Roland. *Hollywood führt Krieg – So verfilmt Hollywood den Zweiten Weltkrieg*. Gau-Heppenheim: mediabook Verlag, 2003.

Schanberg, Sidney H. "A Muzzle for the Press". In: Micah L. Sifry/ Christopher Cerf, Hg. *The Gulf War Reader – History, Documents, Opinions*. New York: Times Books, 1991. S. 368-375.

Stiglitz, Joseph E. *The Roaring Nineties*. New York: W.W. Norton, 2003.

II. Online-Publikationen

Academy of Motion Picture Arts and Sciences. "Irving G. Thalberg Memorial Award". URL: http://www.oscars.org/governors/thalberg [20. Januar 2015].

AFI. "AFI Awards 2007 – AFI Moments of Significance". American Film Institute. URL: http://www.afi.com/Docs/about/press/2007/moments07.pdf [11. September 2015].

Andruleit, Harald/Bahr, Andreas/Babies, Hans Georg/Hesse, Bernd/Meßner, Jürgen/Rebscher, Dorothee/Schauer, Michael/Schmidt, Sandro/Schulz, Peggy/von Goerne, Gabriela. "Energiestudie 2014: Reserven, Ressourcen und Verfügbarkeit von Energierohstoffen". Bundesanstalt für Geowissenschaften und Rohstoffe (BGR). URL: http://www.deutsche-rohstoffagentur.de/DE/Themen/Energie/Downloads/Energiestudie_2014.pdf?__blob=publicationFile&v=7 [8. Juni 2015].

Bonke, Johannes/Saar, Brigitte/Pfirstinger, Rick. "'Die Dolmetscherin': Sydney Pollack über einen 80-Millionen-Dollar Film ohne Drehbuch". Spielfilm.de. 28. April 2005. URL: http://www.spielfilm.de/news/1000413/die-dolmetscherin-sydney-pollack-ueber-einen-80- millionen-dollar-film-ohne-drehbuch [15. März 2015].

Bresnan, Conor. "Around the World Roundup: 'Kingdom' Reaps $55 Bow". Box Office Mojo. 10. Mai 2005. URL: http://boxofficemojo.com/news/?id=1817&p=.htm [10. Mai 2015].

Condon, Stephanie. "McCain blasts 'bizarro' Tea Party debt limit demands". CBSNews.com. 28. Juli 2011. URL: http://www.cbsnews.com/news/mccain-blasts-bizarro-tea-party-debt-limit-demands/ [29. Juli 2015].

Daunt, Tina. "McCain: 'Zero Dark Thirty' Gives Ammunition to Islamic Extremists". *The Hollywood Reporter*. 20. Dezember 2012. URL: http://www.hollywoodreporter.com/news/mccain-zero-dark-thirty-torture-ammunition-islam-extremists-406026 [28. Juni 2015].

Ebert, Roger. "Patton". *Chicago Sun-Times*. 17. März 2002. URL: http://www.rogerebert.com/reviews/great-movie-patton-1970 [15. März 2015].

Ebert, Roger. "The Green Berets". *Chicago Sun-Times*. 26. Juni 1968. URL: http://www.rogerebert.com/reviews/the-green-berets-1968 [15. März 2015].

Fritz, Ben/Horn, John. "Reel China: Hollywood tries to stay on China's good side". *Los Angeles Times*, 16. März 2011. URL: www.latimes.com/entertainment/la-et-china-red-dawn-20110316-story.html [1. August 2015].

Gebauer, Matthias/Goetz, John. "CIA-Entführung von Khaled el-Masri: Deutschland beugte sich Druck aus Washington". *Spiegel Online*. 9. Dezember 2010. URL: http://www.spiegel.de/politik/ausland/cia-entfuehrung-von-khaled-el-masri-deutsch land-beugte-sich-druck-aus-washington-a-733748.html [8. Juli 2015].

Hersh, Seymour M. "GIs Call Viet Killings 'Point-Blank Murder'". *The Plain Dealer*. 20. November 1969. URL: http://www.cleveland.com/plain-dealer-library/ index.ssf/2009/11/eye_witness_account_of_the_my_lai_massacre_story_by_seymo ur_hersh_nov_20_1969.html [1. März 2015].

IMDb. "Hell in the Pacific: Alternate Versions". The Internet Movie Database. URL: http://www.imdb.com/title/tt0063056/alternateversions [9. April 2015].

IMDb. "Oliver Stone: Biography". The Internet Movie Database. URL: http://www .imdb.com/name/nm0000231/bio [2. Mai 2015].

IMDb. "Til Schweiger: Biography". The Internet Movie Database. URL: http://ww w.imdb.com/name/nm0001709/bio [20. Januar 2005].

Landler, Mark. "U.S. Troops to Leave Afghanistan by End of 2016". *The New York Times*. 27. Mai 2014. URL: http://www.nytimes.com/2014/05/28/world/asia/us-to-complete-afghan-pullout-by-end-of-2016-obama-to-say.html?hp&_r=0 [17. August 2014].

MacAskill, Ewen/Howard, Michael. "US soldier sentenced to 100 years for Iraq rape and murder". *The Guardian*. 23. Februar 2007. URL: http://www.theguardian. com/world/2007/feb/23/usa.iraq [12. September 2015].

Newman, Melinda. "Oliver Stone – Re: History.". *MONTECRISTO magazine*. 16. Juni 2014. URL: http://montecristomagazine.com/magazine/summer-2014/oliver-stone [15. September 2014].

O'Connor, John D. "'I'm the Guy They Called Deep Throat'". *Vanity Fair*. 31. Mai 2005. URL: http://www.vanityfair.com/news/politics/2005/07/deepthroat200507 [14. März 2015].

O.V. "How Osama bin Laden Was Located and Killed". *The New York Times*. 8. Mai 2011. URL: http://www.nytimes.com/interactive/2011/05/02/world/asia/abbottabad-map-of-where-osama-bin-laden-was-killed.html?ref=asia&_r=0 [29. August 2013].

O.V. "Russian arms dealer Viktor Bout handed 25-year federal sentence". CNN. 6. April 2012. URL: http://edition.cnn.com/2012/04/05/justice/new-york-viktor-bout-case/ [13. Mai 2015].

Rotten Tomatoes. "Black Hawk Down (2001)". Rotten Tomatoes. URL: http://www.rottentomatoes.com/m/black_hawk_down/ [15. September 2014].

Rotten Tomatoes. "Rambo (Rambo IV) (2008)". Rotten Tomatoes. URL: http://www.rottentomatoes.com/m/john_rambo/?search=Rambo [16. November 2014].

Wilmington, Michael. "'Patton' revival looks best on the big screen". *Chicago Tribune*. 3. Juli 2002, URL: http://articles.chicagotribune.com/2002-07-03/features/0207030035_1_franklin-j-schaffner-gen-george-s-patton-edmund-north [18. April 2015].

Woodward, Bob/Bernstein, Carl. "GOP Security Aide Among Five Arrested in Bugging Affair". *Washington Post*, 19. Juni 1972. URL: http://www.washingtonpost.com/wp-srv/national/longterm/watergate/articles/061972-1.htm [15. März 2015].

III. Filme

36 Hours [Deutscher Titel: *36 Stunden*]. USA, 1965. Regie: George Seaton.

Aliens [Deutscher Titel: *Aliens – Die Rückkehr*]. USA/Großbritannien, 1986. Regie: James Cameron.

All Quiet on the Western Front [Deutscher Titel: *Im Westen nichts Neues*]. USA, 1930. Regie: Lewis Milestone.

American Sniper. USA, 2014. Regie: Clint Eastwood.

Americanization of Emily, The [Deutscher Titel: *Nur für Offiziere*]. USA, 1964. Regie: Arthur Hiller.

Apocalypse Now. USA, 1979. Regie: Francis Ford Coppola.

Attack [Deutscher Titel: *Ardennen 1944*]. USA, 1956. Regie: Robert Aldrich.

Battle of the Bulge [Deutscher Titel: *Die letzte Schlacht*]. USA, 1965. Regie: Ken Annakin.

Battleground [Deutscher Titel: *Kesselschlacht*]. USA, 1949. Regie: William A. Wellman

Beast of War, The [Deutscher Titel: *Bestie Krieg*]. USA, 1988. Regie: Kevin Reynolds.

Big Parade, The [Deutscher Titel: *Die große Parade*]. USA, 1925. Regie: King Vidor.

Big Red One, The – The Reconstruction. USA, 1980. Regie: Samuel Fuller.

Birdy. USA, 1984. Regie: Alan Parker.

Black Hawk Down. USA, 2001. Regie: Ridley Scott.

Born on the Fourth of July [Deutscher Titel: *Geboren am 4. Juli*]. USA, 1989. Regie: Oliver Stone.

Bridge Too Far, A [Deutscher Titel: *Die Brücke von Arnheim*]. USA/Großbritannien, 1977. Regie: Richard Attenborough.

Bridges at Toko-Ri, The [Deutscher Titel: *Die Brücken von Toko-Ri*]. USA, 1954. Regie: Mark Robson.

Captain Newman, M.D. [Deutscher Titel: *Captain Newman*]. USA, 1963. Regie: David Miller.

Casablanca. USA, 1942. Regie: Michael Curtiz.

Casualties of War [Deutscher Titel: *Die Verdammten des Krieges*]. USA, 1989. Regie: Brian De Palma.

Catch-22 [Deutscher Titel: *Catch-22 – Der böse Trick*]. USA, 1970. Regie: Mike Nichols.

Charlie Wilson's War [Deutscher Titel: *Der Krieg des Charlie Wilson*]. USA, 2007. Regie: Mike Nichols.

Coming Home [Deutscher Titel: *Coming Home – Sie kehren heim*]. USA, 1978. Regie: Hal Ashby.

Courage Under Fire [Deutscher Titel: *Mut zur Wahrheit*]. USA, 1996. Regie: Edward Zwick.

Deer Hunter, The [Deutscher Titel: *Die durch die Hölle gehen*]. USA, 1978. Regie: Michael Cimino.

Destination Tokyo [Deutscher Titel: *Bestimmung Tokio*]. USA, 1943. Regie: Delmer Daves.

Dirty Dozen, The [Deutscher Titel: *Das Dreckige Dutzend*]. Großbritannien/USA, 1967. Regie: Robert Aldrich.

Dr. Strangelove or: How I Learned to Stop Worrying and Love the Bomb [Deutscher Titel: *Dr. Seltsam, oder wie ich lernte, die Bombe zu lieben*]. Großbritannien, 1964. Regie: Stanley Kubrick.

Enemy Below, The [Deutscher Titel: *Duell im Atlantik*]. USA, 1957. Regie: Dick Powell

First Blood [Deutscher Titel: *Rambo*]. USA, 1982. Regie: Ted Kotcheff.

Flags of Our Fathers. USA, 2006. Regie: Clint Eastwood.

Full Metal Jacket. USA, 1987. Regie: Stanley Kubrick.

Fury [Deutscher Titel: *Herz aus Stahl*]. USA/China, 2014. Regie: David Ayer.

Glory. USA, 1989. Regie: Edward Zwick.

Go Tell the Spartans [Deutscher Titel: *Die letzte Schlacht*]. USA, 1978. Regie: Ted Post.

Great Dictator, The [Deutscher Titel: *Der Große Diktator*]. USA, 1940. Regie: Charles Chaplin.

Great Escape, The [Deutscher Titel: *Gesprengte Ketten*]. USA, 1963. Regie: John Sturges.

Green Berets, The [Deutscher Titel: *Die grünen Teufel*]. USA, 1968. Regie: Ray Kellogg/John Wayne.

Guns of Navarone, The [Deutscher Titel: *Die Kanonen von Navarone*]. USA/ Jugoslawien, 1961. Regie: J. Lee Thompson.

Hair. USA/Deutschland, 1979. Regie: Milos Forman.

Hearts of Darkness – A Filmmaker's Apocalypse. USA. 1991. Regie: Fax Bahr und George Hickenlooper.

Heaven & Earth [Deutscher Titel: *Zwischen Himmel und Hölle*]. Frankreich/USA, 1993. Regie: Oliver Stone.

Hell in the Pacific [Deutscher Titel: *Die Hölle sind wir*]. USA, 1968. Regie: John Boorman.

Hell is for Heroes [Deutscher Titel: *Die ins Gras beißen*]. USA, 1962. Regie: Don Siegel.

In the Valley of Elah [Deutscher Titel: *Im Tal von Elah*]. USA, 2007. Regie: Paul Haggis.

Inglourious Basterds. USA/Deutschland, 2009. Regie: Quentin Tarantino.

Jacob's Ladder. USA, 1990. Regie: Adrian Lyne.

Jarhead [Deutscher Titel: *Jarhead – Willkommen im Dreck*]. USA, 2005. Regie: Sam Mendes.

Johnny Got His Gun [Deutscher Titel: *Johnny zieht in den Krieg*]. USA, 1971. Regie: Dalton Trumbo.

Kelly's Heroes [Deutscher Titel: *Stoßtrupp Gold*], Jugoslawien/USA, 1970. Regie: Brian G. Hutton.

Kingdom, The [Deutscher Titel: *Operation: Kingdom*]. USA/Deutschland, 2007. Regie: Peter Berg.

Kingdom of Heaven [Deutscher Titel: *Königreich der Himmel*]. USA/Spanien/Großbritannien/Deutschland, 2005. Regie: Ridley Scott.

Letters from Iwo Jima. USA, 2006. Regie: Clint Eastwood.

Lions for Lambs [Deutscher Titel: *Von Löwen und Lämmern*]. USA, 2007. Regie: Robert Redford.

Longest Day, The [Deutscher Titel: *Der Längste Tag*]. USA, 1962. Regie: Ken Annakin/Andrew Marton/Bernhard Wicki.

Lord of War [Deutscher Titel: *Lord of War – Händler des Todes*]. Frankreich/USA, 2005. Regie: Andrew Niccol.

MASH [Deutscher Titel: *M.A.S.H.*]. USA, 1970. Regie: Robert Altman.

Patton. USA, 1970. Regie: Franklin J. Schaffner.

Pearl Harbor. USA, 2001. Regie: Michael Bay.

Platoon. Großbritannien/USA, 1986. Regie: Oliver Stone.

Rambo [Deutscher Titel: *John Rambo*]. USA/Deutschland, 2008. Regie: Sylvester Stallone.

Rambo: First Blood Part II [Deutscher Titel: *Rambo II – Der Auftrag*]. USA, 1985. Regie: George P. Cosmatos.

Rambo III. USA, 1988. Regie: Peter MacDonald.

Redacted. USA/Kanada, 2007. Regie: Brian De Palma.

Rocky IV [Deutscher Titel: *Rocky IV – Der Kampf des Jahrhunderts*]. USA, 1985. Regie: Sylvester Stallone.

Saving Private Ryan [Deutscher Titel: *Der Soldat James Ryan*]. USA, 1998. Regie: Steven Spielberg.

Secret War of Harry Frigg, The [Deutscher Titel: *Der Etappenheld*]. USA, 1968. Regie: Jack Smight.

Southern Comfort [Deutscher Titel: *Die letzten Amerikaner*]. USA/Schweiz/Großbritannien, 1981. Regie: Walter Hill.

Syriana. USA, 2005. Regie: Stephen Gaghan.

Taxi Driver. USA, 1976. Regie: Martin Scorsese.

Thin Red Line, The [Deutscher Titel: *Der schmale Grat*]. Kanada/USA, 1998. Regie: Terrence Malick.

Thirteen Days. USA, 2000. Regie: Roger Donaldson.

Three Kings. USA, 1999. Regie: David O. Russell.

Time to Love and a Time to Die, A [Deutscher Titel: *Zeit zu leben und Zeit zu sterben*]. USA/Deutschland, 1958. Regie: Douglas Sirk.

Tora! Tora! Tora!. USA/Japan, 1970. Regie: Richard Fleischer/Kinji Fukasaku/Toshio Masuda.

Train, The [Deutscher Titel: *Der Zug*]. USA/Frankreich/Italien, 1964. Regie: John Frankenheimer.

Unbroken. USA, 2014. Regie: Angelina Jolie.

War Horse [Deutscher Titel: *Gefährten*]. USA/Großbritannien, 2011. Regie: Steven Spielberg.

War Lover, The [Deutscher Titel: *Wir alle sind verdammt*]. Großbritannien, 1962. Regie: Philip Leacock.

We Were Soldiers [Deutscher Titel: *Wir waren Helden*]. USA/Deutschland, 2002. Regie: Randall Wallace.

Zero Dark Thirty. USA, 2012. Regie: Kathryn Bigelow.

IV. DVD-Audiokommentare

Altman, Robert. "Audiokommentar". In: *MASH* [Deutscher Titel: *M.A.S.H.*]. USA, 1970. Regie: Robert Altman.

Cameron, James. "Audiokommentar". In: *Aliens* [Deutscher Titel: *Aliens – Die Rückkehr*]. USA/Großbritannien, 1986. Regie: James Cameron.

Niccol, Andrew. "Audiokommentar". In: *Lord of War* [Deutscher Titel: *Lord of War – Händler des Todes*]. Frankreich/USA/Deutschland, 2005. Regie: Andrew Niccol.

Nichols, Mike. "Audiokommentar". In: *Catch-22* [Deutscher Titel: *Catch-22 – Der böse Trick*]. USA, 1970. Regie: Mike Nichols.

Schickel, Richard. "Audiokommentar". In: *The Big Red One*. USA, 1980. Regie: Samuel Fuller.

Stone, Oliver. "Audiokommentar". In: *Platoon*. Großbritannien/USA, 1986. Regie: Oliver Stone.

Übersicht der behandelten Filme

202 Einige der älteren Filme hatten im Lauf der Jahre gar keine oder mehrere deutsche Titel. In diesen Fällen wird hier der Originaltitel respektive der aktuellste deutsche Titel genannt, der in TV-Ausstrahlungen oder bei DVD-Veröffentlichungen Verwendung fand (Stand 2015).

Originaltitel	Deutscher Titel	Seiten
S		
Salute to the Marines	Salute to the Marines	18
Salvador	Salvador	98
Saving Private Ryan	Der Soldat James Ryan	7, 11, 15, 123, 131, 133-136, 143, 167, 168, 174
Savior	Savior – Soldat der Hölle	140
Schindler's List	Schindlers Liste	122, 174
Searchers, The	Der schwarze Falke	136
Secret War of Harry Frigg, The	Der Etappenheld	67, 68
Sergeant York	Sergeant York	16, 17
Slaughterhouse-Five	Schlachthof 5	75, 76
Southern Comfort	Die letzten Amerikaner	81-83
Stalag 17	Stalag 17	20
Star Wars (Reihe)	Krieg der Sterne	9, 84, 91, 93
Starship Troopers	Starship Troopers	128
Steel Helmet, The	Die Hölle von Korea	25
Stop-Loss	Stop-Loss	129
Story of G.I. Joe	Schlachtgewitter am Monte Cassino	20
Syriana	Syriana	149, 150, 153-157, 167
T		
Taegukgi hwinalrimyeo	Brotherhood – Wenn Brüder aufeinander schießen müssen	7
Taxi Driver	Taxi Driver	59-61, 87, 94, 105, 109
Tearing Down the Spanish Flag	Tearing Down the Spanish Flag	13
They Were Expendable	Schnellboote vor Bataan	20
Thin Red Line, The	Der schmale Grat	85, 99, 123, 130-133, 137, 138
Things to Come	Was kommen wird	14
Thirteen Days	Thirteen Days	132
Three Days of the Condor, The	Die drei Tage des Condor	67
Three Kings	Three Kings – Es ist schön König zu sein	122, 137, 145-147
Time to Love and a Time to Die, A	Zeit zu leben und Zeit zu sterben	22, 47

FILM- UND MEDIENWISSENSCHAFT

Herausgegeben von Irmbert Schenk und Hans Jürgen Wulff

ISSN 1866-3397

1 *Oliver Schmidt*
Leben in gestörten Welten
Der filmische Raum in David Lynchs *Eraserhead*, *Blue Velvet*, *Lost Highway* und *Inland Empire*
ISBN 978-3-89821-806-1

2 *Indra Runge*
Zeit im Rückwärtsschritt
Über das Stilmittel der chronologischen Inversion in *Memento*, *Irréversible* und *5 x 2*
ISBN 978-3-89821-840-5

3 *Alina Singer*
Wer bin ich? Personale Identität im Film
Eine philosophische Betrachtung von *Face/Off*, *Memento* und *Fight Club*
ISBN 978-3-89821-866-5

4 *Florian Scheibe*
Die Filme von Jean Vigo
Sphären des Spiels und des Spielerischen
ISBN 978-3-89821-916-7

5 *Anna Praßler*
Narration im neueren Hollywoodfilm
Die Entwürfe des Körperlichen, Räumlichen und Zeitlichen in *Magnolia*, *21 Grams* und *Solaris*
ISBN 978-3-89821-943-3

6 *Evelyn Echle*
Danse Macabre im Kino
Die Figur des personifizierten Todes als filmische Allegorie
ISBN 978-3-89821-939-6

7 *Miriam Grossmann*
Soziale Figurationen und Selbstentwürfe
Schauspieler und Figureninszenierung in Eric Rohmers *Pauline am Strand*, *Vollmondnächte* und *Das grüne Leuchten*
ISBN 978-3-89821-944-0

8 *Peter Klimczak*
40 Jahre ‚Planet der Affen'
Zeitgeist- und Reihenkompatibilität – über Erfolg und Misserfolg von Adaptionen
ISBN 978-3-89821-977-8

9 *Ingo Lehmann*
Ziellose Bewegungen und mediale Selbstauflösung
Das absurde «Genrefilm-Theater» Monte Hellmans
ISBN 978-3-89821-917-4

10 *Gerd Naumann*
Der Filmkomponist Peter Thomas
Von Edgar Wallace und Jerry Cotton zur Raumpatrouille Orion
ISBN 978-3-8382-0003-3

11 *Anja-Magali Bitter*
Die Inszenierung des Realen
Entwicklung und Perzeption des neueren französischen Dokumentarfilms
ISBN 978-3-8382-0066-8

12 *Martin Hennig*
Warum die Welt Superman nicht braucht
Die Konzeption des Superhelden und ihre Funktion für den Gesellschaftsentwurf in US-amerikanischen Filmproduktionen
ISBN 978-3-8382-0046-0

13 *Esther Lulaj*
Nimm (nicht) ab!
Zur Funktion des Telefons im Spielfilm – Von Metropolis bis Matrix
ISBN 978-3-8382-0125-2

14 *Boris Rozanski*
Das ungleiche Liebespaar in der 'Screwball Comedy'
Paarbildung und Selbstfindung von Frank Capras *It Happened One Night*
bis zu Jonathan Demmes *Something Wild*
ISBN 978-3-8382-0145-0

15 *Carolin Lano*
Die Inszenierung des Verdachts
Überlegungen zu den Funktionen von TV-mockumentaries
ISBN 978-3-8382-0214-3

16 *Christine Piepiorka*
LOST in Narration
Narrativ komplexe Serienformate in einem transmedialen Umfeld
ISBN 978-3-8382-0181-8

17 *Daniela Olek*
LOST und die Zukunft des Fernsehens
Die Veränderung des seriellen Erzählens im Zeitalter von *Media Convergence*
ISBN 978-3-8382-0174-0

18 *Eleonóra Szemerey*
Die Botschaft der grauen Wand
Über die Vermittlung von Hoffnung und Hoffnungslosigkeit in Aki Kaurismäkis Verlierer-Filmen
ISBN 978-3-8382-0222-8

19 *Florian Plumeyer*
Sadismus und Ästhetisierung
Folter als kultureller und filmischer Exzess im Gegenwartskino
ISBN 978-3-8382-0188-7

20 *Jonas Wegerer*
Der nahe Fremde: Der amerikanische Western in den Kinos der Bundesrepublik Deutschland (1948-1960)
Eine rezeptionshistorische Analyse
ISBN 978-3-8382-0307-2

21 *Peter Podrez*
Der Sinn im Untergang
Filmische Apokalypsen als Krisentexte im atomaren und ökologischen Diskurs
ISBN 978-3-8382-0254-9

22 *Yvonne Augustin*
Episodisches Erzählen im Film
Alejandro González Iñárritus Filmtrilogie AMORES PERROS, 21 GRAMS und BABEL
ISBN 978-3-8382-0335-5

23 *Julia Steimle*
Fiktive Realität – reale Fiktion
Realitätsebenen und ihre Integration im Hollywood-Backstage-Musical, untersucht anhand von THE BROADWAY MELODY, GOLD DIGGERS OF 1933, THE BAND WAGON, ALL THAT JAZZ und MOULIN ROUGE!
ISBN 978-3-8382-0319-5

24 *Jana Heberlein*
Die *Neue Berliner Schule*
Zwischen Verflachung und Tiefe: Ein ästhetisches Spannungsfeld in den Filmen von Angela Schanelec
ISBN 978-3-8382-0407-9

25 *Karoline Stiefel*
Geistesblitze und Genialität – Bilder aus dem Gehirn des Detektivs
Die Visualisierung von Imagination in den TV-Serien SHERLOCK und HOUSE, M.D.
ISBN 978-3-8382-0522-9

26 *Stephanie Boniberger*
Musical in Serie
Von Buffy bis Grey's Anatomy: Über das reflexive Potential der special episodes amerikanischer TV-Serien
ISBN 978-3-8382-0492-5

27 *Phillip Dreher*
Morin und der Film als Spiegel
Eine theoriegeschichtliche Verortung der Filmtheorie von Edgar Morin
ISBN 978-3-8382-0486-4

28 *Marlies Klamt*
Das Spiel mit den Möglichkeiten
Variantenfilme – Zwischen Multiperspektivität und Chaostheorie
ISBN 978-3-8382-0811-4

29 *Ralf A. Linder*
Zwischen Propaganda und Anti-Kriegsbotschaft:
Die Darstellung des Krieges im US-amerikanischen Spielfilm als Indikator gesellschaftlichen Wandels
ISBN 978-3-8382-0750-6

***ibidem*-Verlag**
Melchiorstr. 15
D-70439 Stuttgart
info@ibidem-verlag.de

www.ibidem-verlag.de
www.ibidem.eu
www.edition-noema.de
www.autorenbetreuung.de

Zeitfracht Medien GmbH
Ferdinand-Jühlke-Straße 7
99095 Erfurt, Deutschland
produktsicherheit@kolibri360.de